People
of the Sea

依海之人

俐塔・雅斯圖堤——著　郭佩宜——譯
Rita Astuti

目錄 Contents

直到我開始拋出一些基於錯誤預設的提問，才逐漸領會到「斐索人是與海打拚、住在海岸邊的人」這句話，並不如初始所想的那麼顯而易見、那麼乏味，反而是句「由衷地」關於身分認同的陳述。

他們想看我的手，我的手指有「斐索人的記號」嗎？的確有，我的手上烙有紅色的線痕，那是收釣線時拉著又大又重的魚留下的痕跡；當天下午，其他村民來看我的手，告訴我，我正在變成斐索人。

目錄
Contents

生者為死者所做的工作，不只是一種表達他們記得、並榮耀死者的方式，同時也是——僅短暫地——安撫一位企羨生命和其活著後代的死者之手段：此項工作讓死者得以再次接觸生命，看看他們留在身後的生命光景。

一定程度上，南島民族誌與非洲民族誌之間的差異，似乎反映了斐索人努力要建立他們自己與死者間的區隔。

圖表清單
List of Illustrations

照片

圖

關於斐索
About Vezo

馬達加斯加島位於非洲東南外海，有獨特的動植物，百分之九十人口為馬拉加西人，血緣上兼具亞洲（來自印度洋的貿易群體）和非洲，語言為南島語，是南島語族分布最西的人群。馬拉加西人可粗分為「高地人」與「海岸人」兩大類，地緣關係之故，文化上亦兼具南島以及非洲元素。馬達加斯加自十九世紀末受法國殖民，一九六〇年脫離法國獨立。由於殖民經驗，本書中可見當地人借用了不少法文字彙與表達方式。

斐索人（Vezo）居於馬達加斯加西南，住在海邊，依海為生。

名詞解釋
Glossary

farafatse　**法拉法切**　一種適合用來造船的樹，木材較有彈性。學名為：***Givotia madagascariensis***。

roka　**羅卡**　小船的船身。

laka　**拉卡**　「laka fihara」的簡稱，一種有舷外支架的小船。英文為：outrigger canoe。

molanga　**摩朗加**　「laka molanga」的簡稱，沒有舷外支架的小船。

patsa　**啪擦**　一種很小的蝦。

lamatsa　**拉馬擦**　一種馬鮫魚（馬加鰆魚），英文為：Spanish mackerel。

ranja　**欄甲**　殺、烹煮、食用海龜的祭壇，也是保存及展示龜殼和頭顱的地方。

mitindroke　**米廷佐克**　找食物，特別指斐索人沒有事先計畫、短期性的找食物，例如捕魚。

fomba　風巴　習俗、傳統，指涉做任何事的方式，包括捕魚、煮飯、吃東西、談話、獻食物給祖先、結婚、生產等。

tseriky　測里奇　感到驚訝、意外。

faly　伐里　通常指禁止事項，習俗所認可的禁忌則為「風巴伐里」(fombafaly)。

mpanjaka　龐加卡　國王，主要指撒卡拉瓦王朝的國王。

tantara　談塔拉　過去真實發生過的事，一般關乎祖先，按照過去到現在的時間排序。

angano　安卡諾　關於植物、動物和人類的故事，說者與聽者都強調其非真實發生過的事，主要特徵是無時間性。

karaza　卡拉颯　「類」的意思。種類、類別，共享某些本質特色的物、動物或人的群組。

raza　拉颯　簡單表面的定義為：過去已逝的人。另有一個更普遍的用法，指埋葬在同一個墳墓的死者們，他們構成了「單一」拉颯。

filongoa 匹隆勾阿 有時也稱為「隆勾」，為斐索人海納百川、不區分世系、亦無幾代為限的親屬範疇。

soro 梭洛 決定一個人死後葬於合拉颯的墳墓、成為其固定成員的重要儀式。

soron’aomby 梭洛凹比 斐索語的字面意思為「牛的梭洛」。男人在小孩出生後為他們的第一個小孩舉行的梭洛得給岳父母一頭牛，故取此名。

soron-tsoky 梭洛佐期 斐索語的字面意思為「肚子的梭洛」。男人在女人懷孕時為他們的第一個小孩舉行梭洛，得提供二十到三十罐的米。

hazomanga 哈殊滿加 原意指的是一根直直插在沙上的木桿，人則是「握有哈殊滿加者」；一般提到哈殊滿加指的是中介生者與死者的老人。他們經常擔任喪葬相關儀式的主辦人，如「遺體之主」、「墳墓之主」、「十字架之主」。

angatse 安嘎責 死者的靈，可能透過夢境來與生者溝通，尤其是抱怨冷抱怨餓，要求生者幫他整修墳墓。

asa lakroa 阿撒拉擴 整修一個拉颯墳墓區、將木材十字架置換為混凝土十字架的工作和儀式。

asa lolo　阿撒洛洛　整修一個拉颯墳墓區、將木材圍籬置換為混凝土圍籬的工作和儀式。

tompom-paty　遺體之主　由死者所屬拉颯的哈殊滿加擔任，負責主持其喪葬儀式，可決定遺體要埋葬在哪個墓穴。

tompon’lakroa　十字架之主　由死者所屬拉颯的哈殊滿加擔任，負責主持後續十字架從木質置換為混凝土的儀式。

tompom-dolo　墳墓之主　由死者所屬拉颯的哈殊滿加擔任，負責通知拉颯有個新成員將進入墳墓，以及生者計畫建造新的墳墓。

tompon’asa　（墓地）工事負責組　負責墓地整修工程組織與施工的男人們，通常是同一個拉颯成員。

enga　恩加　十字架儀式時親戚們的樂捐，可以是現金，也可以是實物。

fanintsina　法尼奇拿　一種「藥水」，有「鎮定」效果，由占卜師在十字架儀式的工作完成前數日準備好，必要時拿出來噴灑，防止參與者彼此爭執胡鬧。

hanimboky 汗尼伯氣 吃了不該吃的東西導致腸脹氣無法排泄，彷彿懷孕一般；是一種男人才會生的病。

minotsoky 迷諾佐期 一種具性暗示意味的舞蹈，動作包括旋轉以及骨盆前後猛推，且會不斷加快速度，最好與另一個人對跳。

導讀

當下南島，未來非洲

郭佩宜

俐塔．雅斯圖堤的《依海之人》，是人類學研究認同與族群性的經典著作，也是馬達加斯加以及南島研究的重要民族誌。原書由劍橋大學出版社於一九九五年出版，收錄在「劍橋社會文化人類學研究系列」，歷經二十多年淬鍊，對當代台灣社會思索（多元）族群認同的可能出路，仍可帶來新鮮視角的啟發。

《依海之人》一書描繪馬達加斯加西南部一群說南島語，住在海邊，以捕魚為生的斐索人（Vezo）如何建構與標誌身分認同。有別於普遍以血緣、祖源、共同歷史，以及與前述三者息息相關的一些文化特徵，作為族群認同根據的模式，斐索人特別強調透過人當下的行動展演與實踐來建構認同。「斐索認同」是一種踐行方式——沿海而居、捕魚食魚、造舟行舟——而非一種天生的存有狀態；其建立於當下，而非源自過去；認同是可流動的，而非固著不變。一個人可以在當下展現高超的造船技巧，或懂得吃魚皮吐魚骨，而被認可為「斐索人」，也可以在下一刻暈船，或不慎吃到（斐索人不吃的）某個螃蟹部位，變成「不是斐索人」。從內陸搬到海邊的瑪希孔羅人如果學會了斐索人靠海的生活方式，在日常中實踐，她／他就是斐索人；而原本的斐索人如果搬到內陸，改成養牛種稻，她／他就不再是斐索人。斐索認同不管過去，只看現在，沒有本質性，只重行動。

然而斐索人同時也有另一種認同，只存在於「死者」身上。他們認為人活著的時候，不受過去羈絆，因此不會有固著的世系組織，或納入特定分類群組。然而這一切都在人死亡後改變，死者無法行動，因此其身分認同依循另一套規則。斐索人死後埋葬的墳墓與儀式舉辦都涉及親屬繼嗣的分類，死者的認同只可以歸屬特定世系群體，不再透過現實展演，也無法改變。

看似矛盾的兩種身分認同——強調當下行動與變動，以及固著於特定世系——在斐索文化中並存，與馬達加斯加的特殊地理位置和人群組成歷史有關。馬達加斯加位於非洲東部外海，除了受非洲大陸的影響，其人群組成也帶有南島語族的成分。[1] 南島語族分布甚廣，人口數億，從台灣原住民到夏威夷，橫跨整個太平洋，最東到Rapa Nui（復活節島），最南為紐西蘭，往西甚至跨越印度洋抵達馬達加斯加。馬達加斯加人口百分之九十為「馬拉加西人」，講的是南島語。在馬達加斯加的文化中經常可見到非洲與南島交會的特色，斐索人的雙重認同模式也反映了這樣的背景，第一種認同與南島文化高度相關，第二種認同則接近非洲世系傳統。在這本書中，雅斯圖提描繪斐索人如何透過切割現在與過去來銜接兩種認同，連結生者與死者。

俐塔．雅斯圖提任教於倫敦政經學院人類學系，專長為認同、親屬、性別研究、認知人類學、發展心理學、跨文化研究等。她長期研究馬達加斯加的斐索人，自一九八七年起多次進行田野工作，著作也多以斐索社會文化為主題。這本《依海之人》改寫自一九九一年倫敦政經學院之博士論文，為其最知名的學術著作，奠定她在認同與族群性研究的地位。

全書共分九章，第一章為導論，二至四章勾勒流動的、踐行的認同，第五章為過場，六至八章描述與死者有關的儀式和認同，最後一章為結論。

以下先簡述全書要旨，而後從認同研究、南島研究兩個面向討論本書的貢獻，以及對本書的批判性評論，和作者後續的相關研究。

1 參見R. E. Dewar and F. R. Alison, 2012, Madagascar: A History of Arrivals, What Happened, and Will Happen Next, *Annual Review of Anthropology* 41:495-517。

「人即其所為」

雅斯圖堤剛開始在斐索進行田野工作時，經常聽到「斐索人是與海打拚、住在海岸邊的人」這句話，然而隨著研究開展，她逐漸發現這句話的意思不若表面簡單，只是描述顯而易見的事實，而是斐索人表達其認同的濃縮，是「『由衷地』關於身分認同的陳述」。斐索人重視行為，特殊的居住環境，以及靠海維生的生計模式，正是其各種行為的基礎脈絡，而斐索人藉由描述他們的生活環境與生計活動，表達了自己是什麼人。馬達加斯加自十九世紀末受法國殖民，官方將馬拉加西人細分為十八族（ethnic groups），在過往的殖民或學術人群分類上，斐索經常被歸類為「大撒卡拉瓦族」的一個分支，然而他們自認與居住內陸的撒卡拉瓦人大相逕庭。他們經常說：「斐索人不是一類人」（a kind of people），因為斐索的身分認同不是由承繼自過去的某種本質（如出生、繼嗣等）所決定，而是「在當下透過人們所作所為和住居之所，於脈絡中創造出來的」。

既然斐索人的認同是在行為中踐行，那麼做田野就成為實踐、成為斐索人的過程；透過田野中的活動參與，作者與斐索人對話「如何才是斐索」。斐索人強調外來者（無論是人類學家，或來自內陸瑪希孔羅的農夫、牧牛人）和小孩要學會斐索性（Vezo-ness）而成為斐索人。這本書有許多段落即環繞著雅斯圖堤在田野中的遭逢，抽絲剝繭。讀者能清晰看到人類學家如何進入田野，如何在田野中反覆聽聞，原本覺得稀鬆平常，甚至有點無趣乏味的重複說詞，最後發現它們都是研究的寶藏。雅斯圖堤相當清楚地交代自己的田野如何規畫與進行，也不迴避其研究模式的限制，以及田野中人際關係的不完美。她被寄宿的家庭「收養」，有了乾爹乾媽，也因此進入其親屬網絡，有機會親近地觀察他們的社會生活；然而，進入某個親屬網絡固然打開一扇門，也同時關了另一扇窗，要概括承受該家庭人際關係中各種交好與交惡的狀態。

一個理想的斐索人要會做一些與海有關的事情（但不需全部都會），例如游泳、到林中砍樹製作有舷外支架的小船、行舟（含划船、操帆、掌舵、通曉洋流波浪知識等）、捕魚（蝦）、識魚、食魚、賣魚，而是否居住在海邊更是具有決定性的影響。認同透過實作而達致，這些行動會在身體上留下斐索的印記——如行走方式、與捕魚有關的繭或磨痕等，但這些痕跡同樣具有當下性，若不操作會逐漸淡去，一如其淡去的斐索性。此即斐索人強調行為建構身分認同時很特別的一點——強調「當下」（in the present）的踐行。一個人可以上一秒因為很會造舟「是」斐索人，下一秒又因為吃魚噎到而「不是」斐索人。一個人是什麼人，當下而決。

> 斐索性作為一種行為是間歇的、而非持續的，在一連串的末節小事中「發生」——吃魚、誘使馬鮫魚咬餌、在強風中航行。依此，一個白人人類學家只不過在海中游個泳，

> 她就「是」斐索；一個老人不再能航行或捕魚，但當他吃魚吐魚骨時，或說起航行與捕魚的陳年往事，彷彿今天才發生時，他「是」斐索；一個小孩用手指表示他知道如何安置小船的檣桅時，他「是」斐索。換句話說，斐索性是在**當下**做斐索行為，是在脈絡中經驗的。相對於一種存在狀態，斐索性是一種做的方式，決定於當下，因為只能在當下踐行——只有身體力行才「當」（be）得了斐索。（見本書頁八七）

斐索人強調「現在進行式」，更進一步表現在其偏好短期操作、「短期性思維」的生計型態。他們喜歡當天「找食物」而非長期規畫所得，例如捕魚賣魚可以有立即收穫，符合「斐索性」，漁獲豐富賣得好價錢，就買豐盛的食物加菜，或者買漂亮的衣服；但出海空手而返那天就得餓肚子。相對地，農業需要長期投資才能有收成，因此「不斐索」，那是內陸瑪希孔羅人的生計方式。

斐索人很清楚短期性思維要冒的風險，自稱（甚至自我標榜）是「不聰明的人」。人們賺多少花多少，強調自己「沒有儲蓄」。類似台灣阿美人和達悟人，斐索人也把大海當後院的冰箱，需要魚就去拿。海洋有雙重個性——既慷慨又壞脾氣，充滿不確定性，有趣的是當人們空手而返時，會感到「驚訝」。貝羅村民擅長建造縱帆船，造船乍看是一種長期投資，類似農耕要時間和累積才能有收穫，並不太斐索；但貨運業掌控在印度－巴基斯坦裔的商人手中，他們如同海洋一般無法預測，而斐索人正喜歡如此，不受拘束、不簽長約、經常需要找運貨訂單，有時大賺一筆有時又寅吃卯糧，這種「不聰明」的商業操作就符合斐索性。接不到生意時就很「驚訝」，他們透過這種情緒來表達自己不聰明。越驚訝、越不聰明，就越斐索。

在這樣的田野中，人類學家也需要學會活在當下，因為計畫趕不上變化，研究者得學會不要自尋煩惱，船到橋頭自然直的態度——而在這樣的學習過程中，人類學家也不知不覺更貼近了當地人的行為和思維，「成為斐索」。

除了經濟模式活在當下，斐索人的當下主義傾向使其努力降低過去對現在的重要性和權力介入，表現在另外三個方面。首先是習俗與禁忌，習俗是過去對現在的影響，因此斐索人的習俗（相對於周邊人群）很「簡易」而且有彈性，禁忌也很少，個人甚至可以操弄要遵循哪些習俗與禁忌。二是婚姻的關係與束縛，由於享有較大的個人自由，斐索人一輩子可能有許多伴侶，有些共同孕育子女，有些則很快離異。他們認為婚姻不能把人永久連結在一起，彼此關係是平等的。由於多數人從夫居，造成了關係上的不平衡（一方少了一個人，另一方多了一個人），此種給妻者（wife givers）與討妻者（wife takers）之間的結構階序關係，斐索人以脈絡、時間限定的方式來處理與平衡。

第三項涉及王國的統治。馬達加斯加西部曾為撒卡拉瓦王國的勢力範圍，但斐索人對其敬而遠之；君王或敵人來襲時，斐索人立刻上船逃到海上，是他們津津樂道的故事。王國的軍事操作即是透過征服，將不相關的人群全部納入新的社會和儀式秩序底下；而王國的治理術之一，是派人調查祖先的過去，將所有人的歷史都納入君王麾下。認同若是建立在與過去的連結之上，則歷史十分重要；但如斐索人這般現世主義，歷史就無關輕重了。當一群人被「納入」王國歷史，等於被過去所定義，於是斐索人上船逃走。然而這也與他們和土地的連結十分淡薄有關，這是斐索的重要特性，可惜本書僅點到為止，沒有繼續深究。

從複數「匹隆勾阿」到單一「拉颯」

本書前半的敘述中，斐索人可說是「透明的人」（transparent people），對過去毫不執著，他們是由當下形構，而非過去事件的結果。然而他們有一塊不是透明的，與歷史的遺留有關，本書第二部分接著探討斐索人如何從原本「非類屬的人」成為「類屬的人」，這是一套在地的文化邏輯。

斐索親屬關係的追溯途徑，以及個人的親屬連結，不分性別，有血緣連結者全都稱為「隆勾」。從老人的觀點來說，「匹隆勾阿」（親戚）越多越好，人能長壽而在死前擁有數不清的後代匹隆勾阿，是最理想的狀態。斐索人常說：「人們只是同一群，然而婚姻分離了他們。」

姻親不是隆勾，但有小孩則會轉化此一差異，創造出新的匹隆勾阿。

斐索人認為一個人有八個可能的「拉颯」(對照英文「kind」，有時被定義為「已經死了、過去的人」)，因為他們有八個曾祖父母，這在日常生活中沒有什麼差別，然而人死後只能埋葬在一個墳墓，只能歸屬於其中一個拉颯；也就是複數的拉颯，到了死亡時就變成單數。理論上斐索人看似有父系的偏好，死後經常埋葬在父方拉颯的墓穴中，但實際上是有選擇空間的。一個人死後埋葬的拉颯，取決於其父親是否曾為她／他舉行「梭洛」的儀式，以取得小孩未來骨骸的權利；若未曾舉行過梭洛，則小孩歸屬於母親，死後也葬於母方的拉颯。斐索人在活著的時候盡全力保持「非類屬性」，而死亡讓一個人從熱鬧的匹隆勾阿轉換到單一的拉颯，劇烈地改變了「人的性質」，原本流動性的認同也轉為固著。

斐索人認為生與死是截然分割的，斐索人擁有兩套認同——生者流動、死者固著，因此生和死的世界在日常盡量保持絕對的隔離。他們透過各種方式重複確保兩者分隔。表現在空間上，墓地是「熱的」，因為死者沒有「氣息」(breath)，而村落是「冷的」。冷熱不是物理性質，而是對比兩者差異。冷的村莊與熱的墓地要離得越遠越好，即使墓地因為地形改變等因素，實際上已經比鄰村莊，送葬時也要強調走得又遠又累。從死後到出殯前的守夜，喪家要提供食物，但無論廚藝如何，大家都得強調東西非常難吃。除了共食與守夜，喪禮的過程還包括埋葬儀式，而整個喪禮會在長老告知祖先將有新成員加入後迅速結束。他們會在喪禮期間凸顯靠近死亡範疇呈現的不適，強調兩者應有的分隔。透過喪葬儀式短暫的跨界，人們再次確立了生者世界與死者世界確實一分為二、互不干涉。

進入死亡世界後，死者會時時懷念過去的生活，想念自己眾多的匹隆勾阿（相對於困在單一的拉颯裡），也想要有好的住居、偶爾有點娛樂。生者需要讓祖先高興，以免他們來擾亂、干涉人間，破壞兩者的分隔狀態，造成生病死亡等不幸。是以，生者會為死者工作——包括修整墓地，將臨時的木圍籬換成混凝土圍籬（斐索語為「阿撒洛洛」）、換製混凝土十字架（「阿撒拉擴」）等，十字架象徵遺體，也象徵死者，人們在墓園吃喝跳舞，過程中開了一扇窗讓懷念人世的死者有機會回來同樂。越是高齡過世的死者，其對生命世界的渴忘就越強烈，人們在儀式中賣力展演活力與歡樂，讓死者短暫同歡，之後再進入與生命世界截然隔離的死亡世界。

斐索人的兩種認同模式如何並存與銜接？雅斯圖堤認為，生者與死者依照不同邏輯運作，其存在本質不同，有不同的「人」觀以及時間性（temporalities），因此也有不一樣的認同模式。斐索人透過空間、儀式將彼此世界分隔，但偶爾可以跨一下界；死者渴慕多彩人間，透過做夢等介入方式，企圖延續，而生者需透過「為死者工作」、透過重逢，重新確立彼此的分隔。此兩種不同的人觀、認同和關係性原則，大致對應了南島以及非洲的文化概念，介於兩者之間的馬達加斯加，恰顯現了此種雙元性——「當下南島，未來非洲」。

認同研究的新視角

族群認同研究主要有兩大取徑：根基論和建構論。[2] 根基論認為認同的基礎是血緣、祖源、宗教、語言、習俗等；建構論強調的是族群邊界，而非前述各類條件在認同形塑上的重要性。無論是官方或民間的族群分類，主要都以根基論為基準，族群運動也經常以之為情感動員。社會科學界早期偏向以根基論進行族群分類，但之後認同研究的主流轉向建構論，探討相對性的族群意識或族群想像，解構族群認同之原生、本質的連帶，將其視為社會建構的過程，著重討論政治發展與權力關係。在更大的尺度上，國族想像的討論深受安德森《想像的共同體》影響，側重報紙媒體等工具推波助瀾的機制。根基論和建構論歷經數十年的學術論辯，已有許多交互修正與融合，並非壁壘分明，而有更細緻的論述。

本書則在認同理論中別樹一幟，另闢蹊徑。黃應貴以及何翠萍和蔣斌在回顧族群與認同研究時，不約而同指出，斐索民族誌案例超越族群本質性的框架，對根基論和建構論的爭議提出新視角的回應——亦即從當地人的觀點出發，反省認同理論的西方中心偏見，而這樣的

2 根基論（primordialism）有時稱為「根本賦予論」或「原生連帶論」，建構論（constructionalism）有時稱為「情境決定論」（circumstantialism），這些用語背後意涵略有不同，在此暫不處理，下文討論以根基論和建構論作為代表。

視角是人類學民族誌的獨到之處。[3] 根基論和建構論的原形都有「文化」的問題——根基論將文化本質化，彷彿文化是與生俱來、或代代相傳；建構論則往往過於強調權力關係，將文化從族群認同建構的過程中邊緣化。本書的重要貢獻，即是將文化的差異性——在地文化如何界定認同——帶回族群與認同研究。此種跳脫權力關係、深究認同機制的觀點，是人類學的強項。認同的形成是一個過程，在此過程中如何想像、如何認同，與不同文化的人觀、社會關係過程、歷史性等概念有關。例如林納金與波爾即指出，學術討論中常見的認同概念經常隱含了生物性繼承的想法，也隱含了西方完整、獨立、獨特的個人性人觀的預設，與大洋洲常見的「社會性人觀」不同，[4] 認同的模式即可能因此有所差異，無法一概而論。[5]

雅斯圖堤以及韓德樂、林納金等學者指出，十九世紀到二十世紀初的學者如緬因、杜尼斯、涂爾幹、克魯伯等所提出的社會科學理論，經常認為傳統——包括語言、宗教或特定歷史——是天生固有的，並以此對比當代變遷；[6] 然而，這是因為人們往往將傳統「自然化」、使其看起來恍如固有，代代相傳，實際上卻並非如此。因此雅斯圖堤如此描述根基論：「人群認同乃根據共同起源，以及由於共同起源而來的某些天生的（如血脈或繼嗣）、或被『自然化』而看起來好像天生固有的（如語言、宗教或特定歷史）生物或文化特質。」（該書頁四）。本書清楚地挑戰了根基論，斐索人流動、實踐型的認同，與根基論強調的共同起源、共享本質截然相反。族群認同研究中，歷史與起源在許多社會扮演重要角色，無論是同源敘事（根基論）、或歷史建造工程（建構論）。血緣亦然。然而斐索人特殊的時間性概念中，人們在世時採當下主義，過去、歷史對他們而言不甚重要，歷史和根源不必然與身分認同連結，這與許多社會投注甚多心力於歷史，大相逕庭。唯有理解文化的邏輯，我們才有可能了解認同建構的途徑，以及其效益和反作用。

更有趣的是，斐索人還有另一種「類屬的」認同，乍看是父系，然而也需要透過儀式實

3 參見黃應貴，二〇〇六，人類學的視野，台北：群學出版社；二〇〇八，反景入深林：人類學的觀照、理論與實踐，台北：三民書局，頁二二一～二二七。蔣斌、何翠萍，二〇〇八，國家、市場與脈絡化的族群，導論，台北：中央研究院民族學研究所，頁一～三〇。值得一提的是，（非人類學科的）族群研究者若引述人類學理論時，除了引巴特（Barth 1969）的邊界理論作為建構論的說明，也常引用紀爾茲（Geertz 1973）談根基情感的文章，但卻將他誤讀為根基論者（何翠萍、蔣斌，二〇〇八：六～七）。

4 社會性人觀（consocial personhood）是大洋洲——尤其是美拉尼西亞——經常見到的概念，無論是人的存有、財產、交換、政治權力與社會關係等，都與此核心概念相關，我的研究也經常在此脈絡下處理

5 Linnekin, & Lin Poyer eds. 1990. *Cultural identity and ethnicity in the Pacific*. Honolulu, HI: University of Hawaii Press.

6 R. Handler, and J. Linnekin. 1984. Tradition, genuine or spurious. *The Journal of American Folklore*, Vol. 97: 273-290; Astuti, R. 1995. 'The Vezo are not a kind of people'. Identity difference and 'ethnicity' among a fishing people of western Madagascar. *American Ethnologist* 22, 3:464-82.

踐產生，這些儀式以及對死者的記憶和紀念，在馬達加斯加各種文化中十分普遍。[7] 因此本書的另一個貢獻在於呈現認同為複數的可能，而此複數不是一般討論的、對兩個群體（如原、漢）的混雜認同，而是認同機制的差異——其一為流動、實踐的認同，另一為固著、基於繼嗣世系的認同，並討論兩者如何並存的文化邏輯。

本書出版後書評反應甚佳。研究馬達加斯加的人類學者蘭貝克在人類學旗艦刊物《美國人類學家》上撰寫書評，盛讚其為「任何對族群或認同有興趣者都必讀……少數能結合冷靜分析與溫暖描述的書」。[8] 另一位馬達加斯加的研究者韓森在《美國民族學家》的書評中指出，馬達加斯加從殖民時期以來一直被十八到二十二個官方認定的「族群」框架所侷限，族群政治、甚至經濟發展想像都無法脫離此魔咒，本書的研究恰好提供了另類的思考，批評了上述族群論述中的西方中心主義。[9]

比較南島視野

《依海之人》不只是一本探討認同的書，也是一本精采的馬達加斯加民族誌。夏普在英國人類學的旗艦刊物《皇家人類學會期刊》書評中指出本書不只是對認同研究，對馬達加斯加的族群論述也貢獻良多。[10] 米德頓則在《非洲研究》期刊中讚美此書為「在馬達加斯加脈絡下優美地打造的民族誌」。[11]

在本書出版前幾年，林納金與波爾主編的《太平洋文化認同與民族意識》，即檢討了根基論者將認同的西方本土理論——如血緣、語言、文化的「自然化」——套用到各地，並發展成民族劃分、民族標籤等模式。她們指出，從大洋洲的民族誌案例可以看到兩套不同的界定人群分類、形塑身分認同的方式。套用演化學的典範為喻，其一為孟德爾式，強調可承繼的先天特質，如親屬、世系繼嗣等；另一者則為拉馬克式，強調後天的行為和實踐以建構認同。《依海之人》書中也討論到斐索人的例子對應了這兩型認同，並指出此兩型恰好對應了非洲和南島，呈現出這兩種認同在馬達加斯加交會的特性。

7 M. Lambek, 1998, 'People of the sea: Identity and descent among the Vezo of Madagascar' book review, *American anthropologist* 100(1): 203-204.

8 同前註，頁二〇四。

9 P. W. Hanson, 1996, 'People of the sea: Identity and descent among the Vezo of Madagascar' book review, *American Ethnologist* 23(1):164-5.

10 L. A. Sharp, 1997, 'People of the sea: Identity and descent among the Vezo of Madagascar' book review, *Journal of the royal anthropological institute* 3(1): 182-3.

11 K. Middleton, 1995, 'People of the sea: Identity and descent among the Vezo of Madagascar' book review, *Journal of Southern African studies* 21(4): 679-80.

台灣原住民為南島語族，從比較南島的視角來閱讀本書，可以激發新的觀點。以我的主要研究對象——所羅門群島的朗加朗加（Langalanga）人——為例，透過與斐索人對照，即可更細膩地分析。同為南島語族、亦依海為生的朗加朗加人也非常重視人的行為／行動（doing），例如歷史敘事中強調祖先在地景上的移動與作為、土地權利的合理性，須持續透過行動保持與地方的連結，而其重要生計——貝珠錢、造船，與捕魚——的文化意義，都是在強調身體勞動。在這樣的社會中，一個人如何被定義，非以血緣決定，其行為／行動是關鍵。[12] 此類型的社會在前述林納金與波爾的分類中，被歸為「拉馬克式」的認同模式，在大洋洲或南島社會十分常見。

斐索人可謂此類型的極端，他們認為斐索性沒有本質性，「人們做斐索事、於是成為斐索人。」斐索人認為住在什麼地方會決定人們學習什麼，也因此就成為什麼人，此處乍看有地理決定論的味道，然而仔細分析可以發現斐索人的本土理論重點在於「行動」（人為主動）而非地方有某種特質會「改變」人（人為被動）。此外，時間性——亦即歷史扮演（更精確地說，不扮演）的角色——也有其獨特之處。

相對的，朗加朗加人以及雅斯圖堤在本書第二章中引述的另一個美拉尼西亞的例子——華森研究的新幾內亞凱南圖人，對於人及其居所的關係有不太一樣的想法。朗加朗加人認為讓土地與人無法分割的連結是社會的核心，土地並非資源，還包括其上的祖先、祖先在地景上的作為，以及祖靈和超自然生物的靈力。凱南圖人認為在一個地方居住，會吸取、浸潤環境與地景，而由於人與地的鑲嵌性，祖先、祖靈成為形塑個人的一環，親屬關係（包含世系）也因此在形成個人的過程扮演角色，此即大洋洲特殊的「社會性人觀」。[13]

朗加朗加人以行動為核心的社會性質，與否認過去於現在留下印記的斐索人不同。對朗加朗加人而言，過去的印記以祖先行動與（跨）地方交織形成的歷史層疊，行動非僅只是個別性與當下性，需放在具歷史厚度的脈絡中賦予意義。透過與否定過去的影響、和土地關係淡薄、著重當下行動的斐索人比較，我們對朗加朗加社會性質的了解能更立體而清晰，同時也更能凸顯斐索文化的特殊性。從此例可見，這本斐索民族誌能提供許多南島研究者重要的參考，透過比較分析，更精緻梳理研究社群的社會文化性質。

12 郭佩宜，二〇〇八，協商貨幣：所羅門群島Langalanga人的動態貨幣界面，台灣人類學刊六（二）：八九～一三二；二〇〇四，展演「製作」：所羅門群島Langalanga人的物觀與「貝珠錢製作」展演，博物館學季刊十八（二）：七～二四。Pei-yi Guo, 2013, Between Entangled Landscape and Legalized Tenure: Inter-evolvement of Kastom and Land Court in Langalanga Lagoon, Solomon Island. Paper presented at the conference 'Legal Ground: Land and Law in Taiwan and the Pacific'. Institute of Ethnology, *Academia Sinica*, Sep. 11-12th, 2013; 2011, 'Law as Discourse: Land Disputes and the Changing Imagination of Relations among the Langalanga, Solomon Islands'. Pacific Studies 34(2/3): 223-249; 2011, 'Torina (canoe making magic) and "Copy-cat": History and Discourses on the Boatbuilding Industry in Langalanga, Solomon Islands'. *Pacific Asia Inquiry* 2(1): 33- 52。

13 J. Linnekin and L. Poyer, (eds.) 1990, *Cultural identity and ethnicity in the Pacific*, Honolulu: University of Hawaii.

對本書的異見

雖然本書有上述諸多貢獻，但也受到一些批評。首先是全書呈現過於乾淨的對比，掩蓋掉許多複雜性。如蘭貝克即指出，由於斐索人的流動與實做特點，必然會產生許多地方差異，雖然雅斯圖堤在兩個村落做田野，避免過度以單點推論整體的問題，但書中許多使用統稱（the Vezo，斐索人）的敘述是否其實涵蓋了更多聚落，有待商榷，米德頓也有類似批評。[14] 此外，雅斯圖堤將比較觀點拉至「南島 vs. 非洲」的大框架固然很有企圖心，然而也可能過於本質化這兩者，實際上南島與非洲各社會都有很多變異，不盡符節。我認為雅斯圖堤雖然在書中部分比較案例中，對差異性質有細緻的討論，然而其套用的大框架的確有些籠統、過於二元化。斐索的民族誌個案因此顯得極端——雖然可以刺激讀者思考，然而距離其結論中擬達致的複雜現象分析可能仍有些遙遠。

再者是對歷史的疏離。雅斯圖堤堅持從斐索人的本土觀點出發，呈現出在強調現下實做的流動性人觀與認同中，過去和歷史（對生者來說）並不重要，斐索人不關心歷史，很少談論。然而此種書寫與研究策略使得整體斐索人的大環境——無論是政治、經濟和歷史脈絡，在書中都只有浮光掠影的片段，沒有整體更全面性的描述、更遑論討論。這是認知人類學取徑的長處，但同時也是缺點。

雅斯圖提清楚的陳述其選擇：「本研究的目的不在揭露當今斐索性的歷史根源，而是分析斐索人在日常生活中經驗的特殊認同建構——是認同的形態學（morphology）而非其起源（genesis）。」蘭貝克認為此選擇錯失了理解為何斐索人選擇其特殊認同模式的機會；韓森則認為這個選擇有將文化去歷史的危險，反可能落入了根基論者將文化本質化去脈絡化的陷阱。[15] 此外，由書中描述我們可以看到政治運作、基督宗教進入、商業活動，還有與其他族群互動和比較，但這些都只有隻字片語匆促帶過，缺乏更系統、更全面的背景交代（更沒有討論）。例如馬達加斯加於一九六〇年脫離法國獨立，從書中可見當地人借用了不少法文詞彙與表達，即可窺知殖民經驗的重要性——但殖民經驗是否對斐索人的認同造成影響？筆者閱讀時也不斷好奇斐索人的認同模式與國家官方族群識別遭逢時，彼此的辯證；而基督宗教對斐索人喪禮的影響難道只停留在書中描述的「製作十字架」？這些疑問在書中並沒有著墨，雅斯圖提後來的研究也未涉，使得其研究有些弔詭——本書闡述動態認同，然而去脈絡

14 M. Lambek, 1998, 'People of the sea: Identity and descent among the Vezo of Madagascar' book review, *American anthropologist* 100(1): 203-204; K. Middleton, 1995, 'People of the sea: Identity and descent among the Vezo of Madagascar' book review, *Journal of Southern African studies* 21(4): 679-80.

15 P.W. Hanson, 1996, 'People of the sea: Identity and descent among the Vezo of Madagascar' book review, *American Ethnologist* 23(1):164-5.

化的結果，似乎使得此認同模式顯得有些靜態。

延伸研究

除認同之外，雅斯圖堤教授的研究在親屬與性別的課題上也有許多貢獻。例如斐索人在活著時的身分認同是由行為決定，然而死後則固著無法改變，納入繼嗣的範疇；針對性別，斐索人採用的模式異曲同工：人活著時，其身分認同（包括性別）依踐行而決，然死後無法繼續踐行，則依照另一套的原則（繼嗣、生理性別）。[16] 她也從性別社會建構論立場往前延伸，認為一個社會是否區分性別差異，需要同時關照到「區分差異」與「不區分差異」的脈絡。我們若是只強調「區分差異」，將看不到全貌，因為此兩者乃相互建構。[17]

本書後段的斐索民族誌案例即是親屬研究的極佳素材。斐索人的親屬制度乍看與古典的血親繼嗣（cognatic descent）類似，然而雅斯圖堤指出斐索人在人生的不同時期、站在不同位置，會有不同的「親屬制度」。[18] 一般的斐索青年或中年人的親屬關係，看起來與「親類」（kindred）概念十分相似，而老人的觀點接近血親型，死後卻是單系繼嗣，這三種制度共存。[19]

另外，雅斯圖堤也藉由斐索人的民族誌，反思人類學古典親屬研究大家瑞佛斯建立的系譜研究傳統。後來的社會建構論批評瑞佛斯的研究方法，預設親屬分類有生物上的參照，以及人們普遍區分生物和社會關係，但這樣的假想並非普世皆然。雅斯圖堤透過新的研究發現，斐索人的確有兩套本體論——生物與社會性的，亦即認知到小孩與親戚（尤其父母）有生物性關係，但小孩與親屬的關係也有社會性的一面。他們並非如社會建構論學者所推想的，否定雙元性存在，但斐索人盡力要讓此兩種關係的區分變得不重要。[20]

雅斯圖堤的指導教授為知名的馬達加斯加研究與認知人類學者布洛克（現已退休），他因梅里納以及撒非曼尼利的研究享有盛名，作者在本書中也經常舉梅里納與斐索進行民族誌

16 R. Astuti, 1999, At the centre of the market: a Vezo woman In: Day, Sophie and Papataxiarchis, Euthymios and Stewart, Michael, (eds.) *Lilies of the field: how marginal people live for the moment*, Studies in the ethnographic imagination, Westview Press, Boulder, CO, 83-95.

17 R. Astuti, 1993, Food for pregnancy. Procreation, marriage and images of gender among the Vezo of western Madagascar, *Social anthropology*, 1 (3). 277-290.

18 R. Astuti, 2000, Kindreds, cognatic and unilineal descent groups : new perspectives from Madagascar In: Carsten, Janet, (ed.) *Cultures of relatedness : new approaches to the study of kinship*, Cambridge University Press, Cambridge, UK, 90-103.

19 詳見第六章最後之「譯者補充」一節。

20 R. Astuti, 2009, Revealing and obscuring Rivers' s pedigrees: biological inheritance and kinship in Madagascar, In: Bamford, Sandra and Leach, James, (eds.) *Kinship and beyond: the genealogical model reconsidered. Fertility, reproduction and sexuality* (15), Berghahn Books, New York.

比較。雅斯圖堤承繼了布洛克對認知研究的興趣，但採取不太一樣的途徑。千禧年後她以新的研究設計——包含與心理學家協同跨領域研究——探討斐索人的各種認知概念，進行跨文化比較，重新檢討西方人類學、心理學的一些概念、理論和預設。[21]例如她對比斐索人關於父母與子女相似性的一般性陳述，以及使用特定心理學問卷設計所呈現的知識落差；[22]也以類似方法探究大人以及兒童關於祖先、死後世界的想像、認知與學習。[23]

上述論文對於閱讀本書可有參照之益，然涉及民族誌細節，不適合在導讀中占用過多篇幅。筆者另於相關章節最後附上「譯者補充」，有興趣的讀者可參照閱讀。

中譯本的出版及其意義

《依海之人》不但呈現了斐索人特殊的在地理論，一種「現在進行式」、行為中心的身分認同模式，更呈現了雙元的認同機制如何並存與切換。本書跳脫根基論平面列舉文化元素，以及建構論過度偏重權力競逐的立論，從人類學視角分析認同的在地文化機制。在幾位人類學老師的引介之下，本書在台灣人類學界認同、族群性的討論中受到矚目，也有不少相關論文引述。本書在族群、認同研究上已然取得經典地位，期待中譯本出版有助於台灣社會科學

界更廣泛接觸人類學族群認同的文化理論。在族群衝突與緊張關係依舊在世界各地上演、族

21 R. Astuti, 2012, Some after dinner thoughts on theory of mind, *Anthropology of this century*, 3. (http://aotcpress.com/articles/dinner-thoughts-theory-mind/); Rita Astuti and Maurice Bloch, 2012, Anthropologists as cognitive scientists, *Topics in cognitive science* 4 (3): 453-461; 2010, Why a theory of human nature cannot be based on the distinction between universality and variability: lessons from anthropology, *Behavioral and brain sciences* 33 (2-3):83-84.

22 R. Astuti, 2001, Comment on F. J. Gil-White's article 'Are ethnic groups biological "species" to the human brain? Essentialism in our cognition of some social categories' *Current anthropology*, 42 (4). 536-537; 2007, Weaving together culture and cognition: *an illustration from Madagascar Intellectica: revue de l'Association pour la Recherche Cognitive* (46/47). 173-189. Astuti et al 2004, *Constraints on conceptual development : a case study of the acquisition of folkbiological and folksociological knowledge in Madagascar*, Monographs of the Society for Research in Child Development, Blackwell Publishing on behalf. N. Knight and R. Astuti, 2008, Some problems with property ascription, *Journal of the Royal Anthropological Institute*, 14 (s1).

23 R. Astuti, 2007, Ancestors and the afterlife In: Whitehouse, Harvey and Laidlaw, James, (eds.) *Religion, anthropology, and cognitive science. Ritual studies monograph series*, Carolina Academic Press, Durham, N.C., 161-178; 2007, What happens after death? In: Astuti, Rita and Parry, Jonathan and Stafford, Charles, (eds.) *Questions of anthropology*, London School of Economics monographs on social anthropology (76). Berg Publishers, Oxford, UK, 227-247; 2011, Death, ancestors and the living dead: learning without teaching in Madagascar. In: Talwar, Victoria and Harris, Paul L. and Schleifer, Michael, (eds.) *Children's understanding of death: from biological to religious conceptions*, Cambridge University Press, 1-18. Rita Astuti and Maurice Bloch, 2013, Are ancestors dead? In: Boody, Janice and Lambek, Michael, (eds.) *Companion to the anthropology of religion*, Wiley-Blackwell, London. R. Astuti and P.L. Harris, 2008, Understanding mortality and the life of the ancestors in rural Madagascar, *Cognitive science*, 32 (4). 713-740. P. L. Harris and R. Astuti, 2006, Learning that there is life after death, *Behavioral and brain sciences*, 29 (5). 475-476.

群日益商業化的時代[24]，本書的翻譯出版應能在台灣帶來有別於主流、具有人類學視野的認同論述。多元族群認同一直是近年台灣社會焦慮的問題，透過本書中斐索人以實踐形塑認同，而非受原生血緣、出生地或母文化框架的案例，當可提醒社會反思如何鬆綁族群認同魔咒、創造新的多元社會。

從比較南島的觀點來看，馬達加斯加是南島世界相當特殊的區域，期待中譯本的出版能拓展台灣南島、原住民的研究視野。這本書對於馬達加斯加、非洲研究提出了新鮮的視角，也可補足台灣出版品中甚少高品質非洲研究的缺憾。書中關於海洋文化、海口生活的描述也非常生動，有許多可與達悟、阿美，以及漢人漁村對話之處。

這是一本非常「好讀」的民族誌，全書行文流暢結構清晰，同時又能充分展現人類學家觀察的視角與細膩分析。夏普讚美雅斯圖堤是極有天分的田野工作者，對細節觀察力敏銳；米德頓也很欣賞雅斯圖堤對細節的注重，她對於行動者在特定時間空間的作為與敘述都很留意。[25]書中對於人類學者田野工作、研究問題的形塑與修正等多所著墨，可以引領跨界讀者或一般大眾對人類學有基礎了解，很適合人類學導論、文化人類學等課程。

主書名「People of the Sea」譯為「依海之人」，取其有倚傍、依靠、按照、遵循、順從、依戀等意義，恰可表達斐索人與海洋的深厚關係和日常實踐。翻譯過程承蒙賴彥穎、潘戍衍、楊懷澤、孫德齡詳細閱讀全書、提供許多修訂意見，鄭瑋寧提供書名建議，何玉清（Candice

Roze）協助部分法文翻譯，以及科技部經典譯注計畫兩位匿名審查人的審閱與指正，謹此致謝。

24 J. Comaroff & J. Comaroff, 2008, *Ethnicity, Inc.* Chicago: University of Chicago Press.

25 L. A. Sharp, 1997, 'People of the sea: Identity and descent among the Vezo of Madagascar' book review, Journal of the royal anthropological institute 3(1): 182-3; K. Middleton, 1995, 'People of the sea: Identity and descent among the Vezo of Madagascar' book review, *Journal of Southern African studies* 21(4): 679-80.

獻給

納波依阿公、

羅倫佐和

西恩

謝誌
Acknowledgements

本書是對馬達加斯加的斐索人進行十八個月田野工作的研究成果。此研究由溫納格倫基金會的獎助金資助（一九八八），並得到倫敦大學中央研究基金、羅馬的國家研究中心、義大利－非洲機構，以及錫耶納大學的獎助。書寫階段則受惠於英國國家學術院的博士後研究獎學金。感謝上述機構的支持。

同時也非常感激安塔那那利佛大學藝術與考古博物館主任拉寇托亞里索協助研究完成，以及感謝博物館員們的幫忙。感謝一開始在倫敦教我馬拉加西語的西蒙女士。感謝安塔那那利佛的史蒂芬、摩倫達瓦的卡巴扎和索多德的友誼與物質協助。

在研究、田野，和最後一年的混亂期，我的雙親——卡蘿和佛南達，他們一直從遠方提供貼心的支持與鼓勵，對此以及許許多多，我深懷感激。

卡斯頓、派瑞、索歷納、石達夫、史都華、史崔聖，與塔貝，他們在本書寫作的不同階段提供了寶貴的評論與建議。

布洛克引介我認識了馬達加斯加，與我分享實踐人類學的興奮，並且幫助我克服難以下筆的沮喪。

羅倫佐・艾普斯登學著去懂、去喜歡斐索人，並理解我為何沉浸於「斐索性」之中。他在研究過程中與我同甘共苦，從最初我對於斐索種種的提問，到開始可以回答關於斐索的一些問題，他一直無條件地支持我。

言語無法表達我對貝塔尼亞和貝羅那群朋友與親人們的感激。儘管如此，我還是在此謝謝他們以耐心、熱心和包容的態度教導我，指引我成為斐索，讓我能成為斐索。他們知道，他們讓我在與他們相處的日子裡多麼輕鬆，也知道我多麼喜歡和他們在一起。

1

導論
Introduction

本書研究兩種不同的認同：一種是透過現下的行為實踐所達致，另一種則是承繼自過去、被賦予的本質；一種看得出來具有南島語族的特色：可變、非原生、非本質性，而另一種則帶著清楚的非洲印記，其認同藉由不變的繼嗣秩序確立，根深蒂固。「斐索」是住在馬達加斯加西岸的一群人，兼具上述兩種認同。探索這兩套相異、而且顯然不相容的「成為一個人」的方式，如何共存、如何相互連結，是本書的目的之一。

我會藉由自己在斐索進行出野工作時與此兩種認同的遭逢，將其介紹給讀者。我將描述自己如何構思這本書要探討的問題，同時試圖解釋「非類屬性」和「類屬性」，這兩個關於認同的當地用語之間的對比。

貝塔尼亞是個海邊的村落，位於馬達加斯加西部。到那兒之後沒多久，有一天我看到兩個約莫六歲的孩子，在一艘半埋進沙灘、殘破的獨木舟上玩耍。他們拿著兩支木棍當槳，輪流反覆喊著：斐－索！斐－索！[1]「斐索」是當地語言「船槳」的祈使型，意思是「划槳」；兩個小男孩模仿的是舟隊成員為同伴打拍子的呼聲。

「斐索」這個字也代表了一群人。「斐索人」常點出他們的名字原意為「船槳／划槳」[2]，這個名字暗示了他們是「與海打拚、住在海岸邊的人」[3]。在我做田野的頭幾週，人們不斷地重複這一點。我想學的新字如果和捕魚或航海有關，教我的人就會接著說明：所有捕魚的人、航海的人，都是斐索。同樣地，當我對著一群年輕男子展示沿海的地圖，他們也會告訴我：所有住在沿岸、靠海的人，都是斐索。我很快就覺得這些意見都很乏味，因為他們講的東西似乎顯而易見，亦即斐索人是靠海為生的人。

他們的這種執著似乎沒什麼特別的重要性，因為基本上早期有旅人、傳教士的記事，近期則有地理學者、人類學者與歷史學者關於該區的報告，早就指出應將斐索人視為捕魚和沿海的人群。例如研究斐索人記錄最為詳盡的科其林將他們定義為「半游居的海洋之民，礁岩、沼地和近岸樹林的採食者」[4]。其他學者指涉斐索人時定義就沒那麼嚴格，像是「投入捕魚的海洋之民，花很多時間出海，沿海岸線而居」[5]，或「航海、投入捕魚的海口人」[6][7]。實際上，文獻中的觀點普遍認為：斐索人唯一的區辨特徵就是其生計模式。[8]此說似乎可由人們一而再、再而三的說法得到印證：當一個人離開海岸搬到內陸，就不再是斐索人，而成為瑪希孔羅人了；後者是斐索人的鄰居，為農夫和牧牛人。[9]因此，學者們已推斷出「斐索」這個詞不代表固著不變的身分特質，因為人們可以遷居、且據以改變其生計方式。也因此，學者們都同意斐索人不是一個「真正的族群」、一個「特殊種族」或「獨特的人群」。[10]換句話說，雖然「斐索」這個詞標示了斐索人如何維生、住在哪裡（「與海打拚、住在海岸邊的人」），卻無法顯示斐索人「真正」為何。學術界因而認為斐索人需要另一種身分標誌，有時便將其歸到「大撒卡拉瓦族」[11][1]，將其視為此族群裡的一個子群。

直到我開始拋出一些基於錯誤預設的提問，才逐漸領會到「斐索人是與海打拚、住在海岸邊的人」這句話，並不如初始所想的那麼顯而易見、那麼乏味，反而是句「由衷地」關於身分認同的陳述。例如當我問道為什麼有些從南方移居過來的村民，原籍是安坦卓伊[2]而非斐索，卻依然算是斐索人？又例如我會對即便有著各種不同祖傳習俗，卻同樣被認為是斐索這件事表示很詫異；而我的報導人對這些疑問只是簡單地回了一句：「斐索人不是一類人。」[12]

1 撒卡拉瓦泛指馬達加斯加西岸的人群，曾在十六、十七世紀建立勢力龐大的王國。

2 安坦卓伊人居住在馬達加斯加南端，也屬於南島語族。最常拿來與斐索人對比的是隔壁的瑪希孔羅人，不過由於有原籍安坦卓伊的人通婚到作者研究的村落，因此有時在村民的敘述中也會拿他來與斐索人對比。本書中有幾個例子，例如第四章原註二十四提及斐索人結婚很容易，不像安坦卓伊人，光是聘禮就要好幾頭牛。

「卡拉颯」這個詞的意思是種類、類別，指的是共享某些本質特色的物、動物或人的群組。[13]例如魚是一「類」有生命之物，而馬鮫魚[3]則是一「類」魚。卡拉颯源自「拉颯」，後者用於祖先，特別是某「類」祖先，也就是那些葬在同一個墓穴、稱為「同拉颯」者。同屬一個「卡拉颯」的成員——無論是一組物、動物或人——根據的是個體內在的、原生的特質。魚生而為魚，沒有任何「魚性」、或某種特殊「魚性」，是可以藉由後天取得、學習，或加以改變的；同樣的，一個人也無法取得或習得某個特定墓穴或「拉颯」的成員資格，只有透過繼嗣方能得致。

因此「斐索人不是一**類**人」這個描述是想表示斐索人並非**天生的**，他們是「非類屬的」[4]；他們不是生來就是斐索，也非源於血統而成為斐索。因此，安坦卓伊或任何其他來歷的人當然可以成為斐索，因為是否成為斐索不是**出身來歷**的問題；帶著不同祖傳習俗的人也可以是斐索，因為「斐索性」並非承傳而來。

當我了解到「斐索不是一類人」，也就理解了人們一直強調他們是與海打拚、住在海岸邊的人時，不只是描述其生計模式和居住環境；斐索人實際上是在藉由描述他們做的事情和住的地方告訴我，**他們是誰**。斐索不是一類人，以及他們是與海打拚、住在海岸邊的人，這兩種陳述都傳達了同一個觀點，亦即斐索身分認同不是藉由出生、繼嗣，或承繼自過去的某種本質所決定；是在當下，透過人們所作所為和住居之所，於脈絡中創造而來。「人們不是因為他們放牧牲畜而成為斐索，是因為他們出海、他們捕魚、他們住在海邊。」[14][5]

本書的前半部我將強調，斐索人即是他們所做的事，斐索身分認同是一種行為而非一種存有狀態，一個斐索人的重點不是她[6]是什麼（人）、或她成為什麼（人），而是她做了什麼。這論點等於違反了目前學界文獻中關於斐索人定義的共識。換句話說，我認為「斐索」這個詞之所以能「真正地」定義斐索人，正是因為它完全只討論他們做了什麼，以及他們住在哪裡。然而，我也的確贊同斐索人不是個「真正的族群」、「特別的種族」，或「特殊人群」這類的論點，只是我是基於不同的理由，以及截然不同的分析目的。那些認為斐索人不構成一個族群的學者，預設了「真正的」認同必須為固著不變而非流動的（如果一個人「真正是」斐索人，就不可能變成瑪希孔羅人）、是天生的而非脈絡的，必須藉由繼嗣，而非經由實踐建立。從這個觀點來看，斐索人被認為不合常態，因為他們不符合「西方關於族群性的民族

3 馬鮫魚（Spanish mackerel）正式譯名為馬加鰆，俗稱馬加鮫、馬加魚，廣泛分布於印度－西太平洋，為斐索人經常捕食的魚類之一。

4 作者以斐索概念自創的這兩組詞：kindedness/un-kindedness很難找到適切的中文翻譯，在此譯為「類屬性」，取「kind」在英文中有屬性（性質、本質）的意思，也接近斐索人的當下認同，是視行為而非屬性（本質）而定之意。

5 此處斐索人講述自我認同的對照組是他們居住於內陸的鄰居，他們擅長畜牧牛隻。亦見本章譯註二。

6 作者在書中經常以「她」（she）來指涉不分性別的第三人稱，中譯維持此種用法。

理論」[15]。該理論是下列觀點的產物：人群認同乃根據共同起源，以及由於共同起源而來的某些天生的（如血脈或繼嗣），或被「自然化」以致看起來好像天生固有的生物或文化特質（如語言、宗教或特定歷史）。[16]先前的學者敏銳地辨識出斐索是異例，然而他們未能充分理解其意涵：他們仍停留在其狹隘的「民族」理論框架，無法認知到斐索人的「本土理論」[7]中，關乎其認同的非本質主義特色。換句話說，先前學者停步之處，正是本研究的起點。

這項關於斐索人認同的研究肇始於「斐索不是一類人」此一陳述。田野初期我經常聽到這句話，當時的我還在構思研究題目，經常由於錯誤的預設，而對斐索人認同的本質評論失當。終於，我學會問出一個與斐索人對其自身認同的看法合調的問題，也察覺了蘊含在斐索人自我論述裡的「非類屬性」。「非類屬性」不再只是一個否定的說法，而是對斐索人如何透過他們的所作所為，最終成其所以的一種正面的肯定。[17]

本書前半企圖闡明斐索不是一類人的主張。要描述什麼是「非類屬性」，有一種更普遍的說法，那就是所謂的未決性——斐索性是未確定的，過去無法決定一個人是否成為斐索。要當一個斐索人，須於當下行動，因為只有在當下，人才能踐行其身分認同。反之，過去的行動無法決定一個人在特定時間點是什麼人。因此我們可以如此想像斐索人：他們每日從零開始，透過實做，打造自己的身分認同。

斐索人不認為過去會在今日留下印記；換句話說，他們不認為斐索認同有可上溯的歷史；而斐索人強調這點的方式之一，是詳述過去發生過的反抗行動。他們宣稱自己從未是撒卡拉瓦王國的一部分（亦即從未是其臣民），即便此王國直到殖民時期都還統治著整個馬達加斯加西部。斐索人驕傲地補充，當統治者造訪其居住的海岸，他們非但沒有（上前）表示敬仰，反而跳上船，逃走了。本書後面會談到，他們要逃離的其中之一，正是歷史的決定性力量。歷史上是否真有其事無關緊要，重要的是這個故事給了我們一個啟示：斐索納入撒卡拉瓦政權這段鮮為人知的歷史，說不定正有助於了解斐索當前「非類屬性」的起源。[18]無論如何，本研究的用意不在揭露當今斐索性的歷史根源，而是分析斐索人在日常生活中實際經驗到的，特殊的身分認同建構——此研究分析的是認同的形態，而非認同的起源。

在斐索的田野工作很容易就轉化為「變成斐索人」的經驗——此處說的並非許多人類學

---

7 此處「ethnohistory」譯為「本土理論」，參考黃應貴，二〇〇八，反景入深林：人類學的觀照、理論與實踐，台北：三民書局，頁二二二、二二三。

家常見的那種被接納而逐漸同化、往往被浪漫化的過程，我指的是一種更獨特的經驗：本書接下來將會呈現，「成為斐索人」的可能性，與斐索認同的特殊本質，緊密相連。

斐索人總是將兩個相關的概念——他們是「非類屬的」人，以及「他們即其所為」——套用到任何和他們一起生活、或多或少熟練成為斐索所需技能的人身上。一如有人曾告訴過我：

> 斐索人沒有主人（master），斐索是每個愛海的、能把事情做好的人的集合名稱。斐索性不屬於任何單一個人，沒有一個主人，不能說誰和誰是斐索性的主人。不！只要喜歡斐索性也喜歡實踐斐索性，每個人都是主人。[19]

我的斐索朋友們經常提到我真的很喜歡海，喜歡游泳、航海和捕魚。他們特別提到我很聰明，選擇到他們這兒來做研究；他們似乎一致認為我很適合成為斐索人。

惟有當我的田野工作變成整天經由實踐來當個斐索人的時候——出海捕魚、燻魚、在市場賣蝦——我才完全抓到「斐索不是一類人」這句話的意思。正是因為斐索的「非類屬性」，我才有可能經由主觀的體驗和其他人對我的認知，轉化為一個斐索人：正是因為斐索人不被過去決定，於是我也可以擺脫個人歷史，在當下取得新的身分認同。由此角度看來，我認為自己的轉變是所有斐索人都體驗過的、「人即其所為」的過程裡，一個不重要、但頗具意義的例子。

在以下的民族誌敘述中，我有時會用個人的經驗來舉例說明，人們如何學做斐索事，於是成為斐索人。當東道主告訴我，因為我會游泳或我會駕船，所以我是個斐索人，你可以說他們並不真的這麼認為。換句話說，他們曾經認為我是個「真正的」斐索人嗎？答案當然是否定的，但那並非因為我是個來自遠方、不知變通的外國人，而是因為從「沒有人能宣稱自己是天生的斐索人」的角度來說，沒有任何一個斐索人是「真正的」斐索人。我的斐索朋友都很清楚，我一旦離開，就會有非常不同的身分認同，但他們覺得那並不會影響我與他們在一起時，那套新的做事方法、以及由此而生的存在認同。「我是斐索人」這一點無疑是脈絡性的，然而我認為，斐索認同對**任何**成為斐索、實踐斐索的人，都是脈絡性的。

無可避免地，斐索人經由當下建構、定義身分認同的模式，深深地影響了我的田野工作，決定了我會問哪種問題。透過被納入（斐索）的經驗——有時我幾乎覺得是強加在我身上的、成為斐索的過程——導引出環繞本書第一部分的爭議與問題。另一方面，由於體驗到被納入有其**限度**，讓我意識到有第二種、與前述斐索性正好相反的認同。

田野接近尾聲，我遭遇了一場海上危機。當時是一趟夜晚航行的返程，負責掌船的年輕人把作為舵的槳給弄丟了，平常放在船上備用的槳也忘了帶；所以，我們無法控制這艘船了。我們趕快收帆，辨認出海流正將我們推向海浪甚大的淺灣。船開始大量進水，不堪負荷的船身隨時有裂開的危險。儘管如此，我們還是靠著兩支桅桿，慢慢地把自己推上岸。我忙著安撫跟我們一起旅行的一個小男孩，但靠岸時我心知肚明：我們大有可能會淹死。幾天後，有人說在南方好幾哩外發現了我們那一晚從船上丟棄的一顆西瓜，略略點到如果船隻失事、或翻船了，他們找到的可能就是我們的屍體。這段插曲喚起一個在我腦中盤旋了好一陣子的問題：如果我死了，我的斐索家人會將我埋在他們的墓穴中嗎？答案是不會，因為我「在海另一頭」的父母會想要回我的身首，葬在他們的墓穴中。

與其他馬達加斯加人一樣，斐索人很看重「安置死者」，也就是墓地的選擇。[20]葬於不同的墳墓，亦即將人分為不同「類」，稱為拉颯；我的斐索親人不把我葬在他們的墳墓，事實上是將我阻隔在外、不納入他們的拉颯之中。而其原因在於：與斐索性相反，拉颯認同是一種存有（being）狀態，而不是行為（doing）的方式；拉颯認同基於繼嗣，基於不會隨著時空脈絡改變的個人祖系。

斐索人宣稱自己「不是一類人」，但又存在某些「類」（某些拉颯）的人，這是個理論之謎。一群人中如何存在兩種不同的認同？一種透過實踐逐漸形成、另一種則因繼嗣而固定不變；一種含括、另一種排他？斐索人如何同時是「非類屬的」、又是「類屬的」？本書第二部分將討論這些問題。

親屬關係是認知斐索人「類屬」的背景，可分為兩個領域：一個是在現下建立的關聯性，另一個則會將人分隔為不同「類屬」（拉颯），只在人死之後運作。這項基於時間經驗的區分，頗有助於理解過往學術上稱為血親繼嗣和單系繼嗣間的共存與相互作用。基於時間的親屬區分，也提供了分析死者經歷身分認同（即「類屬性」）的脈絡。後者可藉由分析喪禮和哀悼儀式重建，生者會在儀式中將自己與死者分離，但也同時創造了死者之間「類屬」的區別。最後，我們將可以理解為何斐索人既否定又認可生者身分認同和死者身分認同之間的連續性，「類屬」和「非類屬」之間的連續性，以及過去、現在和未來之間的連續性。

我在斐索的田野期間（一九八七年十一月到一九八九年六月）主要住在兩個村子：貝塔尼亞和貝羅[21]。該區主要的小鎮摩倫達瓦在貝塔尼亞北邊三公里左右，有政府辦公室、一個市場、一家醫院、一間郵局和一座機場。貝羅在摩倫達瓦南方約六十公里，一年中大部分的時間只能經由海路抵達。住在這兩個村子時，我另有些零星時間會住在鄰近的斐索村莊，包括羅佛貝、貝芒吉力、安克佛、貝嘎美拉、安塔尼曼尼伯、馬納吉安主亞基。我會在摩倫達瓦

圖1｜田野區域

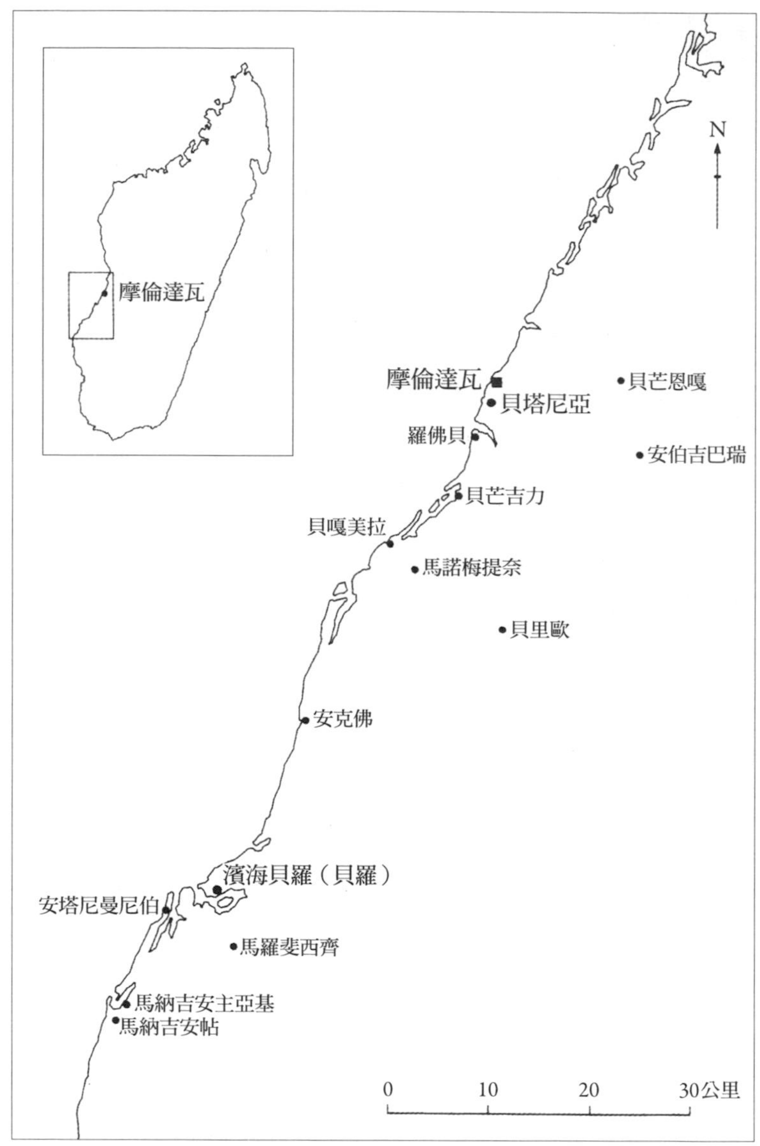
摩倫達瓦
N
摩倫達瓦
貝芒恩嘎
貝塔尼亞
羅佛貝
安伯吉巴瑞
貝芒吉力
貝嘎美拉
馬諾梅提奈
貝里歐
安克佛
濱海貝羅（貝羅）
安塔尼曼尼伯
馬羅斐西齊
馬納吉安主亞基
馬納吉安帖
0
10
20
30公里

市場裡遇見不少從貝塔尼亞南北方的斐索村落來的女人，此外我也造訪了瑪希孔羅人位於內陸的村落：安伯吉巴瑞、馬諾梅提奈、貝里歐、馬羅斐西齊、馬納吉安帖（見圖一）。

貝塔尼亞坐落於舌狀狹長之地，三面環水：北邊的海灣會隨潮汐擴大或縮小，西邊兩百公尺即是汪洋，東邊是紅樹林沼澤。唯有從海上才能看到整個村落，日月昇於水也落於水。

一如其他斐索村落，貝塔尼亞建在「軟地」而非「硬地」。海灘蔓延入村，只靠著散落在房屋間的椰子棕櫚與陸為界。從海上望向陸地，靠著椰子樹的排列和高度、還有北角邊一棵巨大的傘狀羅望子樹，可以認出貝塔尼亞。

房屋建在南北向、與海平行的沙灘上，獨木舟也以類似的方式停靠在岸上。多數房屋為木造結構，牆壁內有混入一種乾「草」（一種長在內陸的長草），屋頂是層層疊疊的椰子葉，沙地上鋪著編織的蓆子作為地板。除此之外還有幾棟磚房，用的是波浪鐵皮屋頂和水泥地板。兩種房屋的對外開口都建在東西兩側的牆上。

大部分人另外有間做飯的小屋，沒有的話就在戶外煮；他們從不在用來睡覺的住屋內烹煮食物。住屋附近還會圈起一塊地方作為「淋浴室」，可以提一桶水、在那兒脫衣洗澡。烹飪、飲用與洗滌的水都來自房子間的幾口井。雞與豬在村內自由閒逛，但如果太靠近屋子，尤其是「敵人」的雞或豬，就可能遭到棒打、丟石頭，或淋滾水的下場，死傷皆有前例。

如果問貝塔尼亞人，除了是個斐索（也就是濱海）聚落，自己村子最大特徵是什麼？他們大概會說村子的「個性」源於鄰近的摩倫達瓦市場。這個市場是構成村民們完整社會空間，不可或缺的一部分。如果你問他們要去哪裡，往北走的人多半會回答你：要走去市場。[22]雖然我很快就知道這答案有時只是客氣版的「不干你的事」，但大部分時候的確就是字面的意思。村民們幾乎天天都去市場賣魚，買當天的食材。他們會買米，如果賺的錢還夠，會買用來做「豐盛配菜」的材料，如豬肉搭馬鈴薯、或牛肉搭樹薯葉。事實上，他們經常提到，鄰近的市場讓他們能避免每天只是「單調地吃魚」[23]，也讓他們因此很少「吃膩食物」。

當我提到自己打算搬去貝羅這個沒有市場的村子，貝塔尼亞的朋友們認為我一定會很慘；會日復一日吃魚，日子會安靜到很快就想家了。後來有個親戚從貝塔尼亞來貝羅拜訪我，還故意揶揄：晚餐前要不要先去趟市場？聽到附近沒市場，還刻意裝出一副很驚訝的樣子。

我抵達貝羅後首先注意到的，是沙地上的拖車痕跡；內陸的瑪希孔羅人隔段時間就會帶著玉米、樹薯或米，來貝羅賣，或以之換魚。貝羅的村民說這些拖車是他們的市場，不過也欣然承認這市場沒有摩倫達瓦的那麼熱鬧。他們也知道自己每天吃魚，飲食比貝塔尼亞單調，然而還是相當自豪他們的魚和龍蝦更多樣，而且更肥美。

貝羅的氣氛迴異於貝塔尼亞。村莊坐落於浩淼礁湖的一側，遠離外海，因此比貝塔尼亞熱。沙的顏色比較深也更容易吸熱，小孩走在沙上很燙腳，在此也更常見到年紀較大的孩子揹著他們的弟妹穿越滾燙的沙徑，從一處陰影走到另一處。貝羅多數房子是用實心木板建的，比貝塔尼亞的堅固，整體來說，也讓聚落看起來更穩固持久。周邊有許多建造中的「大型縱帆船」，用的是一種堅硬耐久的木材，更加強了聚落予人穩固持久的印象。村民認為這些帆船，以及人們參與的造船工事，造就了該村的「個性」。

不論是從貝塔尼亞搬到貝羅、或是造訪其他的斐索村莊，總會有人鼓勵我多留意斐索人行為方式的差異，大多是他們的生計方式，但也包括了他們的說話方式、飲食型態、村落位置、房屋構造等。如同接待我的家庭中，跟我最親的一個親戚向某位從未見過我的訪客所解釋的，我到馬達加斯加來學習什麼是斐索，所以我一直到不同地方旅行，以看到斐索人各式各樣不同的做事方式。

即使大家都意識到這些差異，他們還是在彼此的交談、或與我的對話中使用「斐索」一詞，來指涉所有「與海打拚、住在海岸邊的人」。無論是在某個地方潛水捕撈龍蝦，或在另一處線釣馬鮫魚，這都無關緊要，只要這兩個地方——其實就是沿著西岸的**任何一**個地方，只要人們靠海維生，那麼他們就是斐索。

本書中的「斐索」有兩種互為參照的用法。首先，我指的是在我長住的兩個村莊中，認識的那一小群斐索人。我寫下他們教導我有關他們自己，以及他們做了什麼，以讓自己成為斐索。再者，我會以報導人談論他們自己的方式來書寫「斐索人」。他們的認知是，即使實踐的方式有所差異，貝塔尼亞、貝羅，以及其他西岸村莊的人都是斐索人，因為他們都是「與海打拚、住在海岸邊的人」。沿用報導人的概念，我假定這個認同範疇跨越了地方的差異（就與「斐索不是一類人」的概念一樣），是所有的斐索人共享的，即便我並沒有親身證實在我田野工作的區域之外是否仍是如此。

我一開始選擇住在貝塔尼亞是為了方便，因為那是最靠近行政中心摩倫達瓦的村子，是個臨時收到通知也能快速安排入住的地方。當時最讓我焦慮的問題是學習語言，要在搬到更遠的地點（我的目標是貝羅）前將語言練到夠好，住在貝塔尼亞似乎也是個可行的方案。

最終，儘管擬定了這些計畫，而我也的確於住在海邊四個月後第一次去了貝羅，但我大部分時間仍住在貝塔尼亞，我在那裡建立了理想的人情與工作環境，覺得自己無法說離開就離開。在貝塔尼亞，我被納進房東一家的親屬網絡，在這八戶人家，我能參與任何我想加入的談話、會議、爭論、八卦、吵架、開玩笑、耳語，跟他們一起歡笑與哭泣；我可以問問題，我也會得到解答。雖然有些人很明顯地比其他人更能給我一個容易理解的答案，但大多數人對我有興趣學習關於他們的事情都覺得很自在，對我該學什麼、該怎麼學，也都教得極為認真。

除了這個熟悉的親屬網絡，我也很快就認識了一些其他的家庭，可以讓我自由發問，或討論我有興趣的題目。有時我會做正式的訪談，只是我發現直接加入那些並非由我起頭的交談和活動，似乎還更有用些。即便我可以隨時非正式地拜訪這些家庭，但我和他們的關係仍然不若接待家庭般親密。對比較不熟的人來說，這種比較拘謹的關係有時也有好處，因為我是特殊的外來者，他們為了要表示特殊禮遇，所以會允許、甚至鼓勵我從特許的視角觀看某些儀式。相反地，在我的接待家庭裡，當大家開始對我日日在場習以為常，我就喪失了這種特權。至於其他的村民則在田野期間一直與我保持著一定的距離，我覺得有些人不喜歡我，而我也發現自己好像很難喜歡某些人。剩下的人要不是對我漠不關心，或就是無話可聊。但即使如此，我與上述這些村民仍有一定程度的熟悉感，因為我們住在同個村莊，共同參與過許多重要活動，比如一起去喪禮、一起去摩倫達瓦的市場之類的。最後，我要說的是，有些人我從未交談、也從沒打過招呼，因為一旦成為某個親屬脈絡的成員，我就得概括承受親戚們的所有冤家和仇敵。

等到我終於移住貝羅時已經在貝塔尼亞住了超過一年，被當作從貝塔尼亞來的「訪客」了。陪著我到貝羅的，是位嫁到我在貝塔尼亞接待家庭的女性，她的父親住在貝羅；我被當作她的女兒，也就是她父親的孫女，就此納入他們龐大的在地親屬網絡。然而我除了和我的乾爺爺、還有其他幾個人的關係較好，基本上在貝羅的人際關係比貝塔尼亞要更為拘謹而正式，一來是我在那裡的時間比在貝塔尼亞少很多，再來也因為我的研究已經轉到針對特定議題發問的階段。我做了大量的結構性訪談，以取得資訊為原則進行拜訪，與在貝塔尼亞時那樣，不特定地參與任何談話與活動，在策略上不同。

本書大量使用田野筆記的資料，由於我經常引述筆記中記錄的報導人陳述，因此有必要交代一下我是如何記錄。打從頭一天抵達貝塔尼亞，幾乎不會說半個斐索字時，我就開始記筆記。一開始我只會簡單描述人們做了什麼事，他們怎麼穿衣、坐立、走動或歡笑。隨著語言能力進步，我越來越能將人們說了些什麼也收入筆記，我寫下某些一直會出現、容易記得的片字隻語，有時也能請人們重述自己或他人剛說了什麼，以便完整紀錄。由於我遇到人、與他們交談或聆聽都是在非正式的場合，很少使用錄音機，所以我多半擬述對話，選擇我覺得有趣的點，記錄我問到的、或人們主動提出的說明。然而，我仍舊在書中大量使用了手上僅有的幾段轉錄文字，因為其中包含了表達「斐索性」關鍵面向特別有力的陳述。

不論是在貝塔尼亞或是貝羅，我幾乎都能參與所有我想加入的活動。唯一的例外是，我不被允許到森林中觀察造舟的第一階段。女人的確極少參加該活動，但他們不帶我去的原因不是性別，而是人們在危險且不熟悉的環境工作時，有我在會礙事。大致來說，我從未覺得自己的性別或年齡會對能獲得的資訊、或能參加的活動，帶來多大影響。更具決定性的影響因子，是我與接待家庭間發展出的親密關係，而這項關係的建立，需要我們彼此付出同樣的承諾，與忠誠。

2

當下做個斐索人
Acting Vezo in the present

妳，當妳抵達這裡時，人們說：「哈！這位女士經常出海釣魚」，而現在我會說：「妳還沒有變成斐索嗎？」即便妳是個來自遠方的法札哈（白人）。但如果妳每天在這裡釣魚：「哈！那位女士是斐索！」因為妳與海搏鬥，因為妳划著小船，（因此）妳是斐索。[1]

我在貝塔尼亞頭一回聽得懂的對話是關於游泳。當時我想知道能否在海裡游泳，他們告訴我可以；當人們看到我游泳，他們告訴我，我是斐索。[2]之後，當我開始模仿接待家庭吃魚的方式——把一塊魚連皮帶骨，整個塞到嘴裡，吞下魚肉魚皮、再把魚骨吐出來——人們說，我是個真正的斐索人。[3]我頭一次被帶去捕魚，發現居然有一群人在沙灘上等著我回航；他們問我有沒有暈船、有沒有餓或渴、有沒有被太陽曬傷。我告訴他們我很好，很喜歡捕魚，實際上我還真的抓到了一條魚。他們想看我的手，我的手指有「斐索人的記號」嗎？的確有，我的手上烙有紅色的線痕，那是收釣線時拉著又大又重的魚留下的痕跡；當天下午，其他村民來看我的手，告訴我，我正在變成斐索人。[4]

然而人們第一次說我「非常斐索」，是在我首度造訪貝羅回來之後。因天候不佳，我們在貝羅耽擱了比預期更久的時間。我的乾爹在確認我不會害怕之後，決定要「搶路」回去，即使天氣還很「艱困」，也就是有危險的意思。我們在強風怒濤中航行，試著在貝塔尼亞靠岸時船幾乎整個翻過來，連帆桅都倒進海裡。我的乾爹把帆收起來，划船上岸，很有技巧地在碎浪間行進，避免海浪直接拍打船身而把我們打翻。我什麼都沒做，只靜靜地窩在船底，對船身回應海浪壓力所展現的韌性感到不可思議；我的乾爹和岸邊那些看著的人都稱讚我「非常斐索」，因為我不害怕。他們解釋說，如果我乘坐的那艘船翻了，不要試著游上岸，應該爬到船身上，等著潮水將我帶上岸即可。

這段插曲顯示了我的斐索朋友自行認領教導了我不少與海相關活動的任務。他們經常討論說我學得很快，主要是因為我不膽小，問很多問題（「她一直在問問題」[5]），而且我不怕水。他們努力教我各種課題，游泳、吃魚、捕魚、航行、划船，讓我學會怎麼做，使我成為斐索。我很快就了解到，有這種經驗的人不光是我，斐索人有些原本是在務農或養牛的鄰居也適用這一套。

> 舉例來說，有個從內陸搬到貝塔尼亞，並在此娶妻的瑪希孔羅人，他觀察人們的生計，發現這裡沒有稻田，人們只會捕魚，只有魚網且只往海裡去。然後他的妻舅或岳父可能會帶他去捕魚。就這樣，他腦子轉得很辛苦：這個這樣做、那個那樣做！然而，他的祖先不知道這些事。他再度跟朋友出海，一次、又一次，直到最後他懂了：他變成了斐索。[6]

任何人都可以成為斐索，即使其祖先對海洋一無所知，因為任何人都能學習做斐索的行為，如駕船與捕魚。一個剛從內陸瑪希孔羅來到貝塔尼亞的人不是斐索，因為他只知道那些從自己祖先習得之事：如何種玉米、稻米和樹薯，如何養牛。當他住到斐索海邊，開始學習做些其他的事情。當他懂了斐索人懂的、做著斐索人做的，他就成為斐索。斐索人將外人成為斐索的過程稱為「mianatsy havezoa」，字面意思為「學習、研習斐索性」；是以，當一個人「學習」，因此「懂」，他就成為斐索。

但透過學習成為斐索的過程並非外來者的特權；斐索父母生的小孩也需要學習、研習斐索性：

> 還不能說小小孩是斐索，只能說他們有點斐索。……你看這些孩子，學校就在水裡，

他們要學會游泳。當他們努力學游泳，當他們學會了如何游泳，當他們不怕水，那麼就可以說他們是斐索了。[7]

孩子出生時並不知道怎麼游泳、駕船，吃帶骨的魚。當他們出生時，還不能做這些使人們成為斐索的事，因此他們還不能稱為斐索。如同任何來自瑪希孔羅的人，或遠方的外來者，小孩要藉由學會做那些行為，而成為斐索。

當一個白人人類學家、一個瑪希孔羅人和一個小小孩一旦學會怎麼捕魚、划船，或在海中游泳，他們就都**成為**斐索，這意味著斐索性不是一種人們**與生俱來的存有狀態**，而是一種人們踐行並因而「成為斐索」的**行為方式**。這可分成兩個階段討論。

首先，在游泳、造舟、駕船、捕魚、吃魚、賣魚方面，我會舉幾個例子，討論女人、男人和小孩，是如何經由行為和互動成為斐索人；同時也將說明，無法實實在在「做斐索」的人，會被視為瑪希孔羅。雖然我的討論並未窮盡許許多多使人成為斐索的活動，但這種不完整性無礙於我的論點，因為要成為斐索，並不需要踐行**所有**的斐索活動。如同以下許多例子所顯示的，斐索性並非形式性地、經由一組特定的活動所定義；不必踐行所有的斐索活動，才得以取得完整的斐索身分。另一方面，斐索人如何選擇一棵樹鑿刻成小船、如何捕蝦、如何賣魚等等，這些詳細描述正是用以傳達斐索「我**做**故我**是**」的意象。這是我所認識的斐索人呈現在我眼前的形象，就我所知，這也正是他們認知自身的方式。

接下來我將討論這些資料普遍的意涵。我認為要了解人們為何在某個時刻是斐索、但到了另一刻卻變成瑪希孔羅，需要先了解「是」（being）個斐索人，即是做（acting）個斐索人。換句話說，斐索身分是斷續「發生」的行為；唯有在當下做斐索，一個人才「是」斐索。將此論點進一步延伸，與當下結合的不只有斐索性，斐索人也不認為一個人當下的身分認同可由過去決定。透過檢視斐索人如何描述一個人學習「當」斐索人的過程，以及人與其居住地的關係本質，我認為一個人的身分認同一直是取決於其當下行為——人「即」其所為。

游泳

前面提過，小小孩的學校在岸邊的淺灘上，那裡是男孩女孩們一面玩著捕魚、駕玩具小船之類遊戲，一面學習游泳的地方。游泳這回事從沒人教，當他們對水性越來越有把握，自然就學會了。大人，尤其是女人，總是會對水中的遊戲有些不安，怕幼小的孩子溺水；小孩也經常因為在海裡玩耍而挨罵，海鹽會糟蹋他們的衣服。然而人們希望孩子學會游泳，那是安全航行與捕魚的先決條件，不會游泳就不可能被帶出海捕魚，也不可能進行其他令人興奮的探險。

斐索人理所當然會游泳。所以當我問兩個年輕人會不會游泳時，他們笑了，因為不用問也知道：他們會游泳，因為所有住在海邊的人都會。[8]相對的，瑪希孔羅人不會游泳也是理所當然；如果瑪希孔羅人會游泳，從這點看來她就是個斐索。[9]

如果我們假定住在海邊的人都會游泳，縱使其中有些不會，也不影響他們成為斐索。前面有提到，從貝羅到貝塔尼亞的那段驚險航程，發現船上有個女人不會游泳這點讓我相當震驚。之前從沒人提過這件事，而且我的確曾在先前的航行中親眼目睹她展現的高超技能：她為了保持船身安定，俯身於帆的下桁，身子近乎懸空於海面。後來她解釋自己之所以不會游泳，是因為她小時候是由母親在內陸一個瑪希孔羅的村莊撫養長大。當她後來到斐索村莊與父親同住時，已經過了和小小孩玩耍的年紀，因此錯過了學習游泳的機會。然而這無礙她學習其他的斐索活動，她做起這些活動的身手之俐落，彷彿她也會游泳似的。她的解釋是，透過她能做的事——捕魚、賣魚、駕船航行等等——她成為斐索；不會游泳不影響她成為斐索，即便做個不會游泳的斐索有潛在的危險，而有時她也真的會感到害怕。

摩洛法西的故事就不太一樣。這個年輕男子是在幾年前搬到貝塔尼亞，他出生於南方，靠近芎北那一帶，是個安坦卓伊人；他是來摩倫達瓦找工作的，在這兒有一搭沒一搭地做著各種零工。他的親戚們就是當年來自安坦卓伊區、後來成為斐索人那三兄弟的後代，很歡迎他來貝塔尼亞。法紐拉納剛來時（譯按：從上下文判斷法紐拉納應該就是摩洛法西），對親戚們每天捕了大魚到市場賣、因此賺大錢的印象非常深刻。他深信捕魚比在摩倫達瓦當守夜警衛、賺取固定但微薄的薪資來得好；但他「不懂海」，他認為要學會這些技巧很難（斐索語的字面意思為「學習海很難」）[10]。法紐拉納的斐索親戚告訴我，法紐拉納主要的問題是不會游泳。[11]其他事情他都做得很好：他學會了舟船各個部位，以及帆與繩索位置的名稱；如果真要他做，他也大概能把帆正確地綁好。每天早上，法紐拉納都會到海灘幫忙斐索親戚做出海捕魚的準備，也會在返航後幫忙整理船。我問他想不想學更多，他回說：「我想學，但我太害怕了。」[12]然而他的親戚還是希望最終他能克服恐懼，願意出海捕魚——「如果他懂海，那就對了，他就是斐索。」[13]

船隻

斐索人用的船是由一種叫做法拉法切[1]的樹，樹幹挖空後製成的。這種樹砍下後放幾週，任它乾燥，此時木材會變軟、變輕，也變得極易彎曲。這種木材可製作兩款不同形式的小船：

1 法拉法切（*Givotia madagascariensis*）是馬達加斯加西部的一種原生樹種，當地人稱為「法拉法切」（farafatsy），質地較軟較輕，經常用於製作小船、木門。

有舷外支架的[14]，和沒有舷外支架的[15]。第一種通常稱為「拉卡」，第二種則是「摩朗加」。

造船首要的任務是伐木，把樹幹挖空；造出的船身稱為「羅卡」。等到木材乾透了，就要將羅卡運到村子裡。這個羅卡如果是要用來做摩朗加，就不太需要再費什麼工；如果要做拉卡，就進入第二個步驟。樹木挑選取決於要造的是拉卡、還是摩朗加，以及它們的尺寸。第一步要先估算樹的高度和樹圍，這在林木通常相當茂密的森林中可不容易。[16]樹幹也要檢查，得確認沒有樹節。選定適合的樹之後，要先將樹的周邊清空，這樣樹倒下時才沒有阻礙。如果樹在倒下時，樹幹裂了，就得放棄，重頭來過。如果樹順利倒下，就立刻挖空，並砍掉其分枝；慢慢地，船首、船尾、船身，逐步成形。

羅卡移到村莊後，才會做成摩朗加或拉卡。如果要做成前者，只需將船身刨平、整修成形；但如果要做拉卡，就還有很多工作要進行。首先必須將兩側船身加高，因此得從老舊的船上取下法拉法切木板，接到羅卡（船身）上。[17]為了避免接縫處進水，木板和羅卡必須接合的相當完美，因此得在接縫處打進長木釘，把兩個部分連接在一起。等到船的側邊夠高了，再將整個船刨得更加光滑，並把邊緣整平。船身內部表面要平整，羅卡和木板連接處所有不平整的地方都要清除乾淨。

接著在船身內部裝設支撐帆的下桁，和人的座位的框架。將一條木桿分成六長段，用力彎成符合船形的形狀，釘在船身內部邊緣；這個框架有助於固定座位與帆下桁的支撐物，也抵消了船身過度的彈性。再下一步則是將船身外側的表面刨平、成形。船首的線條需特別留意，因為這會影響船在海中行進的速度與穩定性。船身整好之後，要在船底塗上焦油防水。造船的人如果還有多餘的錢，就會買個油漆，塗在船的上半部，因為油漆也有保護木材的效果。等到焦油和油漆乾了，就可以將船身與帆桁，還有舷外支架組裝起來，最後就是立桅、上帆啟航了。[18]

人們認為在森林工作十分困難。羅卡還不算是真正的獨木舟，[19]但是挖空樹幹是造船的第一步，未來的小舟結構與形狀也就此定型，因此將樹幹變成羅卡，被視為是造船過程中最困難的步驟。[20]

斐索人的工作條件不會讓事情比較簡單。當我的乾爹準備出發去森林造羅卡，我說要跟著去，而這是頭一次、也是唯一一次，他非常堅定地告訴我，我不能參加。理由是森林對我來說太困難而危險了；工作團隊中的兩位男性顯然也很擔心我會是唯一和他們一起行動的女性。造舟並不是女人的工作，但女人並沒有被禁止參與這項活動；如果是陪同男性前往，女人還可以幫忙工作團隊煮飯取水。只是在這個例子中，他們並不認為女性的幫助是必要的，也沒有任何女性朋友表達出想陪我一起去的意願。當工作團隊從森林裡回來，乾爹和他的朋友們花了很大力氣把他們做的事轉化為言語，告訴我斐索人如何造舟。但他們也描述了成群而來的大黃蜂怎麼攻擊他們，也談到晚上聽著野狗在附近翻找東西的恐懼，還給我看他們全

照片1｜造新的船。這是做「拉卡」的第二個步驟，利用木板將船身的兩側加高。

身被蚊子叮的包，告訴我在內陸又硬又冷的地上打地鋪後，有多想要好好睡上一覺。他們擺明了想要證明，如果我跟著去會有多慘，而我在那兒也會讓他們的工作更加困難。但他們也的確把森林塑造成一個異域，是一個斐索人覺得在裡面會很難移動、工作，甚至睡覺的地方。

森林是如此遙遠，使得學習如何鑿刻羅卡，比學習如何將羅卡變成一艘完美的船更不可及。[21]村內在造舟時，人們會走過來，就近坐下，一邊看著、一邊討論關於這項工作的技術層面。尤其特別的是，他們會鼓勵年輕男孩試幾項簡單任務，也會讓他們參與部分船首船尾的裝飾工作，使用的正是與建造船身相同的技術。這些孩子們也似乎最喜愛造舟的美學層面，他們繞著船身欣賞它的形狀，撫摸表面感受它的平滑。

小男孩會拿羅卡側邊接板剩下的法拉法切去做玩具小船，做的通常是那艘正在造的船的翻版。我曾問一個造舟專家，如何學會造一艘船，他指著自己孫子的玩具小船：小男孩從亂玩小塊的法拉法切學起，一步步將船身成形，連接舷外支架、桅杆，還有帆。

造舟是成為斐索的活動之一。接下來這個例子正顯示了其實際意涵：當我在貝羅時，有一回我請乾爹陪我去馬羅斐西齊，那是一個位於瑪希孔羅附近的村子。我聽說他的親兄弟擅長鑿刻羅卡，便想要委託他造一艘，送給我在貝塔尼亞的乾媽。幾乎都是這兩個男人在說，他們先談到人們的健康、天氣，還提到沒見過我的人覺得我在場很怪。然而話題很快地轉到正事上頭。此時，談話的語調突然變了，兩個男人開始講起行話。我乾爹問區域內是否還有夠大的法拉法切，可以用於這樣尺寸的船。我發現在這兩個人中，馬羅斐西齊那位確實是行家。他詳細介紹了各種樹的特性，描述自己新近造的一艘羅卡的形狀，還提到他聽說這艘船已經變成當地速度最快的船。他是在吹噓，但又講得頭頭是道。最後，他同意造一艘我想要的羅卡。

此人住在內陸，種植玉米和樹薯。他頗帶歉意地解釋自己之所以「變成瑪希孔羅」，是因為母親嫁給一個瑪希孔羅人，搬到內陸，於是他也就住到那裡了。他也承認自己變得越來越瑪希孔羅，無法從貝羅航行到摩倫達瓦即是證明。[22]但當我問他，瑪希孔羅人知不知道如何砍倒法拉法切與造獨木舟，他回說瑪希孔羅人只擅長獵馬島蝟[2]，如果他們試著造，會造出一艘「牛舟」——換句話說，他們會做出一個牛槽。[23]

這個男人只要知道如何造舟，他就不是瑪希孔羅。相反地，從他鑿刻的羅卡再加工而成的船，航行速度比別人造的快，他因此被我的乾爹描述為「非常斐索」。但另一方面，他是瑪希孔羅，因為他住在內陸，不會駕船。這麼一來，此人似乎是個活生生的矛盾：一個造舟高手，如何能一方面稱自己是瑪希孔羅人，又宣稱瑪希孔羅人不會造舟？他如何能同時是瑪希孔羅，又「非常斐索」？再一次，如果我們像我乾爹還有那個男人一樣，藉由他做什麼、何時做，來定義他是誰，此種矛盾即可迎刃而解。當他說自己越來越瑪希孔羅，指的是他沒有、以及不能「做斐索人」(他不捕魚、不會駕船)；斐索之事做得少了，他也就逐漸和斐索的身分疏離。而當他的行止不再斐索，他就是瑪希孔羅。相反地，當他造出又快又美的船，他就是斐索。

航海

除了最小的獨木舟可以單人行舟，駕船一般需要兩人一組，其他人則為乘客。一人坐在後面掌舵，另一位坐在檣桅後方，依循夥伴的命令行動，換移檣桅和帆的位置、調整帆的繩索，也可能移坐到舷外支架或帆下桁的位置，以在風向忽然轉變時保持船的平衡。

航行的首要條件是必須懂得使用下命令和執行命令的詞彙，也需要知道船隻所有部位、帆的各種位置，以及繩、結排列的名稱。從安坦卓伊來的摩洛法西想要學習關於海洋的知識，他的那位斐索親戚教他的就是這些技術性的學問。人們會說，小孩是從小玩具船習得基本的航海技術。這些遊戲通常由較大的孩子帶頭，小小孩透過仔細試裝船帆的各種位置，學到正確的詞彙。[24]六歲的索羅經常讓我印象深刻（當然，他可能只是極力想給自己的父親一個好印象）；他會表演給我們看，如果要往某個方向前進，考量到風吹來的角度，要如何擺放檣

2 馬島蝟（tenrec），一種吃昆蟲的哺乳類，哺乳綱、食蟲目，為馬達加斯加特有種。

桅、安置風帆。他還會驕傲地抬起手，以手指頭表示櫓桅的精確位置。

人們總說小孩和青少年還沒強壯到可以駕船。掌舵得要有強壯的手臂和手掌，這樣才能對抗潮流；不過只要懂得怎麼做，掌舵其實不會特別累。但其他的駕船技術可就不同了，例如隨風向變換櫓桅位置，或更危險的，在海中操舟撐船，這得站在窄窄的船緣，拿著五公尺長的櫓桅，先垂直插入水中，再拔高到船緣上方，最後還要輕柔地將之滑入定位——這些動作都是小男孩無法勝任的。索羅特別矮小虛弱，想要在船上擔任吃重角色還得等上好一段時間；然而當他張開手指，擺成像又長又重櫓桅的樣子，聽到自己被稱讚「懂船」、是個斐索，他顯然開心極了。

懂得怎麼駕船意味能夠預測風向，了解洋流、海浪、潮汐的狀況，熟悉天氣的變化，清楚海床的地形以及海岸上可做航向參考的定位點。要出海捕魚，得先等到對的風向，因此要仔細觀察椰子樹枝，判斷當天的風力是否適合航行，還要預測風會怎麼變，而這些都會影響捕魚地點的選擇。懂天氣是安全航行的先決條件，如果預料天候不佳、海象差，或會刮強風，所有的航行活動都會暫緩。無可否認，航海總是可能伴隨著危險與困難，但反過來說，危險也與專業技術有關：懂的越多，就越不困難或危險。因此，在前面提到的那次事件發生後，我的乾爹反而被他的姊妹責罵，不該在惡劣的天氣下仍冒險從貝羅返航；但她也承認，看到我們的船即將靠岸時應該要比較不擔心才對。既然知道她的兄弟航海見識高超，「非常斐索」，就應該要放下心，相信我們並沒有身陷險境。

海上的豐功偉業，或勇敢或冒險，總是在夜晚、在喪禮集會或村莊聚會中一遍又一遍的傳頌；海與風的情況、他們冒的險以及採取的行動，都會被鉅細靡遺地描述出來。女人是聽眾的一部分，但極少是故事主角，因為她們很少操控航程。出海時，船上如果有女人，的確會降低人們願意承擔的風險等級。一趟航程可能因為「海浪不是女人的浪」而取消。我曾親眼目擊兩艘船隻要前往同一個目的地時，遇上罕見強風，載了四個女人的那艘為了減速，將風帆數量加倍，儘量降低海浪拍擊船身造成的影響，而另一艘只有男人的船卻以高速前進。不過在這趟航程中，有另一件重要事情發生。當兩艘船剛離開紅樹林沼澤的海口，正要進入外海的關鍵時刻，載了女人那艘發現大事不妙，有一個女人挺身而出帶領大家脫離險境。她跳入海中，站在淺水裡，逆著風把船撐住，變換檣桅位置、調整風帆，讓船不至翻覆。幾個月後，有個男人回憶自己在這條航線上某一趟艱難的旅程。他的故事講完之後，那個女人接著敘述自己那次的經驗，她憶起自己的兄弟是當時船上唯一的男人，比她還害怕，如果由他主導，恐怕就回不去村子了。在一陣玩笑與歡呼聲中，聽眾們下了意料中的結論：那個女人的兄弟表現得像個瑪希孔羅，而她則非常斐索。

前面提到一個例子，有個瑪希孔羅人被帶出海捕魚，學會了海上的作業。另一個例子則是一個寇遶人[25]在他的獨木舟突然翻覆後，變成一個完全的斐索：他在海上漂流了三日，最後終於設法回到岸上。我很驚訝證實一個人成功變成斐索的事件，居然是一場海上發生的意外，人們告訴我，「不論你是不是斐索，翻船就是翻船。」[26]重點是，如果那個人不是斐索，他會試著游回來，也就會溺水；但他學會了海洋之道，知道生還唯一的方法是抱住小船，等待潮水將他送回陸地。這麼做不只救了自己的性命，也讓自己成為真正的斐索。

捕魚蝦

在斐索人的捕魚型態中會使用到的工具和技術有很多種，各地也頗為不同。[27]這節我會描述一些我在貝塔尼亞親眼看過，且親身參與的捕魚活動。捕魚也是成為斐索的實際工作之一。

我抵達貝塔尼亞後沒多久就試著從事的第一項捕魚活動，是抓一種很小的蝦，叫做「啪擦」。每年特定時節，這些蝦會大批湧到岸上。要抓牠們用的是一種長方形蚊帳做的提拉式魚網，有厚棉布縫邊，並在四個角繞成圈環。抓的方式是兩個人站在水裡，抓著網子，一手拉住一角，另一角的圈環套在腳拇趾上，與岸邊平行緩步移動；網張得很開，幾乎整張網都泡在水裡，一面走就一面把蝦子全掃進網裡。視捕獲量的多寡而定，走了幾步，看看捕的差不多了，就用原本空著的那隻手慢慢拉起泡在水裡的圈環，把網子折成像袋子一般。這時第三個人會提著籃子將越來越滿的蝦裝走，籃子裝滿了就拿到海岸與村莊間的沙地，將蝦子鋪開在驕陽下曬乾。當日下午，變乾的蝦子混雜沙子集成一堆，再小心地以錫製漏杓篩過，篩出的蝦乾裝到大黃麻袋，就可以拿去賣了。

蝦子靠近岸邊時很容易抓，但牠們來去突然，成功的漁獲主要取決於能否準確地預測、猜想蝦子游向岸邊的時間。天氣、海潮的密度與方向、海水顏色、特定魚群行為等變化，甚至包括剛抓到的魚內臟中消化一半的食物——這些全都為啪擦的動向提供了有用線索。預期中的蝦群快靠近時，村莊裡一派熱鬧，充滿忙碌與興奮的氣氛。女人們不耐煩地觀察海況，派小孩去查看其他人有沒有看到什麼。蝦子一出現，每個人都帶著網子和籃子衝去海邊，連海水顏色與海面上的漣漪都會被細察，任何跡象都可能作為蝦群出現的指標。一如其他的捕魚活兒，人們會說此項技術最厲害的人「非常斐索」。

孩子們非常積極投入捕蝦行列。我很快就發現要對抗浪潮阻力、拉起蝦網是件很累人的工作，但通常大家都會說這只是有沒有強壯的腳拇趾罷了。沒有蝦的時候，孩子們會用蝦網在岸邊或紅樹林沼澤抓小魚，練腳拇趾。這半玩耍半認真的活動夠讓他們忙上好幾個鐘頭。不過通常都只是遊戲性質，大人覺得這種「胡鬧捕魚」不屑一提，而最後結局多半是孩子們用袖珍的鍋子、在袖珍的火爐上，煮他們抓到的袖珍魚。然而遊戲也可以更有建設性；在一些例子裡，孩子們捕到的魚可以為家裡加菜，甚至還能拿到市場賣，因此有個十二歲的女孩

照片2｜小孩看著索馬利準備煙燻捕獲的培皮魚。

養成了抓滿一桶小魚就拿去市場賣的習慣。如同前文所述，孩子們進行「胡鬧捕魚」的水域被視為學習成為斐索的學校，而那女孩在水域與市場的行為，證明她已經學會了——「她懂，她很斐索。」[28]

儘管他們會用網捕蝦，但在貝塔尼亞大部分捕魚則是用線釣的方式。清晨時分，數十艘小船齊發，前往漁場，確切地點會以當日航行狀況，並參考前日各個地點的漁獲量來決定，然而大多數漁船往往還是會聚集在同一個漁場。抵達後，船隻會散在漁場各處，下錨，開始釣魚。眾人最想捕到的是「拉馬擦」。因為拉馬擦都是成群移動，所以人們在釣魚日裡會有相當長的一段時間無所事事，或坐或歪躺在船底打瞌睡，要等到魚群游來、突然開始咬餌，才會鬧哄哄地動作起來。

要把上鉤的魚拉到船邊、拖上船，需要強壯的手臂和結實的手，才能把釣線穩住；釣線通常要放鬆一段時間，當魚還在拉扯的時候放一段長度，等牠顯露疲態再拉上來。頭一次被帶去釣魚時，我注意到夥伴中有個人的中指上有道嚴重感染的割傷。那一天，就在我們緩慢前往他挑選的漁場時，他還在抱怨手上的傷；可一旦第一尾拉馬擦咬了其中一條釣線，他立刻興奮起來，似乎完全把傷忘了。當天晚上大夥閒坐時，他鉅細靡遺地描述了這天的大事，也就是我的首度捕魚之旅，他告訴我們自己一早就因受傷心情很差，然而當我們釣到（九尾中的）第一尾拉馬擦時，疼痛立刻就消失了。這顯示了他是斐索，因為釣到九尾拉馬擦使他完全忘記了他的手。[29]

釣魚最困難的部分是騙過拉馬擦，人們認為牠是一種非常聰明的魚。其他的魚只要鉤子放餌，有點耐心即可，但拉馬擦對餌很挑剔，得額外準備，細心做成魚的形狀。鉤子也要弄到幾乎看不見，再把餌以某種角度掛在鉤子上，才會看起來像真的魚在游泳。

雖然人們會用「毒魚藥」（斐索語的字面意思為「鉤子的藥」），但沒有人承認自己曾那麼做。我只有湊巧發現過接待家庭中有個成員用「藥」：他氣急敗壞地跑來告訴他的姊妹，藥被老鼠給吃了。以我的理解，「藥」的功效相當具有針對性，只會把魚招引到有藥的人那裡，甚至只會招引到用藥者使用的某一根釣線（大船上兩人一組的團隊可能會同時使用五、六條線）。譬如我的這個親戚，我聽過他在放線時口中念念有詞，而那根釣線自然會抓到最多魚，至於他的其他幾根釣線、還有夥伴的釣線，就都沒抓到什麼魚。儘管如此，漁獲通常還是會兩人平分。

我試過很多次想跟我的朋友談談他的「毒魚藥」，但終究沒從他或其他人口中套出任何資訊。我的印象是人們不願意承認自己用了「毒魚藥」，因為那等於貶低了個人的技巧。他們比較想把自己的成功，歸因於他們「非常斐索」。相對地，如果有人長期都無法成功地捕到魚，她會宣稱自己被用「法納巴卡」下蠱了，那是一種特殊的「法納佛迪卡西」（斐索語的字面意思為「馬拉加西的藥」）。不過此種宣稱通常也只是心中懷疑，消息來自一般閒聊，很少人會再去追究。另一方面，如果有人想進一步追問，就會去找「占卜師」。占卜師會確認受害者的船隻（而非他個人）是否已受過攻擊、被污染了（斐索語的字面意思為「弄髒」），他會推薦一款功效相反的藥來淨化船隻。這一點相當重要，他們會認為受害者是船，而非船主。雖然這種說法的攻擊力道更具有破壞性，因為任何使用那艘船的人都會被影響到；但這也意味著失敗與個人能力無關，個人的斐索性並不會受到影響。

除了線釣的技術問題，長時間待在船上也有實務上的困難。小孩得學著適應坐在赤道驕陽下隨波浪搖晃的辛苦。他們還不是斐索，一開始會受苦是可以理解的，甚至是意料中事。小孩會暈船會餓，他們覺得在海上小解很麻煩，而且很愛挑剔這一點。我看過一個孩子首次出海吐了半小時，他父親把他抱起來丟到海裡去。這個父親清理船的時候一直保持著微笑，還把自己的襯衫套在槳上，替小男孩做了個可以遮蔭的地方。小男孩睡了個長長的午覺就恢復了，等我們回到村莊的時候，他已經又是一副興高采烈的模樣，而且也餓了。他的父親後來描述這件事，取笑男孩是個瑪希孔羅[30]，而不過幾分鐘前，當他肩上扛著舵槳、爬上村子時，人們才說他「非常斐索」！

魚

「斐索人懂魚」。他們知道去哪裡找魚、什麼時候的魚最好最肥。不同種類的魚，其行為和棲地隨季節改變；一年中某些時節，魚會「閉起嘴巴」。懂魚，也意味著知道牠們的名字。[31]

斐索人吃魚。用的是我先前提過的吃法，他們極少哽到魚刺。吃大尾的魚當然比較容易；有的魚有不易覺察的小刺，對小小孩和不是斐索的客人比較危險。有個安坦卓伊女人到貝塔尼亞拜訪親戚時覺得吃魚很難。她吃得很費力，我的乾媽就直白地告訴她，她真的是個安坦卓伊人；乾媽還舉我做例子，讓我有些尷尬。她說：畢竟，如果一個「白人」都成功變成斐索，難道她學不會嗎？不過幾週後，那個安坦卓伊女人扳回一城（這時她已經回去了自己的村子）。我們正在吃螃蟹，乾媽不慎吃了斐索人會避開的「心臟」，因為那會引起過敏；餐後她立刻出現氣喘症狀，幾乎昏過去。恢復後，跟乾媽最親近的妯娌指出她犯了一個安坦卓伊人的錯，變得跟不久前來訪的那位親戚一樣，是安坦卓伊人！

孩子們不只得學會如何吃小魚，他們也得學會愛吃某些有「臭味」（強烈味道）的魚。海龜特別「臭」，斐索人以傳統配方烹煮的肉與湯，成為一道特別的斐索料理。由於這道料理不准用鹽，得用海水，所以烹煮後的海龜肉不但非常「臭」，吃起來又苦、還有很重的味道。

不過人們保證，那是斐索人喜歡的口味；反過來說，一個人如果喜歡鹹海龜（我宣稱過我喜歡），她就是斐索。

知道一種魚，也就意味著知道如何處理保存，以及如何跟別人販賣交易。貝塔尼亞抓到的魚會集中在附近的城鎮摩倫達瓦販售，幾乎都是女人負責（見第三章）；貝羅村附近沒有市鎮，所以有另一種不同的貿易模式。

要能在貝塔尼亞賣魚，首先必須確保魚在販售前的鮮度。要有辦法從魚種和天氣，評估出魚變壞之前可以撐多久，以及平均人概要花多少時間賣掉，這一點通常得視供需變數決定。能幹的女性漁販會評估摩倫達瓦市場（變化無常）的狀況資訊，採取最有效的販售方式。每日魚價取決於當天魚貨的質與量，也會受到魚肉的替代品，也就是肉類價格的影響。例如，要是因為附近村莊有喪禮，肉都快賣光了，魚就會比較好賣、價格也更好。有趣的是，米的供給狀況對魚市造成的效應正好相反。斐索人解釋說米又少又貴的時候，魚就難賣，因為如果沒有米可搭，人們就不會吃魚。[32]

船隊捕魚返航後，女人們要決定賣魚的策略。她們可以選擇自己直接去市場賣、或是賣給另一個賣魚的女人；也可以拿去附近的合作社，由他們整批買下，冷凍後再賣到首都安塔那那利佛。她們還可以做燻魚，冬天天冷時也可以把清理乾淨的魚吊起來做成魚乾。直接去市場賣是最常見、獲利最高的選擇，但如果已經知道、或預期市場的供貨過多，女人們就有可能決定改為煙燻，隔天早上再賣（自然風乾和煙燻過的魚都只能保存一日），即便燻魚的價格總是比鮮魚低。[33]當然，第二個策略只有在少數女人這麼做時才有用，否則過剩的魚就會直接留到第二天，每個人都帶燻魚而非鮮魚去市場賣了（也的確發生過這種狀況）。最後，賣給合作社是收益最少的選擇，不過好處是入帳快。其實這麼做的還不少，如果需要將當日漁獲變現，買晚餐的米，女人們往往會為了便利而願意有點損失，接受合作社立即支付的現金。

賣魚不限定只賣自家捕的魚，有些女人專門當中間人，買賣漁獲賺取一點利潤。斐索人每天漁獲沿著海岸往北逐步流動到摩倫達瓦市場的木條凳。一簍簍的鮮魚或燻魚轉了好幾手，透過女性貿易鏈移動。魚送到摩倫達瓦後，有些直接賣給消費者，有些則又進入另一個中間人的交易鏈，從瑪希孔羅村轉往內陸。這樣的交易系統淨利很低，很容易因誤判而虧本（斐索語的字面意思為「死錢」）。我的乾媽在海邊等那些來自南邊村子的女人們帶著魚簍經過的時候，她會仔細觀察經過的籃子裡有些什麼，以估量進貨量的風險；如果到的晚了，她就會觀察買賣的人在沙灘上留下的腳印，這些都是透露魚貨經手量的線索。市場裡，乾媽以及其他賣魚的女人神經緊繃而專注，獲利機會無論多小都要把握。這些女人比誰都懂得做生意，因為她們「習慣了在市場賣東西」[34]。

無疑地，不是只有斐索女人會參與這種形式的貿易。特別會做生意的女人「很斐索」，

照片3｜貝塔尼亞海灘的漁獲貿易（利潤很小）。

但讓這些做生意的女人成為斐索的，是她們經手的魚，以及從家裡到市場時，她們手上和衣服上的味道。與其他不是斐索的客戶相較，這些女人「懂魚」，也挺樂意把品質差的商品賣給不懂的客戶。用斐索話來說，買了條魚卻不知道魚快臭了，一定是瑪希孔羅人，而一個斐索人要是有辦法賣臭魚，朋友會賀喜她真是「非常斐索」，因為她能騙倒一個不懂得其中差別的瑪希孔羅人。[35]

行為即認同

前面幾節都在反覆陳述同一個論點：如果人們學會如何游泳、造舟、駕船、捕魚、吃魚、賣魚，他們就是斐索。我刻意重複這些民族誌的敘述，以忠實呈現我在斐索時老是會聽到的、關於斐索性的成功與失敗的討論（這些討論多半不是因為有我在場才引發的）。

此類評論乍聽之下似乎有點怪異。讀者可能會覺得人們喋喋不休地重述自己是斐索，可能顯示他們有不安全感；也可能會猜想他們老是絮叨著航行有技巧很斐索、買魚被騙很瑪希孔羅，是不是表示這兩種身分本身沒什麼大不了。事實上，斐索人異乎尋常地缺少認同危機，他們認為身分認同是其生活裡相當重要的特色。「是否是斐索人」在日常對話中如此深具意義，是因為「當」(being) 斐索是一種**行為**，而非一種存有狀態。

馬拉加西語中沒有「是」(to be)這個動詞。說一個女人很漂亮，會說「soa(漂亮)ampela io(那女人)」；另一方面，要說她「是」斐索人，則為「fa Vezo ampela io」。第二句話中的冠詞「fa」傳達了一種已經完成的概念：如同「fa vita」，已經完成了；「fa matanjaky iha」，你變重了；「fa maty」，死了、破了、累壞了。因此，美麗是一種特質，一種存有的狀態，「當」(being)斐索，則是行為的結果。

一旦我們開始思考「當」斐索是一種行為，我們就能夠理解，所謂的斐索性，乃是使人們成為斐索的行動，有時發生，有時不成立。因此，當一個小孩把槳扛在肩上，人們說小孩「是」(is)很斐索，是有意義的，因為他的行動**在那個時間點**使他成為斐索——但**在前一個時間點**，在他暈船的那個時候，他「曾是」(was)瑪希孔羅人。為何同一個人能在一個時刻「是」(be)斐索、而在另一個時刻「是」瑪希孔羅的原因在於：人即其所為(a person 'is' what she does)。

斐索性作為一種行為是間歇的、而非持續的，在一連串的末節小事中「發生」——吃魚、誘使馬鮫魚咬餌、在強風中航行。依此，一個白人人類學家只不過在海中游個泳，她就「是」斐索；一個老人不再能航行或捕魚，但當他吃魚吐魚骨時，或說起航行與捕魚的陳年往事，彷彿今天才發生時，他「是」斐索；一個小孩用手指表示他知道如何安置小船的櫓桅時，他「是」斐索。換句話說，斐索性是在**當下**做斐索行為，是在脈絡中經驗的。相對於一種存在狀態，斐索性是一種做的方式，決定於當下，因為只能在當下踐行——只有身體力行才「當」

（be）得了斐索。

學著「當」斐索

本章一開始我曾提到，人們透過現下的踐行而「當」（are）斐索，與另一個想法密不可分：在當下「成為」（to be）斐索，不由過去決定，也不決定他們的未來。此種想法依據的是一個人的身分認同一直都是取決於當下的行為——即她的所為，決定她「是」誰。為了論證此點，我先分析人們是怎麼講他們是如何「學會」斐索性的。

乍看之下，人們學會「當」斐索，似乎違背了斐索性宣稱其和現時當下綁在一起的說法。一方面因為我們往往認定的學習是持續一段時間的過程，也源於我們認為一個人昨日所學，（或多或少）必決定今日所為，而今日所學，也將（部分）決定其明日所為。雖然斐索人似乎也同意這些假定，但他們對學習牽涉到什麼、學習如何發生的解釋，有一套非常不同的看法。

請記得，我不是在描述一個人（一個小孩、外國人，或人類學家）如何實際上學習成為斐索人，[36]而是斐索人自己描述這個過程的方式。讓我們問問羅伯哈，他是一個出生與生活在海邊村子羅佛貝的老人。羅伯哈的祖先來自內陸的村莊貝寇羅波卡。羅伯哈解釋說，當他們搬到羅佛貝時，因為本來住在瑪希孔羅的村子，所以是瑪希孔羅人；[37]但他們搬去羅佛貝之後，因學會出海而成為斐索人。[38]我問羅伯哈誰教他的祖先成為斐索，他回答如下：

> 當他們剛來這裡時，當然，這個地方已經是斐索。所以當他們來到這裡，就開始學；這不難做到。即使小小孩，當他們要學就學得很快。這是因為不牽涉到考卷或報告、不是要拿文憑；這些事情沒有學位可拿。然而當一個人學會如何划槳，他就知道如何乘駛小船。這就是學習關於舟船的方式。因此我們的祖先就學會了，而我們跟隨他們的腳步學習。一個人做他爸媽所做的；如同白人說的：「有其父必有其子」。所以啊，爸爸做什麼，兒子也就做什麼。事情就是這樣。我們學會關於小船的事，我們知道了小船的事，我們的孫子也會學習它。事情就是這樣。[39]

羅伯哈所說的，表面上看起來似乎是兩個不同的課題：斐索小孩的父母自己如何成為斐索，以及非斐索人如何成為斐索。一方面，子女和孫子女跟隨其父母的腳步**成為**——而非原本就是——像父母和祖父母那樣的人。換句話說，斐索性不是繼承的，需要學習，才能跨代傳承。另一方面，羅伯哈描述他的祖先轉變成斐索時，似乎低估了原本是瑪希孔羅的人要學習變成斐索人的難度；可以想見，要從無到有，學習如何挖空獨木舟、駕船或捕魚，肯定要比羅伯哈所講的更有挑戰性。羅伯哈的故事完全忽視了學習過程，或者說他忽視了持續學習**所需要的時間**。

羅伯哈的這種態度其實頗為典型。我所有的斐索朋友都把學習——從一無所知到知識充足——的過程，描述成截然不同的轉換（是「跳躍」，而非過程）。羅伯哈提到他的祖先因為原本住在內陸，所以是瑪希孔羅時，暗示了此種「跳躍」的原因，他說他們住到斐索村莊後，立刻開始學習並精通斐索活動。換句話說，學習過程是由從一地換到另一地居住的轉換所引發。既然空間的移動多半又快又突然，學習過程也就同樣地被描繪為突然而輕易的「跳躍」。

這不是說人們沒有認知到學習成為斐索要花的時間（「……**到最後**，當他學會了，他就變成了斐索」）。他們完全同意學習海洋是非常困難的，例如摩洛法西，那個想要變成斐索但太害怕的安坦卓伊男孩的例子。尤其以學游泳來說，人們都同意如果一個人在內陸長大，長大成人才到海邊，她很可能永遠都學不會這項技能。在關於學習過程的第二個描繪中，一個人的過去的確會影響她現在的行為。然而羅伯哈的觀點頗為不同。雖然我們假定他知道自己的祖先花了很長一段時間學習當斐索，但在我們的對話中，他想要強調的是另外一點，非關事實真相，而是基本道理的問題：這道理是他的祖先和其他所有人一樣，能**擺脫過去**，**藉由在現在行動**而成為斐索。

居住之地

羅伯哈暗示了人們學什麼，是由住在哪裡所決定——他的祖先在內陸學會當瑪希孔羅，在海邊就學習當斐索。然而這可不僅僅是住在土地上就懂得稻米、玉米和樹薯，靠海吃飯就懂得魚和船之類的常識性觀察而已。因為住的地方決定了該學什麼，居住的地方實際上「讓斐索成為斐索」[40]：「所有住在海邊的人都是斐索」，因為「當個斐索是身處何處的結果，是居住其地的結果」。[41]

我的斐索朋友有時會開玩笑說，住在內陸的人可以做（act）斐索，住在海邊的也可以做瑪希孔羅。有一回，謠傳政府計畫要捐贈日本魚網給斐索，有一批瑪希孔羅人就把自己的名字也呈給摩倫達瓦的地方官員，希望能拿到一張魚網。貝塔尼亞的人就猜說他們又不能在田裡捕魚，這網大概是要拿去林中捕鳥吧；也有人建議如果政府要捐犁給瑪希孔羅人，斐索人可以設法弄到一些，就拿來當船的錨用。

這玩笑告訴我們，在人們心中，居住的地方無疑決定了一個人的作為／行為，因此也決定了那個人「是」(is) 誰：住在海邊、捕魚的人「是」斐索，住在內陸開墾的人「是」瑪希孔羅。如果一個人從內陸搬到海岸（或反之），就會隨之改變其行動和認同。這可能看似微不足道或不證自明，但如果我們更仔細察究「做事情的方式」[42]與地方的連結，就不會這麼說了。我接下來將從兩方面來討論這點：思索與特定沿海地方連結的「做事情的方式」，以及調查人們如何解釋空間移動會帶來改變。

舉例來說，一群手足幾年前從貝羅搬到貝塔尼亞，行為上的一些變化很容易就可以解釋：由於兩村的生態環境不同，貝羅的捕魚技術到了貝塔尼亞行不通，因此不意外地，他們搬到貝塔尼亞北部後就跟其他人一樣開始線釣。但他們所做的還不止於此，他們也更換了船隻櫓桅的位置。

我直到搬到貝羅、在那兒搭船出海之後，才發現他們駕船的方式不太一樣。我留意到，在貝塔尼亞，兩個櫓桅都安置在船身底部的桅座。在貝羅，只有比較短的櫓桅安置在桅座，另一個則以一種繩結[43]綁在前者之上。當我問起這一點，兩村的人都相當樂於向我說明兩套系統的優劣；然而當我提出兩地的技術差異是否因為兩區不同的航行環境，這看法卻被斷然否定。他們堅持只是兩村習慣用不同的系統罷了。

在此，「習慣」某物，實際上就是**變成**習慣它。從貝羅搬去貝塔尼亞的手足們因而有點套套邏輯似地宣稱，人們習慣以某種方式航行，是因為他們住在人們習慣那樣航行的地方。有趣的是，他們引用了類似的論點來解釋自己為何不再採集海參，而那是在貝羅非常普遍的一種活動。雖然最明顯的理由是貝塔尼亞海參太少，不值得特別去採，但他們給我的解釋卻是「因為這裡的人不習慣，所以我們就不做了」。

我們要討論的，不是新來的人遵從（或被迫遵從）移居地特殊的「做事情的方式」的實際過程。我們要探究的是斐索人如何描述這個過程，而他們的描述方式顯示出他們認為居住地有將其特性加到自己身上的力量。因此，地方和「做事情的方式」的連結是**持久的**，而人與一地特殊「做事情的方式」的連結則純屬**偶然**——「做事情的方式」不會黏附於人的身上，當一個人從一地到另一地時就會擺脫。「黏附」（stick）和「擺脫」（drop）這兩個詞並非斐索用語，我刻意使用，是想強調居住地和人居住其地後的改變，兩者間的連結並非、也不會成為一種**本質**（essence）。

如果我們回到前面提過的，從海邊搬到內陸，或反之，人的行為會因勢而隨之改變，這平平無奇的論點其實已點出了我剛剛描述的：人、居住地，以及「做事的方式」三者間的連結。因為儘管人們「是」什麼模樣，是由居住地所造成（「當」斐索就是人「在」那裡的結果），當他們移居時就會擺脫舊的「做事情的方式」，適應（或是學習、習慣）新的。在此，地方與「做事情的方式」的連結是持久的，而人與「做事的方式」的連結是偶然的，隨著空間的移動而改變。因此，空間上的點可以想像成是由過去所決定（「做事情的方式」永久地「黏附」於各地），人卻不是如此，因為移居後會「擺脫」他們原來做什麼、和原本「是」（were）什麼，以便取得現在新的身分。[44]

到目前為止，我選擇強調人以及他們在居住之地「是」（are）什麼人，兩者間關係的偶然性，這點後面會再回來談。然而，也需留意的是，斐索認同的地理決定論（也就是宣稱一個人「是」什麼取決於居住地），其實讓身分認同的（時間）持續性，超出了前述的間歇踐行各種活動的（時間）範圍。

如果我們比較羅伯哈的祖先從內陸移居到海岸邊的轉變，以及一個貝塔尼亞村民駕船時竟不慎失誤的例子，即可看出其中的相似與相異之處。相似點在於羅伯哈的祖先跟不稱職的水手都有藉由踐行而「當」（being）（或「當」不成）斐索的經驗。一次「跳躍」，他們的身分就改變了。然而無疑地，斐索人也看得出水手的作為與能力，以及羅伯哈的祖先轉變之間的差異。前者只是一瞬間，後者的認同可能持續一輩子，甚至跨越數個世代。為何一個人「跳躍」到不同的做事的方式是短暫的，另一種的時間卻拉得很長？原因在於只有在第二種情境中，行動者於空間中移動，並改變其居住的地方。我並非主張，當人們對一個幾乎讓船翻覆的水手大吼：「怎麼了？你變成瑪希孔羅了？」[45]時，他們心裡不真的是那個意思。因為在那個時刻，該水手的確「是」（is）瑪希孔羅；不過，他到目前為止也「是」（is）斐索，只要他還住在海邊。同樣的，我們前面遇到的那位馬羅斐西齊人在造舟時「是」斐索，但他**只要**還住在內陸，他也就一直「是」瑪希孔羅。

儘管如此，因居住地而成為「是」什麼人的（時間）持續性，與我前面所說的斐索身分的偶然性，兩者並不衝突。這是因為無論一個人在一個地方待了多久，她永遠不會因為住在那裡，而被固著成「是」什麼人。

讓我引述華森描寫巴布亞新幾內亞凱南圖人的故事來做進一步說明。[46]華森在田野工作時發現，有一片芋頭田位於最不方便、最不可能到達的地方：它在岩石山巔上。[47]他問報導人芋頭田的主人是誰，居然不辭辛勞在岩頂開闢農田。他的報導人不認識農田的主人，只跟他說：會那麼做的人，一定是因為祖先教他那麼做的。當華森把同樣的問題拿去問跟芋頭田主人同一「聯族」[3]的人，發現他們是一群避難而來的移民。這個新的報導人認為，在岩巔開闢芋頭田這奇怪的行為，跟其他行為一樣，是因為此群體的成員「無疑地把老方法攜來了」[48]。

人們之所以從一地搬到另一地時還「帶著老方法」，其原因可以在土地與人連結的本質中發現。如同華森指出，凱南圖人對身分認同採取拉馬克理論[49]，因此認為環境對於形塑認同相當重要。他們與斐索相似，會區別在不同環境需要不同類型的技術知識，而這樣的區別法，舉例來說，即可用來解釋住草原和住森林的人之間的差異。雖然凱南圖人主張人們之所以不同，是因為人們做不同的事，他們也強調其他人以不同的方式做事，是因為「他們的父

3 聯族（phratry）指的是聲稱有共同祖先的幾個氏族（lineage）所構成的繼嗣群體。

祖輩教導他們那麼做」[50]。華森解釋道：

> 祖先的遺留會經由在特定社群成長而傳承下來，在該社群中，因其成員的特殊（巫術）力量，會把特殊的能力逐漸**灌輸**到年輕人身上，**注入**他們，以社群自身的在地性格來形塑他們。土生土長的身分認同有一部分是歸屬於地區本身的問題：**飲入**地方的水，以及**消化**在地的、從地方的土地長出來的食物。[51]（重點為筆者所加）

人們透過吸納這些物質，「成為土地在其內」之人（come to have the land in them）；同時，「土地……成為有人在其中」（the land.... comes to have people in it），因為地景承載了祖先的遺產——祖先的遺產存於田園、動物、食物和水裡，存於知識、技術、免疫力、能力、力量裡[52]。華森用來描述凱南圖人如何取得身分認同的詞彙——灌輸、注入、飲入、消化——說明了地方場所逐漸與繼嗣融合，或幾近於繼嗣[53]。凱南圖人因居住其地，逐漸取得或吸收一種會永久「黏附」於他們身上的身分，而此身分也成為人的構造本質。[54]

然而，華森用的那些詞彙對斐索人完全陌生。斐索人從來不會「成為土地在其內」之人：他們適應居住之地「做事情的方式」，但當他們搬遷時，不會把舊的方法帶著走。因此地方場所決定了一個人做什麼，但一個人「是」什麼，不會成為其永久性的特質——斐索人的身分無論何時皆維持當下的偶然性，從不被過去所決定。

凱南圖人的身分認同是逐漸吸收而得的祖傳本質，相對於此，斐索性比較適合將其想像成一種形狀，當人們住在一個地方、於現下行動時所塑造出來的形狀：是暫時性的形狀，從不凝固。這不只是文字遊戲，斐索性確實形塑了人們的身體，在其上留下短暫但深刻的印記。

斐索的記號

男人的手因斐索性而留下疤痕。當一尾特別大、特別重、強悍的魚咬住了餌，緊繃的尼龍線割到手指，但很少會形成傷口，因為他們的手都有厚皮。但釣線會在皮膚組織烙下白色的痕跡，還會發展出一種有條紋的繭。釣線也在男人的腰上留下另一種更容易注意到的疤痕。當一組捕魚人決定要換到比較好的地點捕魚，兩人都在划船，釣線就拖在船後面，沉在水中。為了不在划船時錯過任何可能上鉤的魚，男人會把釣線鬆鬆地綁在腰上，如果魚咬了餌，線就會收緊，在腰間的皮膚上留下一道紅色的線痕。復原後，原本鮮紅色的線痕會逐漸變成泛白的疤。人們常展示這些疤痕給我看。當斐索男人跟我解釋，一個人是經由海上活動而成為斐索時，他們會伸出自己的手，然後稍微扭腰，指出腰上的疤痕。他們身上的疤是「斐索人的記號」。

當我問女人，她們手上是否也有「斐索性的記號」，她們建議我看看瑪希孔羅女人的手，大拇指底下有繭，是每日舂玉米和米造成的。斐索女人的手少了繭，而這正彰顯了她們的斐索性。

另一個辨識斐索男人和女人的方法是他們走路和運用身體的方式。他們住在海邊，習慣走在沙地上。然而要走得有效率需要特別技巧：為了避免卡在沙地中，得要用腳姆趾抓地，同時微微地旋轉腳後跟。不熟悉在沙地上行走的人，在海灘上就顯得笨拙，很快就上氣不接下氣。另一方面，當斐索人到內陸拜訪，得走在硬地上時，他們仍習慣用在軟地上抓地的方式走路，最後腳上就起水泡了。因此我的朋友們對我學會了沙地走路方式這一點印象深刻，對我頭一次造訪內陸後長滿水泡的腳趾，更是極度關心！

踐行斐索活動深刻地形塑了人們的身體，因此可以說，當斐索性銘刻於肉體之上，它的確被「吸收」、「灌輸」、「注入」到人之中。不過，雖然「當」(being）斐索在人們身上留下了深刻的痕跡，這些痕跡並非永久的。因此我的朋友曾提到，當他們在雨季久久沒有釣魚，重新出發時，手指太軟，比較容易受傷。有一回，米短缺，村中的女人被迫買玉米，每天都得舂。她們把手給我看，說她們正在變成瑪希孔羅：大拇指下邊的水泡都快成繭了。如果一個斐索人花太多時間待在內陸，腳趾上的水泡也會逐漸硬化，成為瑪希孔羅性的記號。換句話說，要具有「斐索人的記號」，就得在當下做斐索事；如果沒有，過去活動累積的記號就會褪去。回想前面凱南圖的例子，你可以說當人們離開一個使其為斐索的地方、或不再從事使其成為斐索的實踐，不只「舊的做事方式」和斐索身分會留下，銘刻在他們身體的、舊的外徵亦然。就和所有事物一樣，一個人的身體是在現下創造，而非過去所決定。

由類比建構的差異

本章關注的是斐索人的身分認同，但瑪希孔羅如同背景，無處不在，以斐索所「不是」的那種人登場。我認為會有這種隱形對話的原因在於：瑪希孔羅人和斐索人天差地遠，他們同時也與斐索一模一樣。

前面提到過幾個例子，小孩、水手或女人會因為他們在特定時刻的行為，被說是斐索、非常斐索，或瑪希孔羅。當我頭一次抵達斐索，對人們被認為是斐索、還是瑪希孔羅行為特色的範圍嚇到：男人披毛毯的方式、講話的方式、小孩被叫去打水時回話的方式、女人編辮子的方式、對到海邊和內陸距離的感知方式、喪禮進行的方式等。在所有例子中，一個人如果表現得像斐索，她就「是」斐索；如果她表現得像瑪希孔羅，她就「是」瑪希孔羅。這些像斐索、或是瑪希孔羅的細微差異，常是群眾的娛樂來源，對從斐索轉成瑪希孔羅的人來說則是無傷大雅的言語騷擾。這些差異源自兩種獨特類型生計和居住地的基本對比：依海為生、住在海邊，相對於耕種、住在內陸。這種對比有時也表現在斐索和瑪希孔羅沒有什麼：瑪希孔羅人沒有船，斐索人沒有田。

我們曾經提到，如果一個瑪希孔羅人要挖空樹幹造舟，他會做出個牛槽；如果一個瑪希孔羅人要在海中行船，他會翻覆溺水。另一方面，如果斐索人有田，他們只會浪費時間。人們跟我說這是因為，當稻米或玉米接近成熟時，需要不時監看巡查，把鳥嚇跑（鳥群只要幾小時就可以摧毀整批收成），而斐索人只會有幾天在顧田：因為他們只要一聽到魚況不錯，就會馬上出海捕魚。而他們的收成就會在那一天全毀，所有努力全部白費。

這故事以職業間的不相容描繪出瑪希孔羅和斐索生計方式的差別。[55]一個人無法既耕種又捕魚；不能同時住在內陸又住在海邊。下一章還會談到，他們也不能同時「聰明」（如瑪希孔羅人規畫其經濟策略時那般）又「不聰明」（如斐索人規畫其經濟策略時那般）。[56]不過斐索和瑪希孔羅生計方式的不相容性，並非暗示踐行活動如此不同、策略如此不同、地方如此不同的人也是不相容的。也就是說，斐索人和瑪希孔羅人徹底的差異在於他們所做的事情，而非人們自己。[57]雖然強調斐索和瑪希孔羅的活動——包括那些顯然相當瑣碎的，如女人編辮或男人披毛毯的方式——是由不同人所做，但這不表示那些人在做斐索或瑪希孔羅的行為之前，有什麼不同。

借用卡馬洛夫的說法，我們可以說斐索人採用了圖騰模式，把人區分成「共同人類群體中的小組」（units within a common humanity）；以「彼此對比」（in contrast to one another）來定義集體的身分認同，不同組的人們將自己描繪成「相似但不相同」（similar yet different）[58]。雖然我沒有證據證明斐索人可以感知到有一個抽象的人類群體，先於其占據的特定地方、先於使其存活的特定活動而存在，斐索人顯然真的將瑪希孔羅人視為「相似但不相同」。我們已經看到瑪希孔羅人為何絕對不同；至於他們為何也與斐索**相似**、甚至一模一樣的理由，在於瑪希孔羅人產生身分認同的過程，與斐索人產生身分認同的過程是**可類比**的。對斐索人來說，瑪希孔羅人不一樣是因為他們「是」（are）他們所為（人即其所為），就和斐索人自己一樣——他們因其不同的生計而不一樣、因居住地而不一樣、因住的地方不同而習得不同的技術，也因身上留有不同的「記號」而不同。

如果差異是由類比所建構，我們可以與華格納爭辯的是，可區辨出差異者，是否必先假定其曾經相同。在華格納分析達利比的親屬脈絡時，為了分析目的，他認為**如果**我們假定親屬關係、和透過這些關係所區辨出的親屬基本上是相似的，也假定其差別必然是主動創造的，由於被區辨出的差異必須先被假定其曾經相同，所以唯一能創造差異的方式就是透過**類比**。[59]在斐索的案例中，我認為差異**無法**被分析性地認定，因為差異和認同類似，只能透過人們當下的實踐而**創造**。其他人都是偶然的他者，一如斐索人是偶然的斐索。

譯者補充

斐索女人與經濟活動

雅斯圖堤在一九九九年於後續的一篇論文〈市場中央：一個斐索女人〉（At the Center of the Market: A Vezo Woman），詳細描述了她在貝塔尼亞進行田野工作期間的乾媽（化名「聶妮」Neny）如何擅長在市場做生意。她做生意做到上了癮，甚至在乾女兒（也就是本書作者）要離開、大夥送行到機場的路上，還忍不住一直探看漁獲情況與價格。聶妮五十多歲，可謂古典經濟學描述的那種生意人，她商業神經敏銳，能辨識出其他生意人踩在沙地上的腳印（甚至是穿了夾腳拖的腳印），並以此判斷漁獲多寡，作為價格評估的參考；她也很會打探消息，掌握整體脈動。在非洲，市場是重要的社會生活場域，除了經濟活動之外，也是交換資訊、尋找伴侶的地方。聶妮的例子更清楚顯示，市場也有愉悅（pleasure）的心理層面，她樂於估價、競爭、嘗試，在過程中建立個人成就感。聶妮樂此不疲，待在市場時間越來越長，甚至排擠了家庭生活，然而人們也稱讚她是個高手、非常斐索——因為賣魚是斐索女人的工作，市場有當下、短期性，無論是在收入或消費皆然，因此市場成為逃離長期過去與未來，專注於當下的最佳場域。

相對地，本書後半部討論的修築死者墳墓需要大筆開銷，得長期存錢，這一點違反了斐索人的當下性，恰與市場交易成對比。有意思的是，聶妮比較有經濟頭腦，因此經常勸誡親友不要亂花錢在過度吃喝和買衣服，才有辦法累積到足以支付修墳的開銷（見第八章），然而她自己卻經常說一套做一套，市場賺到的轉手就花個精光，下一餐只能扒白飯，沒有佐菜可配。

順道一提，這篇文章同時觸及斐索「理想女性」的樣貌，是如聶妮那樣強勢主導，做所有的決定。作者在田野期間幾乎都仰賴聶妮的安排，聶妮不但掌控家庭，也在市場如魚得水；她那年紀大上一截的老公一度無法忍受而要她離開，但不久後又去求她回來。

3

不聰明的人
People without wisdom

原本我想透過事先規畫一天的行程，來控制自己的焦慮；然而住到貝塔尼亞之後，我很快就明白那根本是徒勞。剛開始時，我覺得很難抓到村民們到底如何管理時間，他們似乎很不規律，有時好幾天忙著海上與市場的活動，接下來又持續待在村內很長一段時間，分成幾群玩賓果。抵達那兒幾週之後，我在田野日記上寫道：唯一明智的方法是隨著每一天的需要調整，把長期計畫的想望拋到腦後。

我發現學習適應在貝塔尼亞日常生活的短期性思維，也就是在學習斐索身分的根本特徵，學習讓人成為斐索的一種「做事」方式。不知不覺，我讓自己變成了斐索。我在上一章探討了人們做什麼就「是」什麼人，一直都是取決於其當下的活動，不受過去決定。我們看到了一個人從甲地搬遷到乙地、學習新的「做事情的方式」時如何擺脫了過去；而在某時刻「是」斐索的人，可以因為航行時的失誤，暫時成為瑪希孔羅——當下創造的新身分，可以取代過去的斐索性。

本章將更深入討論斐索人如何直接、或間接地拒絕承認過去可影響當下的說法。這脈絡是斐索人的謀生之道，被描述為決於當下、不會回溯到過去或延展到未來。於是「當」斐索包括每日都得從頭開始，彷彿昨日之醉在今天沒有留下痕跡，同樣地，今日之事對明天來說也無關痛癢。這種短期性思維避開了所有形式的計畫，即是人們成為斐索之道：他們是不聰明、經常感到「測里奇」（驚訝）的人。

斐索人的生計

斐索人使用特殊的名詞來描述其各種不同的捕魚方法——線釣、飄網法、圍網法、潛水捕魚等——他們沒有一個**通用**的詞彙描述捕魚。如果要表示他們做什麼「維生」，斐索人一般會使用的詞彙是「米廷佐克」，意指「找食物」。[1]這個詞沒有特定指出哪種技術，或找尋哪種食物。米廷佐克可以同時指涉一個人在船上釣魚，在森林獵馬島蝟或找蜂蜜，也可以指豬在村子裡無止盡的覓食，[2]或貝羅居民採集海參（他們覺得海參不能吃，但會賣給將其銷到中國的印度－巴基斯坦商人）。米廷佐克表示的是採集可作為生計來源的東西。例如小孩到森林採野莓不是米廷佐克，其原因不是我一開始以為的，他們是小孩，而是因為野莓對生計沒有貢獻。大人一直警告他們，野莓只會讓小孩生病而已。因此，通常由米廷佐克採集來的是可食、可為個人享用或交易的東西。不過米廷佐克也可用於不可食的東西，如海參，人們採集它就只是為了賣錢。

分析米廷佐克這個詞會發現它很有趣，因為這個詞彙描述了斐索人的生計，而沒有特指他們的（主要）生產技術和活動，也就是捕魚。換句話說，米廷佐克描述了斐索人賴以維生的一般性（而非技術性定義的）特徵。為了說明這些一般性特徵，我的報導人把米廷佐克拿來和不是米廷佐克對比，後者指的是農耕。因此當一個人今天為了「找食物」出門、查看、每天採集一點什麼；一個農人得等待作物成長，而她可以在生產週期結束後收成一大批作物。「找食物」的人沒有土地；[3] 相反地，農人擁有從過去而來的土地。

從這個對比，我們可以辨識出兩種斐索生計的重要特色。第一，「找食物」在特定的時間尺度內發生：那是每天的事，不需等待、不涉及要一段時間才能移交財物的情況。第二，「找食物」的特徵是，東西的獲取無需中介，這些東西不是由尋找與取得的人生產製作而成。接下來我將分別討論這兩項特色。

與農業相反，斐索人的生計無關**過去**，因為他們不擁有土地。斐索人的生計也不投射到**未來**，因他們無需等待大批作物長大成熟。他們不斷地重複米廷佐克，日復一日，但每回找食物都是自給自足的經營。有趣的是，報導人也把斐索生計與僱傭式的勞動套用同樣的標準、做了同樣的對比。斐索人普遍反對僱傭式的勞動，因為「浪費時間」，一次出海的漁獲豐收，所得等同斐索人在摩倫達瓦一個月的平均工資（甚至跟公務員在首都賺的一樣多），而領薪水得每天無聊地照著嚴格的時間表上工，還有個頂頭上司。不過，我在貝塔尼亞的朋友也承認領薪水工作有很大的好處，也就是在海象差、或雨季來臨時仍有收入保障。他們接著說僱傭式的勞動算是介於農業和「找食物」之間。在所謂生計光譜的一端，人們耕作後得等上一整年才賺得到錢，另一端則是人們每天「找食物」賺錢；而兩者的中間則是每個月領薪水的僱傭式勞動。有意思的是，在光譜的一端，「找食物」代表的是一種短期、決於現在的生計模式。沒有土地將人們牽扯到過去，無需做完工作、還得等到未來才可收成作物或拿到薪水：斐索人尋找食物時，每天都是重新開始。

此描述可能和斐索人使用舟船這點相互矛盾，因為就某種意義上來說，船隻這個工藝的人造物將人們與土地連結。雖然它撐不久（最多兩年），但還是比找食物的時間久得多。雖然相對於繼承土地的農民，斐索人不從過去繼承舟船，但他們的確承繼了在當下造船所需的技術知識。在斐索本身的再現過程中，舟船仍舊是決於當下的物件，因為人們呈現造船起源的模式，理論上可以在任何時間點——包括現在——重新發生。

問起船的起源、什麼人第一個想到要造船、建造技術如何發明時，大部分人會承認他們祖先已經知道如何造船[4]，但也就這樣了。不過有一回，有個老人講了下面這個故事。從前住在岸邊的人知道如何造船，頭一次造船時，用了一種叫做馬法伊的樹；他們把樹砍倒，樹幹挖空，造成小船的形狀，運到海邊，但入水後卻沉了。他們回到森林，看到法拉法切（也就是今日斐索人用以造舟的木材），因其質輕，人們覺得這可能是適合造舟的樹。他們把法拉法切挖空成小船的形狀，曬乾後搬到海邊，下水後順利浮起。於是老人下了結論：這是造船的起源。[5]我想知道更多原初創始者的事，但他說故事到此為止。老人從來沒想過要再繼續往下問，比他老的人也從沒主動說。他很明白地告訴我，不必知道更多了。

初看這故事似乎說的是：斐索的舟船源自過去，裡面提到小船是由過去海邊的居民所發明。實際上，這樣的敘事相當語焉不詳。所謂的發明，是發生在不受時間影響的真空中，不是歷史亦非神話事件。實際發明的地點沒有記錄，也不記得發明者的名字，發生時間通通用「頭一次」來描述。換句話說，這個故事沒能將一個意外的、偶然的發明——挖空樹幹且它幸運地沒有下沉——轉化為唯一、獨特，奠基於歷史或祖先的事件。這段敘事因而達成了兩個彼此衝突的目的。一方面，它承認過去的斐索人知道如何造船；另一方面，透過將小船的發明描繪成過去曾經發生、同時在任何時刻可能仍在發生的事件，它抹去了過去和現在的區別。這個故事因此同時建立了：一、斐索人不必在每回需要新船時，就重新發明小船，因為他們從過去承繼了知識；二、如果需要，任何時候他們都可以重新發明。如果斐索人因不明原因失去了造船的知識，只要透過另一次偶然發明，他們就可以重新發現造船的方法。[6]

接下來我們可以轉而探討定義斐索生計的第二個特色。我的報導人對「找食物」和農業所做的對比，基本上假定了他們尋找、賴以為生的食物已經「在那裡」、是可以取得的，斐索人只需找到、採集它們。在這一點，斐索人有的是資源偏見[7]；他們假定資源「先驗地存在，行為再據以行之」，而非假定「在定義上，物唯有被生產後才存在」[8]。在斐索的例子中，人們賴以維生的資源永遠先驗地存在於始終在那裡、也始終充足的容器——大海之中。

當斐索人提及海中之物，使用的副詞是「amboho」，字面意思為「在人的背後」，瑪希孔羅人則是使用「añatiny」，意思是「在裡面」。一個斐索人會說「把這張魚網拿回那裡」[9]；一個瑪希孔羅人則會說「把這張魚網帶去海裡面」[10]。有人向我解釋，要理解這種差異，得參照斐索人與海洋的相對位置：「當一個人出去找食物，結束後，返航回家；但回家不會往西（朝向外海），而是向東航行，是從海洋爬上村莊。」[11]斐索人從一日捕魚返家的行動中定位自己，因而認知海洋位於其身後。[12]

由斐索人所站的位置來看，他們將海洋視為賴以「維生」的容器，而似乎忽略了海中魚的存在。當我問到魚的起源，報導人看來似乎很困惑，姑且答說一定是「德南尼亞哈利」（造物者，西方文獻中一般翻譯為上帝）想到要放的，就斐索人所知，魚一直就在海裡。

人們假定魚會一直在海裡，因為本質上他們並不覺得自己的捕魚活動會對海洋的豐饒充裕造成影響。我唯一一次看到人們擔心魚群數量問題，是當他們討論到最近有大批日本商業捕魚船湧入，在摩倫達瓦岸外拖網捕撈。與斐索人的捕獲量相比，日本人的捕獲量高得不成比例——他們估量著自己的船隻出海只能撿日本船從甲板上丟掉不要的小魚，不得不揣想魚群真的有可能會耗竭。在此脈絡下有一點相當重要，即他們認為有大船和高科技配備的日本捕魚企業，與米廷佐克截然不同；從而推想其可能會對海洋帶來很不一樣的後果。然而，若忽略日本人的例子，人們似乎從不擔心海洋的豐饒。他們不刻意取悅海洋、也不會反過來認為自己有辦法對魚群的大小造成正面或負面的影響。

實際上人們出海時鮮少會有特殊的「風巴」（習俗、行為規定）或「伐里」（禁忌），他們不認為這類規定會影響漁獲品質。我唯一聽過的，是看到大型動物如鯨魚、鯊魚、大章魚時，出於尊重，不能顯露驚訝、尖叫，或用手指著牠們。如果不尊敬這些力量強大的生物，將會突然升起狂風巨浪、危及船隻。[13] 另一方面，有時會有「有鰓的女人」在船的舷外支架上擺出撩人姿態引誘漁夫；如果他同意她的求婚，這艘船就會滿載又大又肥的魚，滿到溢出來。不幸的是此種婚姻註定失敗，因為丈夫不可避免地會做出被嚴令禁止的事：他會偷看妻子的腋下，發現她有魚鰓，妻子於是勃然大怒，返回海裡。[14]

海中另一種特殊的生物是海龜——「法諾」。雖然斐索人獵法諾，但他們認為牠和魚相當不同：「海龜不能經常殺，因為牠們有力量；魚則可以每天殺。海龜不能每天殺，一個月頂多一次，或一年一次。」[15]法諾「很麻煩」，因為牠們很難抓，而且要叉刺牠們、或甚至只是看到牠們，都得遵守一些「伐里」（限制）。這些規則大多和抓到後如何處理或食用有關，特別要注意的有：殺海龜不能割喉（因此，得剝開龜殼、在海龜還活著時切開牠的肉）、不能從胸肌下刀、不能讓任何一滴血滴到沙灘上、不能烤海龜肉、不能在水煮的湯中加進鹽巴（因此得用海水取代）；海龜肉得由男人烹煮，要分給親朋好友，不能拿去賣；有些部分的肉和內臟對女人和兒童是食物禁忌。這些伐里是表達對海龜的尊敬。如果違反規則，船上那個抓到海龜的人會再也看不到另一隻海龜，除非船主做出合宜的補救（見第四章）。

相反地，就伐里來說魚則很「容易」；有些魚可能特別「聰明」，像馬鮫魚，但我們看到斐索人知道如何以完備的魚餌騙過牠們。捕魚唯一的問題是要知道去哪裡抓；如果此處沒有拉馬擦（馬鮫魚）來吃餌，斐索人會假定牠們一定是在他處，而非實際上沒有。人們認為即使沒有人抓魚，魚在海裡的數量也不會改變。[16]

斐索人回到村莊時留在身後的大海，一直以來魚群豐饒，未來也將如此。農民需要等上好一段時間才能等到作物成熟，斐索人有需求就有供給：當他們需要食物時，就出海找魚。我在貝羅南部的一個小聚落曼納其，曾親眼見過這供應系統多麼輕鬆容易。當時我和一個女人以及她丈夫在聊天，我們忽然意識到太陽快落入地平線，時間已經很晚了，但晚餐還沒有「勞可」（配菜）。此時丈夫欠身告退，說要「提供點勞可」。他到屋後拿了張看起來又舊又有許多破洞的小魚網，從我們坐的地方走到幾步外的海邊，走進海裡，直到海水及肩，張開魚網。之後他涉水回到岸上，用毯子裹著身體，坐在海邊盯著魚網；他的貓跑過去坐在他身邊。魚網的浮標動了四、五次，約莫十五分鐘後，男人回到海裡、取回魚網，帶回來四條中型的「比卡」（鯔魚）。他擦乾身體，坐下來清理魚，同時間他的妻子開始生火。這段插曲前後不到半小時。他跟我保證曼納其的人從不需要擔心配菜[17]之後，繼續重拾之前的話題。

然而生活無法總是輕鬆寫意。海洋不只是充滿斐索人維生所需之物的容器，也是「馬西亞克」，易怒暴躁，無法預測也不甚可靠。如同人們不厭其煩、反覆地說著，某一天海洋可能會「生氣」，迫使斐索人待在家裡；另一天海洋平靜無波，人們出海捕魚；然而隔天可能又「波濤洶湧」，斐索人又回到無事可做、百無聊賴的狀態。因為海洋的雙重性——它既慷慨地提供食物，脾氣卻易怒暴躁——斐索人無法總是對它予取予求；他們無法總是在有需要時才去「找食物」。[18]他們面臨所有漁村都會面臨的，也是「漁業人類學」最主要的課題：他們得面對不確定性。[19]

斐索人知道要適應捕魚的不確定性，就得要「聰明」。在此脈絡下，聰明是從過去的經驗學習、知道現在得儲蓄以為未來盤算；換句話說，就是超越當下，將視角含括過去與未來。瑪希孔羅的農人和牧人很聰明，因為他們的工作仰賴長期的時間，以過去經驗取得未來獲益。相反地，斐索人不斷重述不聰明是他們的主要特質之一，因為在米廷佐克的行為中，他們每日都得從零開始找食物，沒有從過去的經驗學會如何處理不確定性。即使他們賴以為生的大海脾氣反覆無常，讓人們成為斐索的生計形式依舊決於當下。也因此，後面會談到，斐索人經常感到「測里奇」（意外）。本章接下來以貝塔尼亞和貝羅兩村各異的情況，探討斐索人是如何地不聰明。

貝塔尼亞

人們晚飯後圍坐聊天時，可能會有人被問到隔天是否計畫出海捕魚。除非有確知不去的理由——例如得出席的喪禮、生病，或與占卜師約好要挑選儀式的黃道吉日；換句話說，如果某人真計畫要捕魚，答案大概會是「我還不知道，要看大海。」[20]在人們的對話中，大海有時被稱為法札哈（白人）；這是因為大海不只是斐索人的老闆，[21]也跟白人一樣易怒暴躁，無法預測也不甚可靠。次日清晨，計畫要捕魚的人會到岸邊察看大海；他們察看船隻的露水，以及椰子樹的擺動（見第二章「航海」一節所述），看看是否可以出海。如果風大浪急，決定要延緩行程，他們會回家說大海或海風是多麼地讓人意外[22]。

傍晚，小船回航的場面頗為盛大。慢慢地，地平線先是出現一長條星羅棋布的小白點，白點數量與大小逐漸增加。女人和孩子們在海灘等著船隻靠近。很快地，他們可以從帆的尺寸和特徵，例如上色補丁或裂角，辨認出個別的船隻，接著就是每日猜漁獲的活動。頭一個線索是每一艘船在船隊中的位置，因為收穫豐盛的船隻通常會殿後，再捕一回，其他船則會先揚帆回航；另一方面，如果船的速度異常快，或水手特別有技巧，還是可以滿載漁獲最後離開，但率先抵達。等到船慢慢靠近，從船身吃水線估算當日漁獲量就更精準了。稍晚的夜間開講就會詳述該船漁獲滿溢，載荷量罕見的重，海水都快淹沒甲板了。不過即使是吃水線也不一定是很準確的線索，因為有時船隻會因為回程時進水而負載較重。

船隻剛靠岸時無法立刻看得見漁獲，岸上等候的人也不會問漁獲多少，甚至也不會有人探看船內那些以大塊木板蓋住、以隔絕陽光曝曬的魚。漁夫跳下船，女人們幫忙收捲風帆、拆檣桅、把船抬上岸，也都沒說什麼。直到這些都做完之後，才會突然隨性地、彷彿只不過是收尾工作的一部分，把魚一尾一尾地從遮板下取出，優雅地晃給大家看。

雖然沒有發現有人會在船隻靠岸時，公然探看漁獲，但女人們承認她們還是會「從船尾偷看」[23]當日漁獲。漁獲好時很高興；而漁獲不佳時，她們在拖船上岸時就不太施力了。當她們空手或幾乎空手回家時，會說今天不會在市場賣魚賺錢，真是太意外了[24]。

貝塔尼亞的生計少不了摩倫達瓦市場。當我讚賞著從海裡來的新鮮漁獲，人們告訴我，市場將魚轉換為人們所需但海裡沒有的物品。魚得在市場裡賣，因為斐索人需要先「買錢」才能「買食物」，這使他們充足而快樂，因為「日復一日只吃魚不太適當」[25]。

因此在船隻靠岸後，女人們出發去市場，頭上頂著幾尾大馬鮫魚，魚皮濕潤閃亮，脊骨微微彎靠在運送者的肩上。她們隨後會回到村中，帶著又大又重的籃子，籃底是米，上面則是幾顆番茄、洋蔥、晚餐要吃的肉甚或魚、五到十卷煙、一小紙袋的糖、另一紙袋的咖啡豆，或許還有裝了茶葉的小信封。而讓她們的採購任務能夠圓滿達成，則是當天有點剩錢，以及能在最後一刻下手的物品，例如插在籃邊的甘蔗、法國棍棒麵包、香蕉，或一片勾捉勾捉（一種以米製粉與椰奶做成的香濃蛋糕）、幾個摩卡利（米蛋糕），和一些蹦蹦帛阿尼歐（椰子甜點）。

我與女性友人從市場走回去時，常會被督促要做筆記，記下她們帶回家的籃子裡裝了哪些東西。[26] 我知道斐索女人（包括和我交談的那些）賣魚賺了錢，就會馬上在市集裡穿梭尋覓，買品質好、營養的食物例如豬肉、牛肉，和樹薯葉嗎？我知道她們會如何在籃子上加滿麵包、甜點和零食嗎？我無疑會同意斐索人是「不聰明」的吧？有現金時就好料吃個痛快，不考慮到隔天如果海象不佳就無物可賣、無物可買，沒得吃，只能餓扁！

斐索人心知肚明相對於此高品質但短視的消費模式，應有理性的替代方案，也就是建立食物庫存，如此可以在無法捕魚、糧食不足時有個緩衝。然而就如同固定勞動工資之於不規律捕魚的情況，囤庫存「沒道理」。這個理由既是經濟上、也是文化上的：儲蓄和囤積會讓人有提供米或豆給餓肚子（與「搭便車」）親戚的義務；而「斐索女人喜歡每天去市場」[27]買食物，她們不習慣、也不喜歡在家儲存食物。

講到囤食物，女人們的品味和習慣偏好勾勒出貝塔尼亞居民認為什麼是斐索經濟行為更一般性和根本的特色。亦即「斐索人賺很多錢，但不知道如何『管理』（斐索語的字面意思為「使其運作」）」[28]。人們不無驕傲地告訴我，斐索人在海裡找到錢，[29]但無法管理錢，因為他們不知道如何儲蓄：他們賺到錢就立刻花掉。

我們已經看過這個特色在管理食物開銷上會是什麼情形，這讓斐索的吃食習慣與某些看不見、稱為卡蘭諾洛的森林生物很類似。「吃得像個卡蘭諾洛」[30]表示一個人中午就把所有食物全部吃光，沒有考慮到晚餐：「晚上沒有食物了，只能無所事事。」[31]同樣的態度也反映在喝酒上，尤其是蘭姆酒。女人們把花錢買酒視為男人的特權，[32]認為花在蘭姆酒上的錢，還不如花在好一點的食物，甚至衣服上（詳見下）；但若只是偶一為之、不損及家庭幸福（有時的確會發生），女人就頗能容忍，甚至還覺得男人醉酒滿好玩的，她們認為那印證了斐索男人跟女人一樣，無法存錢和提前做規畫。[33]

另一個斐索人消費的大宗是衣物。然而買衣服和把錢花在食物上的對比很強烈，甚至比和蘭姆酒的對比還強。他們往往在講完「斐索人只會吃到撐」[34]這句慣常抱怨之後，緊接著就會下定決心，要把下一回賺的錢花在毛毯或紗籠布裙上。如果手邊有錢，不知為何似乎免不了把它花在食物上（斐索語的字面意思為「錢沒有了：被食物花光了」[35]），唯一能避免這種衝動的，就是趕快把錢花在其他地方。衣物是種特別有價值的替代品，因為它比食物持久。[36]但如同貝塔尼亞的人經常指出的，這也有缺點；新年過後，摩倫達瓦市場裡的斐索人穿著時髦的新牛仔褲以及閃亮的合成纖維洋裝，但口袋裡沒錢買食物。

貝塔尼亞的人沒能力管理金錢這回事，經常使他們感到驚訝（「測里奇」），甚至非常驚訝。當他們縱情買了些奢侈品後，很驚訝自己要「餓扁了」、或被迫要吃配菜乏味或根本沒有配菜的一餐；他們很驚訝沒有薪柴可以煮飯，很驚訝自己連買幾滴煤油的錢都沒有，以致於得坐在黑暗中度過夜晚；他們很驚訝「沒看到錢」可以買新毯子、買幾顆藥、買一塊肥皂，或買椰子油來梳理女人的髮辮。

佛斯書寫馬來漁民時，提及「生活在充裕與匱乏之間擺盪。一個不會計畫的馬來人在無法出海的那些月份會餓肚子。」、「漁獲差時，典型的抱怨是『只夠吃，沒得存』。」[37]這個例子與斐索人的對比顯而易見。馬來人抱怨捕獲量少，只能買食物卻不能儲蓄，而斐索人則吹噓大豐收時賺來的錢可以全花在吃好料上。馬來漁民因為計畫、儲蓄而能生存，然而斐索人則宣稱自己經常被迫「餓扁」，因為他們無法儲蓄或計畫。

貝塔尼亞的斐索人的確只要有一點錢就買華麗的衣服和吃豬肉，即使這麼做有可能會讓他們無法顧及未來基本需求。不過事實告訴我們，浪大風急、捕魚鎩羽時，他們也並不會「餓扁」。他們有很多種能賺點小錢的活動，並因此得以生存；[38]他們有雞和豬這類財產能在危機時變賣；也會有親戚在危急時短期接濟他們；以及最後一點：其實他們並非全然不做某種形式的儲蓄和計畫。然而此處討論的重點是：貝塔尼亞的居民選擇忽視自己其實具有降低未來風險的策略性計畫能力，反倒強調他們認定的、獨特的斐索特徵，亦即做決定的偶然性、短期思維，沒有遠見也不夠聰明，這些特徵都會招致「驚訝」。不過，貝塔尼亞的居民也會很高興地承認，他們南邊的鄰居，就是貝羅那個造船村落的人，要比自己聰明多了。

貝羅

抵達貝羅後，村落地景中最醒目、最突出的特色就是大批的縱帆船了（斐索語稱為「舶砌」）。有些配備著全套的桅與帆，漂浮在礁湖的深潭；有些看似需要修理，蹲踞在泥濘中，倒向一側，隨著歲月走樣變形。然而最引人注目的是那些建造中的，看起來像是從沙地中拔地而起的骨幹，內部結構清晰可見，用的是最堅硬、最耐久、稱為「納妥」的大片木材。[39]貝塔尼亞的人們告訴我，這些縱帆船是讓他們相信「貝羅人非常聰明」[40]最明顯的原因。

貝羅村民經常告訴我，建造縱帆船已經成為「村子的特徵」，由此可以顯示「過去就已經」開始建造、駕駛縱帆船，所以村民現在「很習慣了」。實際上，今日村子裡所有人要不有艘已經下水的縱帆船，要不就是正在建造、或計畫要造一艘。貝羅村民一開始是跟一個白人學習如何建造縱帆船的，一個來自留尼旺的法札哈（白人），叫做「貝貝」。[41] 初始只有幾個村民跟貝貝學習造船技術，其他想要學著怎麼造縱帆船的人再經由模仿學習。他們的孩子有樣學樣，造船技術就這樣慢慢地散播到全村。

貝羅村民周遭環繞了許多做了一半的縱帆船骨架。村民們知道要建造完成一艘「舶砌」（縱帆船）的時間往往長過人的一生，但他們向我保證這「沒有關係」，因為木材十分堅硬，只要沒接觸到海水，幾十年都不會朽壞。為何造一艘舶砌要那麼久（花個二、三十年都不算稀奇）？他們說，那是因為建造費用全部來自海裡[42]。建造所需的材料（一艘三十噸的縱帆船要用到多達三百公斤的釘子、四百片木板）需要由日常開銷中「一點一滴」省下來；這回用上一磅重的釘子、下回裝個幾塊木板，如此一點一點建造起來。

建造完的縱帆船可以用於沿岸的貨運。在大部分例子中，舶砌的船東也就是船長，負責安排航程，主要載的是摩倫達瓦的卡拉尼人（印度－巴基斯坦裔貿易商）或沿岸其他商鎮的船貨。有辦法安排固定貨運的船長就能賺很多錢，航程結束回到貝羅時，船東會為家人帶回大批食材（米、玉米、樹薯、糖、油）。人們告訴我，就是這種「家裡有食物」的豐盛感，讓貝羅居民想要一艘自己的縱帆船。

貝羅人想要艘縱帆船的欲望，常會與他們為何會有此需求放在一起討論。首先，因為貝羅附近沒有市場，所以有縱帆船。人們告訴我，貝塔尼亞和貝羅的差異在於貝塔尼亞人會去市場，而對貝羅人來說，「市場過來我們這裡」[43]——在此脈絡下，「市場」是瑪希孔羅人的貨車，定期到貝羅賣玉米、樹薯和米。因此，與總是有食物的摩倫達瓦市場相反，貝羅的居民知道貨車每一、兩個月才會來一次，於是他們必須「家裡有食物」，否則就會「餓扁」。另一個確保「家裡有食物」的方法就是耕作；但貝羅「沒有稻田」，於是縱帆船就成為「這裡的人們從事的那種農業」[44]。若再進一步比喻，縱帆船帶來的大筆收入，可與瑪希孔羅農民在農耕季節收穫的「大批農產」相提並論。

我在貝塔尼亞的朋友警告我，到了貝羅會遇到很聰明的人，懂得怎麼管理金錢[45]，懂得如何讓錢變多。依照他們的標準，貝羅的居民不太斐索；但也有貝塔尼亞村民告訴我，「這些建造船砌的人還是斐索，不過斐索的根還是拉卡」[46]。在另一個例子中，有人跟我說「船砌不會讓人們成為斐索，而是斐索人參與了船砌」[47]。與之呼應，我發現有些貝羅人會強調「船砌的工作是白人的工作，而非斐索人的」[48]。他們也很熱切地解釋道，即使現在縱帆船已被廣泛使用，每個村民還是擁有自己的舟船、並駕其出海捕魚。因此在沿岸的航程結束後，縱帆船的船長還是會搭上自己的舟船出海捕魚。[49]在如此勾勒出的貝羅裡，米廷佐克是難以控制的：「無論發生什麼事，從不放棄找食物。」[50]

每個貝塔尼亞人和貝羅人都同意，建造縱帆船並非斐索的活動；但他們也都贊同，無論如何，貝羅的居民還是斐索，只要他們的行為像個斐索，划舟船出海捕魚。不過，如果「當」斐索得在行為上全然的斐索，偶而乘坐小船似乎比較是表達情感上的忠誠，而非對身分認同的強烈宣示。貝羅村民自己也多多少少同意此一觀點。雖然他們認為自己「非常斐索」，因為他們很會獵海龜，他們似乎並不否認相對於貝塔尼亞的居民，自己較無法貫徹斐索的生計活動。他們讚賞貝塔尼亞居民「非常斐索」(Vezo mare）或「真的斐索」(Bezo tokoa），因為他們夠「強」，只靠日復一日地出海捕魚，[51]而他們的女性每天都去市場。[52]

談到生計，貝塔尼亞的居民無疑比貝羅人要「更斐索」。然而，這裡有個有意思的意義倒置，貝羅居民宣稱，經由使用縱帆船這種最不斐索之物，他們能「做」(acting）斐索、因此也「是」(being）斐索。雖然建造縱帆船是為了藉由「大批收成」而達致經濟上的保障，但縱帆船在海上航運的實際操作其實充滿不確定性。一如人們經常告訴我的，許多在村前礁湖裡的船足可證明，它們因其主人籌不出維修的開銷，正逐漸地解體中。

當船長接到貨運訂單，一艘縱帆船就可收成「作物」。船長的報酬按運送的總噸數計算，每個馬特羅（船員）則可分得一噸貨物價值的收入。縱帆船沒出海時，船長一樣要負責餵飽馬特羅，但馬特羅不會拿到報酬。這點讓船長在沒有航班時仍要維持一組船員變得很困難，因為馬特羅馬上會到其他地方找個更好的工作。人們跟我說貝羅近幾年越來越難接到貨運單，因為有幾個摩倫達瓦的船東透過其政治和貿易關係控制了貨運生意，獨占了糖、水泥，和其他大宗商品的運送。

儘管如此，晚近這些發展只是讓已經存在的不安全感更為惡化。不確定性的主要來源是卡拉尼人，也就是那些作為貨運主要供給者的印度－巴基斯坦商人。卡拉尼人就跟大海一樣「馬西亞克」——狂暴、不可預測、不可靠，而結果就是，貝羅船東經常被迫在沿岸來回往返，尋找他們自己也不確定找不找得到的貿易機會。有時因為缺乏更好的替代方案、或手上正好有點資金，他們會降級做些次等的貿易，在馬達加斯加的一端買一批椰子，然後賣到另一邊，賺取微薄利潤。

有人指出，這種使用縱帆船的方式和貝塔尼亞女人在海灘買魚賣魚[53]很類似：賺的是「很小的利潤」而非「一大筆收成」。[54]因此，外在的限制將縱帆船原本代表的長期、大型生意，轉化為短期、多半無可預測的事情。不消說，貝羅的斐索人對此轉變感到很驚訝。貝羅船東發現自己的船砌沒有貨可運時感到很「測里奇」（驚訝）；他們對沒受僱的船躺在礁湖裡解體感到很測里奇；他們對卡拉尼人的行為感到很測里奇。

貝羅人知道唯一能確保持續、可靠船貨訂單的方法是和卡拉尼人簽訂長期合約。問題是，他們不夠聰明，因此他們拒絕許下那麼長期的承諾。他們聲明，**身為斐索**，不願意放棄他們的獨立性：「斐索人不喜歡有老闆。」[55]（見第四章）貝羅人到底是真的拒絕和卡拉尼人簽長約，還是因為市場力量而拿不到約，在此討論脈絡中無關緊要。值得注意的重點是，在一大堆同樣重要的活動和限制中，他們選擇強調最具斐索典型特色的「不聰明」以及驚訝。當貝羅村民憑藉了聰明的長期計畫和儲蓄，能夠完成大型、昂貴而持久的縱帆船時，他們「不是」斐索，但當他們長時間被迫歇業、縱帆船停泊在碼頭或礁湖時，他們卻「是」斐索。之所以如此的原因，是他們「不聰明」、沒能和卡拉尼人簽長約，來讓自己有了縱帆船後能夠免於米廷佐克的不安全感與無法預測性。

不聰明與驚訝

我遇到的貝塔尼亞人和貝羅人，都不斷地在各種場合表達「驚訝」。因為在每日生活中如此常見，我立刻也學會了，以提醒人們談論那些我還不太了解的事情。可惜的是，我從沒想到要對我的朋友們那麼經常表達「驚訝」一事表達驚訝，因此沒辦法判斷那些「驚訝」的表達有多「真實」。

斐索人徹夜長談海洋的不可預測性，他們是否「真的」因風浪大、無法出海捕魚而感到驚訝？如果他們知道魚群不會總是在他們預測的地方出現，那麼漁獲低時，他們的驚訝是「真實的」嗎？貝羅人花很多時間抱怨卡拉尼人和他們那些勢力龐大的客戶們壟斷了貨運業，所以，當找不到貨可載送，貝羅人「事實上」感到驚訝嗎？

我留意到，我的朋友們在不尋常的**好運**降臨時，從不承認自己有感到驚訝。遇雨而不能出海，他們感到驚訝，但長時的乾旱則能欣然接納；他們覺得漁獲差令人驚訝，但漁獲罕見地豐碩則可用來吹噓自己的能力；缺錢是驚訝的泉源，沒完沒了，但撿到一個塞滿紙鈔的皮夾則是令人愉悅的幸運徵兆：「你能撿到一個皮夾耶。」[56]總結來說，我的朋友們感到驚訝，並非因為面臨未知和不可測。他們感到驚訝——不論是在修辭上還是情感上，**是因為他們不聰明**，因為他們忽視從過去經驗中應該「知道」的事情。

斐索人驚訝與缺少聰明這兩點都有重要的時間面向。驚訝和不聰明的人是那些活在當下行動中的人（或受他人行動影響，例如受大海或卡拉尼人影響的人），他們沒有過去的知識，對未來沒有期待或計畫。貝塔尼亞的斐索人面對風浪過大時感到驚訝，因為他們忽視了過去經驗曾告訴他們，海洋是「馬西亞克」；如果他們對於把每分錢都花在時髦衣服而沒食物可吃，感到驚訝，那是因為他們不聰明，忽視了過去的行為會影響現在。與此類似，貝羅的縱帆船東對少了貨可運感到驚訝，因為他們「不聰明地」忽視了需要和卡拉尼人維持長期的關係，忽視了這種合作可以超越現在、回溯到過去，以確保可預測的未來。

這套關於不聰明的辯解，以及驚訝的修辭，定義了一個沒有過去和未來、只在當下行動的世界。世界環繞著米廷佐克運轉。如同本章一開始所述，「找食物」是每日重新起始的活動，雖然得日復一日地做，但他們到現在仍自給自足。米廷佐克不需要聰明、也不會讓人變得聰明，因其含括的活動不包括過去，也不延展到未來。相反地，不「找食物」的人很聰明。像瑪希孔羅那些農民就很聰明，因為他們知道如何等待和計畫、如何儲蓄讓錢能夠成長。同樣的，貝羅人在建造縱帆船時顯現了聰明，造船的活動意義獨具，可將之類比於農業。

缺少聰明，以及不斷感到驚訝的性格，是斐索人的兩大特色。如同我們在比較貝塔尼亞和貝羅時顯示的，人們越不聰明就越感到驚訝，就越「斐索」。尤有甚者，任何人們參與的活動——捕魚、市場交易、營運縱帆船——當它們可以被解釋成短期、只顧眼前的活動，人們不聰明地踐行、並因而感到驚訝時，都被認知為斐索活動，是一種米廷佐克。如同斐索人不認為一個人的過去決定了她現在是誰，缺乏聰明、不斷驚訝這兩點建構了斐索，讓他們成為生計與過去或未來無所連結，因此總是與現在相繫的人群。

4

避免羈絆和束縛
Avoiding ties and bonds

我們在上一章看到，斐索人說他們「不聰明」，其實是經濟策略的宣言，只看短期和當下。另一方面，當他們說「斐索人不喜歡羈絆和束縛」[1]時，則是一種政治策略宣言，意圖否認、或消除過去之於現在的力量。本章將討論三種不同的、加諸於斐索人的權力和權威之形式，這三種形式都是藉由過去，約束了斐索人的行動與身分認同：習俗與傳統、婚姻中的姻親，以及過去撒卡拉瓦王室的影響。在這三種情況下，斐索人承認權力，以及過去的「羈絆和束縛」具有限制性力量；而我們也將看到他們如何操弄、脈絡化，或逃避這三種「羈絆和束縛」。

習俗與禁忌

人類學家經常聽到報導人用「習俗如此」來解釋一個特定的儀式，或一項特定的行為。然而人類學家鮮少滿意這種解釋，我們會覺得援引「傳統」是在隱藏儀式、或某特定行為模式背後「真正」的意義。當人類學家想要理解得更深，卻被看起來訴諸武斷的「習俗」給硬生生卡住，總讓人覺得很沮喪。

我的斐索朋友們經常拿習俗來解釋他們行為的某些特色。他們現在做某件事，是因為他們過去那麼做：它們是過去的人的習俗；它們是來自過去的習俗。[2]「風巴」（習慣、習俗）[1]被認為是「困難」而「嚴重」的事情，它迫使人們遵從，不論願不願意；因為人們不能冒著可能讓自己「當場死亡」的風險。他們經常告訴我幸好我是個法札哈，是個白人，因為朋友們認為我少了非常多「習俗」（「你的習俗沒有很多」[3]），生活因而得以輕鬆許多。你說我會不會對斐索人得遵循的那些許許多多的規定和禁忌感到驚訝呢？如果吃了蜂蜜，就不能笑；晚上不能帶著煮過的食物在外面走，除非旁邊放著一小塊火源；吃了螃蟹之後，到隔天早晨前不能把殼丟掉，也不能在戶外洗手；女人不能拔臉上的毛；諸如此類。他們必須遵守這些規則，因為是「習俗」流傳下來的——而我的朋友們都似乎跟我一樣，清楚這些「羈絆和束縛」的武斷性。

然而人們也經常跟我保證，我在海岸而非內陸做研究是個很聰明的選擇，不只是因為海邊住起來比較健康、比較涼爽，也因為相較於其他馬達加斯加人，斐索人的習俗「容易多了」（「斐索的習俗比較簡單，不會太難」[4]）。為何如此？原因在於，「柔軟」而「簡單」[5]，有一顆「柔軟的心」，就是斐索天性和氣質的一部分。人們告訴我，從他們旅行時不帶武器（「他們不帶棍棒」[6]），就可看出他們沒有爭鬥的傾向；也證諸於他們喝醉時只會「開心」和「耍笨」，從不會變得暴力。斐索的「柔軟」展現在其說話的方式，他們講話的聲調和速度緩慢、平和而沉靜。[7]他們的「柔軟」也顯現在對待孩子的態度。父母會說他們寵壞了小孩：「我們海邊的人不會罵小孩、處罰小孩」[8]，因為他們「溫柔」又「柔軟」。舉例來說，如果一個小孩被罵而開始大哭，她的父母會立刻安撫她，告訴她別哭了，因為哭會讓她生病。人們會以特殊的哼唱來讓孩子安心，讓她知道一切都沒事[9]。因此斐索父母的「柔軟」溫柔地在孩子身上複製了更多的「柔軟」。[10]

由於這種柔軟的特質，斐索人只有「簡易的習俗」，因為他們無法適應「困難的習俗」。前者可以用什麼才是產婦適當的行為來說明。某次我去拜訪接待家庭在安坦卓伊的親戚，女主人告訴我們她生產時的行為；她描述自己即使在劇痛時，頭和手還是得完全保持靜止不動，因為那是她們的習俗。在場的斐索女人們對這些習俗的「困難度」和怪異表現出非常驚訝的樣子，[11]因為斐索女人可以痛到尖叫、握緊拳頭、扭動身軀，這樣做不但「好」，更不

1 作者多半以英文的「custom」來翻譯「fomba」一詞。「custom」在台灣有時譯為習慣，有時則譯為習俗，或是慣習（此乃受到日文影響）。本書翻譯視行文順暢，交替使用前兩者。簡單原則為：較口語的表達時使用「習慣」，分析論述時則多用「習俗」。同時亦參考原註二，尤其在指涉個人的偏好行為、與傳統無關時，使用「習慣」，強調為過去留下、具規範性作用者，則使用「習俗」。

必感到羞恥。在場有個斐索女人，她的父母來自南方的安坦卓伊，後來定居在貝塔尼亞，在那裡變成斐索。因此她不太知道安坦卓伊的習俗，而是「依循海邊的人的習俗」[12]；於是她也變得「柔軟」、從容悠哉，不會像她父母老家那邊的安坦卓伊人一樣，在生產時強壯堅毅。

人們還告訴我另一個表示斐索習俗「簡易」的例子，就是喪禮期很短。斐索人太「柔軟」，無法忍受屍體腐敗的景象與氣味：那會讓他們「不愉快」而且「生病」，會嚇到他們（見第七章）。人們經常強調這點和其他喪禮長達數週、甚至好幾個月的馬達加斯加人（尤其是瑪希孔羅人）形成對比。他們的意思倒不是其他人在近距離與腐敗的人體接觸時比較不會害怕、不愉快或生病，而是其他人有勇氣忍受他們本身「困難」的習俗，而斐索人「不敢，因為他們太害怕了」[13]。

除了「簡易的習俗」，斐索人也沒有太多「伐里」（禁忌）。[14]有一回我坐在門階上，突然想起這樣坐著在馬達加斯加南部是個禁忌，因而擔心了起來。但斐索人要我放心，在這裡，這不是伐里，所以我可以繼續坐著，享受涼風。我的斐索朋友們解釋說，斐索人不喜歡有「太多」伐里，[15]因為他們柔軟而悠哉的天性，讓他們很難遵守太多的禁令。伐里跟習俗一樣，都是「困難」的事情，人們違反的話會死，[16]如果有太多的伐里要理會，斐索人「隨時都會死」[17]。

斐索習俗和禁忌是否真的比其他人要來得不「困難」或稀少，見仁見智，讓我感興趣的是，斐索人認為自己能夠**決定**他們「柔軟」的天性和悠哉的個性，要適應哪些習俗、以及多少禁忌，他們能夠**巧妙地運**用習俗與禁忌，以符合當下的欲望和意願。有個令人印象深刻的例子，是一個與獵海龜有關的「習俗」與「禁忌」。前章提過法諾（海龜）被認為是很「困難」的生物，因為牠很難抓，也因為獵人若要抓牠，需要遵守的限制非常多。當我向人們問起這些限制，他們向我保證過去嚴格多了。捕捉海龜所有的規則和限制，其起源都跟「欄甲」有關，那是宰殺、烹煮、食用海龜的祭壇，也是保存並展示龜殼和海龜頭顱的地方。不過為了讓事情簡單點，有些人決定停止使用祭壇，看看這樣是否還能捉到海龜。實驗成功了，因此（我的報導人說）祭壇逐漸消失，限制鬆綁了。

然而，無論欄甲是否存在，人們依舊遵循大部分的規定：在海龜還活著時撬開龜殼、切分龜肉，確認血不會滴到地上；不用鹽巴、特意分開放置女性禁食的部位、不在市場賣龜肉、繼續把海龜的頭展示在靠近房屋的圍籬或屋頂。人們說，這麼做標誌了他們是斐索。另一方面，把習俗變得較「簡易」也意味著，如果他們無法遵守一個伐里時，不再有「當場死亡」的風險——這也是為何一個年老的婦女在她兒子給她一塊龜肉後，可以在次日把龜肉藏在籃子裡，帶到市場賣掉卻沒事。

一如我的朋友們所說，斐索人對習俗與禁忌如此「輕鬆從容」——樂於找法子繞過顯然太困難的伐里，或願意將他們覺得太辛苦的習俗鬆綁——也是習俗與禁忌理應是什麼很不明確的原因之一。我曾目睹數不清的辯論（不全然是、或多數不是因我的好奇而起），為了進行特定儀式的正確方式、適當時機、應該邀請來參加的人有哪些等等爭論不休。有一回，在冗長無果的討論後，有人提出或許我知道正確答案，因為我已經密集學習斐索習俗有一段相當的時間了。

一個參與討論的人後來告訴我，之所以會有如此頻繁的死亡，原因之一是因為他們不知道如何合宜地行動。有趣的是，中介生者與死者、被稱為「哈殊滿加」的老人，特別易受傷害，經常有死亡的危險；因為要是生者的惡行讓祖先不高興或生氣，哈殊滿加就是他們最有可能發洩怒氣的對象。因此如果儀式擇時出錯，或事情的次序有誤，哈殊滿加很可能會「當場死掉」。有一次，因人們爭論儀式是要在黎明還是黃昏舉行，獻祭給祖先的食物延遲了超過一週。這插曲的重要性在於，每個人都了解，只要犯一個錯就可能會讓哈殊滿加沒命，但沒人期待他知道問題的正確答案。哈殊滿加因此處境尷尬：他被視為傳統知識的寶庫，但該知識卻是無法得知的。他的權威與權力本應根基於其知識的「難度」，但卻又因為他無可避免會觸犯危及生命的錯誤而備受質疑。

婚姻中的羈絆和束縛

斐索習俗的「簡易」降低了「隨時可能（因犯錯而）死亡」的危險，但也意味著更多的個人自由。在婚姻中，這一點尤其明顯，結婚被視為斐索人最簡易的習俗之一（「在斐索內，結婚很簡易」[18]）。之所以「簡易」，是因為婚禮只需要幾公升的蘭姆酒（「一瓶酒就了結了」[19]），就可以建立婚姻關係，「習俗就完備了」[20]。

婚禮中，新郎及其長輩負責提供飲料給新娘那邊與會的親戚們。男方會帶來一罐在地生產的蘭姆酒、幾瓶合法蒸餾的蘭姆酒，還有四或五瓶汽水。[21]因為婚姻如此便宜[22]（例如我的一個親戚舉行儀式只花了二十五ＦＭＧ，約莫是一天的漁獲收入，他的丈人還稱讚他提供了這麼多飲料）[2]，人們結婚「只是為了開心」[23]，就跟「出去散個步」一樣。[24]

結婚很「簡易」意思是，斐索男人和女人一輩子陸陸續續可以結褵「二十個配偶」。貝塔尼亞的朋友喜歡跟我說他們曾有過的妻子或丈夫、情人和小孩的數目，然後看我驚訝的樣子。我請摩提（一個三十歲男子）說說他的戀愛和婚姻，他承認有點記不清楚「這裡和那裡」曾經有過的所有情人。於是我們一致認為只要算那些有舉行過結婚儀式的女人，以及有「落

2 ＦＭＧ是「Franc Malagache」的縮寫，為馬達加斯加一九六三年自法國獨立後開始使用的貨幣，至二〇〇五年由新幣「Malagasy aiary」（ＭＧＡ）取代。

下(他的)孩子」的情人就好。摩提的第一則記憶是大約在他十五歲、守夜時遇到的女子,雖然她沒有成為妻子或情人,但他記得她,因為那是他第一個發生性關係的女人。接著,他提及頭一個懷了他的孩子的女人。她在她父親的家中產子;一個月後摩提舉行了結婚儀式,該女子搬來貝塔尼亞與他同住。過了一陣子,摩提決定要到政府機關登記,讓小孩取得相當於身分證的證件,但那個女人不准他去。她說,因為「這孩子不是你的孩子」。[25] 摩提認為這些是「難聽的話」,兩人因此發生爭執,他把女人趕走,她帶著孩子離開了。很快地,他在貝塔尼亞南邊沒多遠的羅佛貝找到新的情人。這名女子跟他生了一個孩子,但他沒有舉行結婚儀式,女人也從未來此與他同住。然而當嬰兒病重時,孩子的母親到貝塔尼亞來找摩提,摩提陪她去了醫院,而孩子後來在醫院裡過世。兩年後,摩提短暫交往過的一個情人生了另一個孩子,同樣也沒有舉行結婚儀式。三年後,一個來貝塔尼亞探親的女子成為摩提的情人,跟他生了一個孩子。摩提想把孩子留下,但女人拒絕了。幾個月後,交往一年多的情人帖莎搬來與摩提同住,他們三年後才舉行結婚儀式,而在那之後這最後一任老婆懷孕了;當我離開貝塔尼亞時,帖莎仍與摩提住在一起。

雖然我細述的是一個男人的生平,但也可以同樣地以此報導女人的一生經歷,例如一個和五個不同的男人結婚、離婚,跟第六任(也是現任)丈夫分手又重圓三次的女人;或者是帖莎,她二十四歲時、在搬來與摩提同住前就已經結過一次婚,跟另外兩個情人有兩個小孩。

因此，雖然斐索男人可以輕鬆支付便宜的結婚儀式費用，斐索女人實則也從婚姻的「簡便」中獲益。當我向他們解釋先前在史瓦濟蘭田野時觀察到的婚姻安排，丈夫要給未來妻子的娘家十頭或更多頭牛，許多女性友人都斷言史瓦濟蘭「習俗對女性很苛刻」[26]。她們認為在那種情況下，女人的親戚會強迫自己的女兒和姊妹留在婚姻裡，不然他們就得把牛給還回去。相對地，斐索女人認為她們對男人非常不順從，因為如果她們想要離開，男人根本無法阻止，也沒有任何人能夠阻止。

無論從男人或女人的觀點來看，斐索婚姻最重要的特色是，不會將一個人與另一個人永遠束縛在一起：習俗簡便，因為婚約很容易訂定，也很容易取消。[27]相反地，如果這樁婚姻曾跟政府官員註冊（如果有「寫下來」），離異就會變得很困難。人們告訴我，就是因為這樣，「斐索人不喜歡透過政府締結婚約」[28]。一個懂點法文、喜歡找我練習語言的貝羅朋友說，斐索人偏好他們自己「簡易」的習俗，因為他們喜歡「libre」（法文：自由）。其他人也有類似的看法，他們表示斐索人避免到政府「寫下」婚約是因為「他們不喜歡羈絆和束縛」[29]。在此脈絡下，斐索的簡易婚姻，可視為建構不相束縛的私人關係，較為常見的一種做法。

只要婚姻持續下去，就創造了兩組原來不相關的人（字面意思為「不同的人」，見第六章）

之間的關係。透過婚姻，這些人取得了新的（姻親）角色，相互之間重新定位自己。斐索人強調此定位帶來了平等，因為婚姻是「一個女人換一個男人」[30]，失去女兒的一方得到一個兒子，反之亦然；結果「無人在下、無人在上」[31]。這種平等原則可從親家之間的親屬稱謂清楚看出。人們告訴我，他們較少用親屬稱謂，而會使用親從子稱[3]的方式來稱呼，雙方姻親家長應被視為同胞，因為他們透過子女的婚姻而連結在一起。兩群人如同手足，彼此平等，因為他們建立了平等的交換，兩邊都對彼此說：「這是我的孩子，不是我的、而是你的了。」[32]每方都尊敬另一方，因為每方都有孩子與另一方結婚（「我尊敬他們，因為我的孩子與他們的結婚；他們尊敬我，因為他們的孩子與我們的人結婚」[33]）。

然而，即使這些都在在強調平等，婚姻還是可視為「抬高」一方、「貶低」另一方的行為。有一回，有個老人開始闡述婚姻的平等，用了許多前段提及的說法，某個在附近修理魚網的年輕男子打斷他，指出「他們（老人女兒的公婆）的懇求，把你（老人）的地位抬高了」[34]。他認為這個例子中老人居於優位，因為準姻親須來向他請求，才能娶他的女兒[35]，要取得女兒生的小孩也必須再來問他，且舉行儀式[36]（見第六章）。老人同意這位年輕人的說法（「對，是真的」[37]），但又再次重申婚姻中「無人在下、無人在上」。

這段對談，初看似乎沒有結論：儘管年輕人質疑締結婚約的雙方有任何平等性，老人依舊堅持平等的存在。事實上，兩個陳述是互補的。年輕人關於給妻者地位提升的說法，其實與「無人在下、無人在上」的說法並不矛盾：「討妻者」向「給妻者」請求、且朝向給妻者移動的行為，提升了給妻者的地位，事實上正是讓雙方能夠平等的原因。[38]

對斐索人來說，合宜的婚姻應是從新居或從夫居，由新郎將女人帶到他的家中居住（後面會討論從妻居的情形）[4]。從女方觀點來看，此種婚姻涉及一個女兒或姊妹離開的移動；雖然婚姻被描述為彼此間的交換，交出一個女兒，換得一個兒子，但女人向外的移動並沒有因男人向內的移動而獲得彌補；女人的移動實際上的確造成女方的損失。然而，在她移出之前，新郎及其親人得要移動至女方「求／討」妻。

如這位年輕人所說，這種方向的移動讓給妻者的地位（暫時）較具優勢。而此移動將重複多次，每當女婿與妻子一起或單獨造訪岳父母[39]時，他就得要再演一回頭次造訪時、向未來岳父母方移動、懇求給妻的情節。在這些向岳父母示敬的造訪中，女婿（身分）再一次被「貶低」了。女婿的劣勢並不會表現在岳父母明顯的權威展示，而是透過女婿細緻的肢體語言或語氣上的改變（得知），以及造訪的原因和時機來表達。

3 親從子稱（teknonymy）為「父母隨子女用同一稱謂稱某些親屬的習俗。例如父親隨子女稱妻子的兄弟為舅，母親隨子女稱父親之姊妹為姑等。」（文化人類學辭典，頁一〇四）

4 從新居（neolocal）指的是婚後並非搬遷至夫或妻任一方居住，而是兩人另外建立新的居所。

岳父母在這些場合的優越性來自於他們留在原來的地方，迫使女婿移動過來。一旦拜訪結束，女婿再度離開，如同頭一回「懇求給妻」的情況。現在反倒是女婿成了「占上風」者，女婿相較於岳父母的優越性來自於一開始那次帶走妻子的向外移動。女婿們朝向或離開岳父母的、規律如鐘擺的移動，達致雙方的平等（「無人在下、無人在上」）。

若雙方的平等是透過女婿一來、一往的交互移動所達致，也就很容易明白，為何很少發生相反的情形——岳父母很少造訪女婿。不消說，當岳父母為了某些原因得去拜訪女婿——例如受邀參加第八章提及的「為死者工作」，外出造訪的團體會設法中和其中可能出現的劣勢，重申其（暫時的）優越地位。因此，當多數受邀參加「工作」（亦即「為死者工作」）的人會贈予主辦人小額現金當作獻金，岳父母則會給予一頭活牛或整箱啤酒；此種以貨代款的獻禮，會引發一系列讓貢獻物的重要性與不尋常性質受到注目的事件（見第八章）。尤有甚者，以吹噓、挑釁的方式給獻禮，是為了向大家展現來訪團體對完成此項「工作」有重要貢獻，從而羞辱了收禮者，抵消了岳父母作為訪客的弱勢地位。女婿這方則會特別小心看顧他們，提供許多飲料表示敬意。在此種時空脈絡下，女婿得降低作為主人的優越性，在收受岳父母獻禮的前提下，維持微妙的平等關係。

此種將階序對立相互抵消、達致平衡的反例，則是當女婿受岳父母之邀，參加類似「為死者工作」的儀式。一般來說，女婿得到岳父母主辦的「工作」送禮，表示對他們的尊敬；

但他也要小心，獻禮不可以大到蓋過岳父母。有一回，有個女婿偏偏試圖那麼做，他在到訪時宣布自己會以一頭牛作為獻禮，較其他人能負擔的都要來得大。他的岳父對此反應非常直接：他大吼說沒有人尋求女婿的幫忙，也不需要女婿才能成功完成「工作」；那位女婿於是被斥責離開。[40]後來，雙方同意女婿和岳父都喝太多了，那些互罵的難聽的字眼不是真意，就此不提這件事。然而大家都很清楚，這個女婿的行為不合宜，因此錯的是他。他未能在應該被岳父母「貶低」的情況下尊敬地、順從地行動；人們不斷重複這一點：如果一個人從另一個人那兒取走妻子，他就永遠得在造訪時，跟他們輕聲說話。

這些例子顯示，當斐索人說婚姻是平等關係，「無人在下、無人在上」，他們並非不承認婚姻造成有人在下、有人在上的階序關係。然而，他們強調這種階序關係存在於特定地方、特定時間點，要看其脈絡而定。指出「給妻者」較優越，與婚姻形成平等關係的說法並不衝突，因為這兩項陳述分別從不同的視角出發、彼此互補。一方面，把婚姻放在特定的時空下設想，它的確被解釋成一種階序關係；另一方面，若把婚姻設想成一種過程，其中相反的階序脈絡相互抵消，提供了中立的平衡，因此它也被建構成一種平等的關係。我們將會發現，從妻居對斐索人來說是個很大的問題，就是因為它缺乏透過移動而形成的脈絡化，也就是缺乏平衡。

從妻居被認為是「不好的婚姻」，違反習俗，又很丟臉。人們慣常說的「男人跟隨女人」[41]，即點出此空間特性。斐索人不喜歡這種婚姻原因在於，人們毫無懷疑地假定所有的婚姻經過一陣子後肯定會以分手收場。一對夫妻吵架分開，無論是暫時或永久的，「跟隨」另一方的伴侶得離開對方的家。習慣上較恰當的作法，是女人「把她的東西放到頭上」[42]回到親人身邊，因為「男人離開時肩上扛東西很丟臉」[43]。不過如果「男人婚後跟隨女人」，當然就會發生那種狀況了。因為他先跟隨女人，而後被迫離家，「男人就像個女人」[44]。

從妻居的定義及其會讓人感到丟臉的解釋，強調了此種結合帶來的移動。因為若是男人跟隨女人，女婿會一直停留在前去向岳父母懇請給妻的位置；除了離開妻子、或被妻子趕走，他會因此永遠留在同樣的位置。然而如果是另創新居、或從夫居，他只會在造訪岳父母時暫時處在那個位置。從夫居時，造訪（岳父母）的女婿在入內拜訪與離外居住間擺盪，而從妻居的男人則卡在同樣的地方。因此進入婚姻的女婿經歷的，不只是在特定且暫時的侷限脈絡下屈服順從，屈服順從是其生活永遠的特色。

從妻居雖然被污名化為「丟臉」，進一步的探究還是會發現人們態度上微妙的差異。人們會說，接納方的岳父母喜歡這種型式，因為他們需要人手幫忙。相反地，人們假定進入方的男子應該不喜歡這樣，有幾種理由：男人隨時活在被趕走的恐懼中，也沒有權力，因為「房子的主人」是岳父母而不是他，岳父母會對他呼來喚去[45]，讓他被迫過勞工作。

如果一個「跟隨」女人的男人可預期會被剝削到如此地步，一開始為何要進入從妻居的婚姻？答案是，他是個遊手好閒的人，或者我們可以將他描述為「跟隨影子的人：如果影子在西，他就往西；如果影子在東，他就往東」[46]。男人「跟隨女人」的唯一理由，是他實在懶得自己蓋房子，一棟蓋在他親族地方或村中其他空地、女人和女人的財物可搬進去的房子。蓋新房既簡單又便宜（有人告訴我摩洛法西不到一週就可以湊齊蓋房子所需的木材），一個聰明（！）的年輕男子會在結婚前蓋好房屋，這樣當他準備開始「找老婆」，就有可以容納她的地方。

不過我發現這套解釋有誤導人之嫌。當我詢問一些關於從妻居婚姻實際生活上的問題，人們承認大部分「跟隨女人」的男人都來自遠方。新搬來的男人沒有在地親戚可依靠，多半會選擇搬入伴侶家，而非孤零零地住在自己的房子裡，這一點頗可理解。（當然，如果此名男子不是斐索，在學會如何當個斐索時更是如此。）[47]然而即便有這些反例，人們依舊堅持「跟隨女人的男人」根本就是「閒散懶惰」。

但更靠近觀察他們就會發現，宣稱男人只有因為懶惰才會從妻居的說法其實根本自相矛盾。岳父母可因此取得額外人力，有人可以使喚、有人可以幫忙，而他們占的這些便宜都會因「懶惰的女婿才會甘願住到女方家」這種說法，而打了個折扣（如果還沒有完全抵消的話）：搬進來的不是個**超級兒子**，[48]而是個沒用的**超級懶鬼**。的確，人們滿常承認自己家是添了個無用之人。

儘管如此，住到女方家的女婿都是懶人這種假設，破壞了這名男子原本預期的，自己即將進入一個充滿依賴、畏懼和剝削的簡單關係；同樣地，這也破壞了岳父母所占的優勢。因此，雖然他的婚姻不會全然平等，懶惰這一點倒是暗損了階序。當然，這種強調男人**只是**因為懶惰，才把自己放置在與岳父母間的次等關係的理論，其實也是在告訴他，這是個可以從依賴和丟臉的權力關係中釋放的簡單出口：不要再懶下去了，搬出去吧！男人這麼做即可釋放自己，讓自己從下位的羈絆和束縛中解脫；他能重新脈絡化階序，將特定時空點的不平等位置加以轉化，如鐘擺運動，最終達致整體長期平等的關係。

關於國王的故事

然而「羈絆與束縛」的概念無法一直任人操弄和脈絡化。接下來探討斐索人如何利用他們對撒卡拉瓦國王（龐加卡）統治的追憶，回應這種**毫無**彈性的限制。一如所有的權力和權威掌控者，對當今斐索人來說，龐加卡暴力、不可理喻，且無法控制；[49]而面對龐加卡的霸道與要求其臣服的命令，斐索人逃了。他們今日對過去的記憶，特別著重逃離的部分。

當我詢及「斐索人過去是否曾被撒卡拉瓦國王統治？」[50]得到的標準回答是：白人來到馬達加斯加之後，就沒有國王了[51]，言外之意是討論不復存在的事情沒意思，他們也沒興趣。雖然憑著我的堅持不懈，有幾回成功地把朋友們的注意力拉回過去，然而還是沒有對斐索人與撒卡拉瓦王朝的關係得到一致性的描繪。因此，在「斐索人沒有國王」[52]這句陳述之後，人們可能會接著說：如果國王要求進貢海龜或「鯡洋鯕法」(單角鼻魚)，斐索人不能拒絕，因為國王很粗魯暴力，會殺掉所有不順從的人；另一方面也有人說，事實上，撒卡拉瓦國王一直都對斐索沒什麼興趣，因為「斐索人沒有財富，沒有稻田和牛隻」[53]。還有另一回，有人告訴我以下這個故事，說明了龐加卡的愚蠢。有一天，國王到斐索村莊來收貢品。村民給他一整籃高品質的乾魚[54]；但因為龐加卡很怕被臣民毒害，於是要求村民把魚泡在水裡，還要某個村民把泡過魚的水喝掉。那個村民通過試煉，於是國王把魚帶走了；但魚乾當然已經毀了，「真是愚蠢的浪費！」

然而關於過去的國王和王國之類的問題，多數報導人都回以一則老掉牙的反抗故事：「如果國王來到海邊，斐索人就出海，因為他們懶得在村子裡等著見他。」[55]雖然文獻中的確經常描繪，斐索人跳上小船，逃離國王與敵人；[56]然而我關心的不是這種說法歷史的正確性，我想了解斐索人宣稱其逃離的**對象**是什麼。因此我聚焦在龐加卡與其斐索臣民會面的場景：龐加卡來到海邊時，他到底做了什麼？

我的報導人回憶到，龐加卡來此有兩個原因。首先，來收貢，多半是典型的斐索財貨，例如海龜和某些特別珍貴的魚。[57]但他們也來「調查人們的祖先」，也就是詢問他們的祖先是誰、從哪裡來。這解釋了為何我頭一次想寫下一個老人的系譜時，對方有點挑釁地質問我，是不是自以為是龐加卡。

納貢給龐加卡是表達歸順、證明自己是臣民的方式；因此當斐索人出海、而非滿足龐加卡的要求，事實上也就是拒絕臣服。但龐加卡為何會想「調查人們的祖先」？斐索人為何會對此焦慮、不想被被問到這個問題？第一個問題還沒有答案，我已經收到第二個問題的回答，又是「斐索人不喜歡羈絆和束縛」。

為了更進一步深究此議題，釐清這些說法中的意涵，我們得先暫時轉至關於撒卡拉瓦王國的文獻，尤其是王國與其臣民關係的分析。雖然如藍巴、菲力哈尼克、巴瑞、史雷梅和佛洛斯等學者的研究取徑相當不同，且南方與北方王國的政治與儀式組織相異，[58]但所有研究都有一個共同的主題，可以「認同政治」來含括。簡要地說，征服帶來了新的社會與儀式秩序，在此秩序中，原本獨立現在卻成為臣民的，都只能以征服者王朝的標準來界定自己，一切以王朝為中心。此種認同重新定義發生的領域，即為歷史。[59]

跟其他馬達加斯加人一樣，撒卡拉瓦人區分兩種關於過去的敘事。「安卡諾」[60]是關於植物、動物和人類的故事；敘說時，說者與聽者都會強調這不是真實的、是虛假的故事，這類故事的主要特徵是無時間性。[61]相反地，「談塔拉」是過去真實發生過的事，一般關乎祖先，透過時間與現在相繫，講述「實際發生過的系列事件，按照過去到現在的時間排序」[62]。如同菲力哈尼克所言，「歷史（談塔拉）並非平均分配，因為擁有歷史象徵了擁有政治宗教權力和權威」[63]。因此，「對撒卡拉瓦整體而言，唯一重要的談塔拉是撒卡拉瓦王朝的歷史，從其起源到今日的位置」[64]，而對個別撒卡拉瓦人來說，唯一重要的談塔拉則是追述他們與其祖先如何成為王朝中的貴族或勞工[65]。唯有透過與王朝的連結，被定義為王國的臣民與成員，人們才能被安置於「歷史」中（這裡指的是**皇家**的歷史）。

現在可以回過來談斐索人看到龐加卡到海邊「調查他們的祖先」時，跳上船逃走這件事。從「歷史」在皇室與臣民、以及不同臣民之間分配不均的觀點，比較能察知龐加卡（所作）的查問，其深層的**政治**意涵。問人們祖先是誰、從哪裡來，等同問他們的「談塔拉」；龐加卡調查人們以系譜來自我宣稱的「歷史」，是一種將那些「歷史」重新定義為龐加卡自身的、皇家的歷史之一的方式。因為「歷史」承載於系譜，「調查人們的祖先」就是一種透過納入王國的歷史，將先前自治的人群，轉化為王朝臣民的方式。斐索人上船出海、拒絕納貢、拒絕向龐加卡揭露祖先是誰、從何處來，是為了避免被吸納進王國之中。因為在撒卡拉瓦之下，唯一的「歷史」已經變成皇家歷史（將人們配屬到一連串的皇室事件中）；斐索人拒絕「撒卡拉瓦歷史」，也是拒絕這種「歷史」。

在斐索人記憶中，逃離龐加卡構成了對他們向來都不喜歡的「羈絆和束縛」，一個很明確的堅持。這也可被解讀為對其當下身分認同的強力陳詞。我們看到，斐索人或為真實、或純想像的逃逸，其結果是將「歷史」從他們身上剝奪。菲力哈尼克寫道，沒有歷史，或者「失去歷史」會有災難性的後果，因為「失去過去，一個人也將失去現在的身分認同」[66]。當然，這個論點只有當人們是透過參照過去、建構當下的身分認同時才成立，且只適用於「歷史」塑造了他們是誰的情況。在此情況下，人們因其祖先是誰、透過龐加卡的調查而被肯認。一旦我們接受了身分認同不需被過去定義，斐索人逃離龐加卡的調查所達致的，不是失去認同，而是一種充滿反抗精神的主張，主張認同的另類定義；也就是人們「即是」他們現在的所作所為，而非由他們自己、或其他人的「歷史」所決定。

抵抗固著

本章各個段落都有一致的主題，就是斐索人不喜歡在不同脈絡和經驗範圍中遇到的「羈絆和束縛」，因而發展出對這些限制特別的抵抗、協商和迴避策略。

斐索人知道從過去而來之傳統、規則和禁止事項的限制力量；他們將此力量視為「困難」，人們甚至可能因此而死。然而斐索人宣稱，由於他們柔軟的本性，他們無法適應太多「困難」的事情。如果他們依照規定，遵守每一個「風巴」（習俗）和「伐里」（禁忌），會覺得「隨時都死定了」。他們因此有意識地**選擇**了自己實際上可以忍受多少傳統裡的「難事」。這種有意識的深思熟慮，倒反了規則和限制是被「社會」強加到成員身上的整體性假設。風巴和伐里並非繼承而來、無可轉圜地形塑和定義了行為的限制，而是可操弄的——可以將之溫和化、輕鬆化，以符合斐索人的特性與傾向。傳統一旦有了商量的餘地，就不再是個很重的負擔。雖然斐索人承認習俗很「困難」，但人們很「柔軟」，這決定了他們能確實承受的限度，讓他們能享有高度自主權，務實地決定哪些過去的習俗現在仍要遵循。透過有效地利用其「柔軟」，斐索人能在實際上鬆開過去加諸他們的「羈絆和束縛」。

類似的策略也用於婚姻的脈絡之下。雖然斐索人的婚姻習俗很「簡易」，不會把雙方永遠綁在一起，卻依舊形成了有「上」有「下」，失去女兒和多了妻子的不平衡關係。婚姻將人們卡入一個有可能持續一段時間的位置；婚姻定義了角色，限制了行為。而斐索人解決此難題的方式，是將那些會產生優勢、次等角色和行為的情境，限定於某個脈絡與時間之內。結構上不平等的位置，會不斷地在當下被重新定義。如同複雜的巴洛克舞蹈，討妻者和給妻者相互靠近、遠離，將在「下」的抬「上」、在「上」的降「下」。透過將婚姻中「困難」和固著的面向脈絡化，斐索人再次消除了在時間中持續的「羈絆和束縛」。

與此極為類似地，即便今日龐加卡的勢力不再，斐索人仍謹記他們逃離龐加卡的歷史，其實也就是逃離宣稱建立、且控制人們身分認同的權威來源。撒卡拉瓦國王不只強迫人們納貢，還因無知和愚蠢浪費了貢品。他們也運用勢力告訴人們「他們是誰」；或者更精確地說，他們告訴人們：你們只是眾國王控制和連結下普通的、「歷史」的碎片。不過，如同斐索人今日所指出的，他們以前根本懶得理會龐加卡，直接起身離去。他們善用自己的移動性，以及和土地缺乏實質連結的特質，再一次拒絕讓過去決定現在。

譯者補充

生產、婚姻與性別意象

本章提及斐索人盡力避免現在被過去所羈絆，習俗與婚姻，是其中兩個相當重要的範疇。雅斯圖堤在一九九三年的另一篇論文〈孕期食物：西馬達加斯加斐索人的生產、婚姻與性別意象〉（Food for pregnancy: procreation, marriage and images of gender among the Vezo of Western Madagascar）也討論過相關議題，值得補充參考。

首先簡要描述民族誌的層面。斐索人有一項特別的習俗，男人要是吃了不該吃的東西，可能會生一種病，叫做「汗尼伯氣」，其實就是胃脹氣。「汗尼伯氣」病因並非特定的食物，而是家戶中的女性成員若私下有戀人，她將戀人贈送的禮物（譯按：例如魚）給予男性成員吃下，就等同男性成員轉接收了此禮物；而對這些男性來說，禮物就是會造成不適的「髒東西」。「禮物」在此隱喻精液，因此家戶中這些男性成員相當於從女性處得到「精液」，但他們體內沒有子宮可吸納，於是就發生了腹部隆起、如同懷孕般的生理現象——「汗尼伯氣」亦可說是男人擔心吃了不該吃的東西而懷孕。

相反地，家戶內的女性成員就沒有這個問題。

因此，如果一位女性成員的戀人尚未公開，她的男性親戚就有得到「汗尼伯氣」的風險。幸好「汗尼伯氣」有個預防針——結婚。當家戶中女性成員的戀人向女方親人公開彼此的關係，懇求與她結婚，經過特殊的儀式「索利責」，骯髒的食物就可化為健康的食物。「索利責」字面意思為「溯源」，此儀式在女方長者家舉行，以白粉筆（白土）在男性成員（不分老少）的肚子和右手臂上畫線；白線（視為藥）全部畫好後，這些男性成員才可以首度接受新郎贈予的食物（蘭姆酒、啤酒、氣泡飲料等），不會再有得到「汗尼伯氣」的危險。女性成員也會在場觀禮，但她們沒有畫白線的必要，因為她們本來就不會得「汗尼伯氣」。

「汗尼伯氣」是種有「性別差異」（gender-selective）的病，只有男人會得。他們得病的原因，是生理上與女性的不同，使其無法容納精液；這裡意謂著男女分類上的差異。但男人得了「汗尼伯氣」就像懷孕，而男性有懷孕可能性的這個概念，又與前面所說相反，表示男女在分類上是沒有差異的。不過男人懷孕和女人懷孕不同，害男人懷孕的「汗尼伯氣」是種足以致命的病，由此看來，男女還是有分類上的差異，需要透過儀式（只有男人需要畫白線）來處理，並以此再次確認了兩者的不同。性別差異、與無差異，實乃一組相互建構的關係。此外，「汗尼伯氣」得要吃了東西才會得到，也呼應了斐索人強調行動的概念。

雅斯圖堤以這個民族誌案例探討性別人類學的課題。亞納吉撒卡和科利爾回顧人類學性別研究的進程，從提問「男女不平等是否普世皆然？」、「男性」與「女性」的分類是否在所有社會均可套用到相同的「自然」對象；以及自然／文化、私領域／公領域，是否會因文化建構而在不同社會有所差異等，[5]她們認為，男性與女性的差別將是接下來的重要課題——研究者應跳脫將這兩者視為人類**自然**的分類，其差異結構了關係，而是透過不同民族誌案例，探討造成差異的**社會文化**過程。[6]雅斯圖提並非質疑亞納吉撒卡和科利爾性別社會建構論的立場，而是再往前延伸，認為一個社會是否區分性別差異，需要同時關照「區分差異」與「不區分差異」的**脈絡**。我們若是只強調「區分差異」，將看不到全貌，因為兩者實乃相互建構。

第六章的譯者補充將繼續從另一個面向，做性別理論的探討。

5 S. Y. Yanagisako, J. F. Collier, 1987, Toward a unified analysis of kinship and gender. In *Gender and Kinship: Essays toward a unified analysis*, edited by J. F. Collier & S. Y. Yanagisako. Stanford: Stanford University Press, p. 278.

6 S. Y. Yanagisako, J. F. Collier, 1987, Toward a unified analysis of kinship and gender. In *Gender and Kinship: Essays toward a unified analysis, edited* by J. F. Collier & S. Y. Yanagisako. Stanford: Stanford University Press.

5

間奏曲
Intermezzo

斐索人很柔軟。他們的習俗簡易，禁忌也不多。他們不喜歡羈絆和束縛，所以透過複雜的操弄策略來避免。當國王束縛的力量太大，無法被操弄或脈絡化，斐索人選擇逃離，以免被決定他們是什麼人。斐索人是在海裡尋找食物、求生存的一群人。但他們不聰明，所以無法從過去經驗學習、也無法事先計畫未來；而這讓他們異常容易感到驚訝。他們是住在海邊的人，知道如何游泳、造舟、駕船、捕魚、吃魚、賣魚，知道如何在鬆軟沙地上行走而不會氣喘吁吁。他們是身上有「斐索記號」的一群人。

斐索是做什麼而「是」什麼的人。他們的身分認同（斐索性）在於行動，而非存有的狀態；一個人要「踐行」才能「是」斐索。當人們學習斐索性，他們學會「當」斐索；當他們有技巧地踐行，他們非常斐索；當他們只有斷續踐行時，他們在某時刻「是」斐索，而下一刻可能是瑪希孔羅；如果他們不再踐行，就停止「當」斐索。人們是否能「當」個斐索，取決於當下的行為；因為只有在當下，他們才能做斐索。

斐索是不被過去所決定的人，只有當下的行為，才與他們「是」什麼有關。過去的身分可在一瞬間脫去：只因航行時犯了一個錯，或是捕魚時暈船；只因從內陸搬到海邊，或生計從務農變為捕魚。當人們透過當下新的行為擺脫過去的身分認同，他們的身體也會脫去以前的痕跡；從前的痕跡消褪，身體銘刻了新的身分認同。

斐索人可說是透明的人，因為他們缺乏時光之流的沉積物。斐索人有個輪廓、卻不會定型；他們學得經驗跟知識，卻也立即遺忘；他們宣稱自己不聰明，無法從過去學習；他們覺得過去的拘束力量太「難」，要不是用自己的喜好傾向將之改造，要不乾脆逃離。斐索人是透明的，因為他們現在「是」什麼，不是過去事件的結果；對斐索個人來說，過去不會成為歷史，因為透過每日點滴，重新塑造了人「是」什麼。

回到一開始讓我認識到斐索身分認同理論的那個陳述：「斐索不是一類人」。如本章一開始的解釋，這句話的意思是，斐索不是生而斐索。如果要在一個斐索人的「裡面」尋找斐索身分認同，你找不到；你只能看透，如同視線穿過透明之物，因為一個斐索人「裡面」沒有什麼恆久的斐索核心。只有看人們於當下做什麼，才能察覺斐索性。

然而斐索不全然是透明的，斐索「裡面」還是有一區並非透明，有歷史的沉澱：過去會在人們身上留下無法脫去、不會褪色的疤痕；這是人們從祖先那兒取得，經歷時間仍持續不變的、天生的性質，存有的狀態（state of being）。不需踐行而得，因為**已經存在**，存於當下之外、超越當下。這種不透明是人們「裡面」的「類屬性」的碎片，除此之外，其他都是「非類屬的」。

我們現在就轉向這個斐索人的不透明地帶。接下來三章將探看斐索人的「類屬性」，看看他們如何、在何處，以及何時體會到不透明。且讓我們透過一個老人的協助，從分析讓「類屬性」可見的背景開始。

6

現在與未來的親屬

Kinship in the present and in the future

現在的親屬關係

達地拉其（阿公）很老了。他不知道自己哪年出生，大概是一九〇五年吧。[1]阿公很累了；他整天坐在幾年前札比（孫子女）為他蓋的房子前面。他忙著用孫子女們蒐集來的小鐵片製作刀子。他在一塊石板上敲打鐵塊，三不五時停下來喘口氣，有時做一做就睡著了。孫子女們笑他睡覺的時間比打鐵還多，所以完成一個刀片得花上好幾天，而完成刀片後才能開始刻手把。雖然阿公幾乎沒辦法從待著的屋子走到不過十公尺外的廚房，他卻說如果找得到伴，他要去釣魚。他的女兒則在一旁提醒他腿有多弱、背有多彎。幾小時後，夜幕低垂，一小群人聚在他身旁，聽他講述年輕時在海上的

1 作者在本章敘事中，以「dadilahy」這個親屬稱謂來稱呼主要報導人，有親暱之意，「dadilahy」原意是「grandpa」，筆者譯為「阿公」，以下均以「阿公」稱之。對應「grandfather」則採用較為正式的「祖父」，以與「阿公」區隔。其他親屬詞彙亦然，例如採用「父親、母親」而非「爸爸、媽媽」，來表示較為分析性的親屬詞彙。

諸多冒險故事。他描述風、潮、浪，以及帆的位置等細節，簡直不可思議地準確。聽眾們豎起耳朵聆聽他老弱的聲音，因為他的故事總是非常迷人。孫子孫女們說他是個很好的說故事的人。

阿公也知道其他故事。他知道人們如何彼此連結，「如何變成親戚」[1]。阿公知道很多關於「匹隆勾阿」（親屬）的事情，因為高齡，從他身上能追溯匹隆勾阿幾世代來是如何建立與擴張。我在貝羅花了很多時間跟阿公聊天，經常打斷他的工作，因為他無法一面打鐵一面說話。我們多半都在討論親屬，阿公對我很有耐心，如果我問了沒意義的問題，他會花時間解釋那為什麼沒有意義；如果他覺得我自以為是，他會溫和地引導我提出真正相關的問題。他似乎完全了解我的疑問到底是什麼，並給我答案。

然而剛開始時頗讓人氣餒。我坐在他前面，手上緊抓著大本筆記本，請他列出所有親戚、每個和他有關係的人；我想知道他們的名字、和他有什麼關係？阿公不可置信又惱怒地看著我。他大概在想，我怎麼會以為這本小得可憐的筆記本，有任何一絲絲可能裝得下他的親屬名單？

的確，我早該知道的。我最常聽到關於斐索親屬制度的說法就是「斐索人有非常多親戚」[2]。如同阿公告訴我的，這是因為斐索人有父親那邊、也有母親那邊的親戚[3]；換句話說，因為他們不區分是父親那邊或是母親那邊，「隆勾」（親戚）包含所有可以追溯到同代連結的人——包括「同一個母親（和／或）同一個父親」[4]者，或其後代。

我把擾人的筆記本擺到一邊，阿公開始著手以他的方式教我「匹隆勾阿」。他先解釋為何晚上聚集到他家的這些聽眾、還有那些帶小鐵片來給他做刀子的人，都算是他的孫子孫女；而後解釋為何這些孫子孫女彼此是「隆勾」，因為他們都有共同的世代起源（他或他的上一代）。阿公首先讓我往下看他的後代們，再來指出他的後代們如何先往上看到他，然後往旁看到彼此。阿公秀給我看的是一個「無性別的」關係系統[5]，其中強調人與人之間的共同性，大於他們的性別差異。

換個方式說，這表示在這個親屬體系中，沒有性別的差異。我學會從阿公和他孫子女的視角來看匹隆勾阿之後，發現在此領域中人們是性別盲。斐索人其實很清楚、甚至強調男人女人在創造下一代時不一樣（男人把精子置入女人身體，但女人辛苦地提供嬰兒在其體內時的吃住），因此女人被認為是「小孩真正的來源——起源——因此也是所有者」[6]。然而他們也積極將此差異轉化為相同之處。他們藉由舉行一套繁複的儀式達成轉化的目的，其中詳細闡述與定義了性別性與無性別性彼此之間的關係，如同兩種相互構成而非彼此矛盾的屬性[7]。而其結果正是我們於此討論的，匹隆勾阿的無性別性，以及人們不會在此脈絡下區分性別的差異。

當阿公往下看他的後代，看到的是成長與擴張。這讓他覺得很開心。[8]阿公往下可以看到他的孩子（安那集），孩子的孩子（札比），孩子的孩子的孩子（齊特羅），以及更多。他眼睛往下望時，不會區分誰是自己的後代：兄弟的小孩和姊妹的小孩是一樣的，他的兒子和女兒是一樣的，兒子的小孩和女兒的小孩也是一樣的，再接下來的世代也是如此。阿公認為所有的後代都是他的孫子孫女（他經常宣稱自己有非常多孫子孫女）；當他這麼做時，他也建構了自己和後代的連結是無性別之分的。在他的眼中，血統（filiation）沒有性別的特殊性。

與阿公視角相反，孫子孫女們往上看，認知到阿公是他們上面的那個世代。對一個帶鐵片來的小男孩而言，阿公是那個生了他的母親的人；某個從貝塔尼亞到貝羅參加喪禮的女人的認知則為，阿公是生了她父親的人；對某個小嬰兒來說，阿公是自己父親的母親的父親的父親。當阿公的後代往上看，他們同樣沿著無性別的路徑追溯到他，那也是阿公所依循、將他們都涵納為自己後代，相同的路徑；要說阿公的視線是如何落到丹尼的身上，就是從他的姊妹、「往下」望向姊妹的兒子，而丹尼的視線則是透過自己的父親、父親的母親，「往上」到達阿公——在這個例子裡，視線透過父親那邊移動了一次，也透過母親那邊移動了一次。[9]在後代的視野中，親子關係沒有性別的特殊性：女人所生、並延續的後代，與男人所生的後代，並沒有差別。[2]

晚上聚到阿公身邊的人往上看，認他是他們的祖父；也往旁看，認彼此是「隆勾」。他們是「安匹隆勾」（互為親屬），因為他們共有這個老人為其世代的來源，也或因為他們與阿公共有著其來源之一。例如樂弗和丹尼是安匹隆勾，因為他們是一對手足的孫子，而那對手足是兩兄弟的後代，兩兄弟的其中之一，就是阿公的父親（見圖二）；阿公因此也是他們的祖父，而樂弗和丹尼彼此亦為兄弟。另一方面，莎莉和樂弗也知道他們是安匹隆勾，因為阿公既是莎莉的父親，也是樂弗的祖父，阿公的母親是莎莉祖父的姊妹，而阿公的父親則是樂弗曾祖父的兄弟（見圖三）。[3] 樂弗和丹尼，還有莎莉和樂弗彼此是安匹隆勾，重要的是，透過手足關係的參照，並不會追溯到一個最起始的、共同的祖先，因為手足關係是「非性的」、「無性別的」關係。因此，與老人往下看、他的後代往上看一樣，人們往旁望見彼此、

2 本書中雅斯圖堤未說明斐索人的親屬稱謂制度，然若參照大撒卡拉瓦群的民族誌，手足稱謂會區分性別、年紀。本書行文中，英文親屬稱謂也並未一一對應斐索親屬稱謂，亦經過一層翻譯，再轉譯為中文。原文中一些英文的親屬詞彙，由於缺乏排序區分，翻譯成中文時較為冗贅。這主要是因為中文裡許多得區分排序的親屬稱謂，在英文中並無殊異，故難以簡譯對應。然譯者認為不應武斷假定排序，故下文中「siblings」譯為「手足」（兄弟姊妹），「brothers」譯為「兄弟」，「sisters」譯為「姊妹」。

3 原文「阿公的母親是莎莉父親的姊妹，而阿公的父親則是樂弗祖父的兄弟」，與圖二不符，少算了一個世代，譯文加以修正。

圖2｜樂弗和丹尼在系譜上的關係

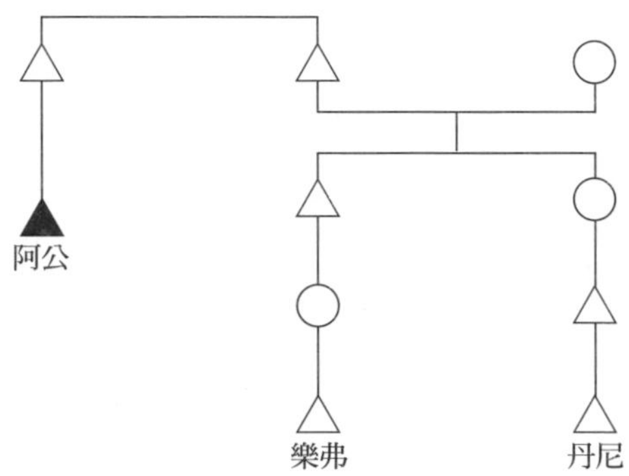

圖3｜莎莉和樂弗在系譜上的關係

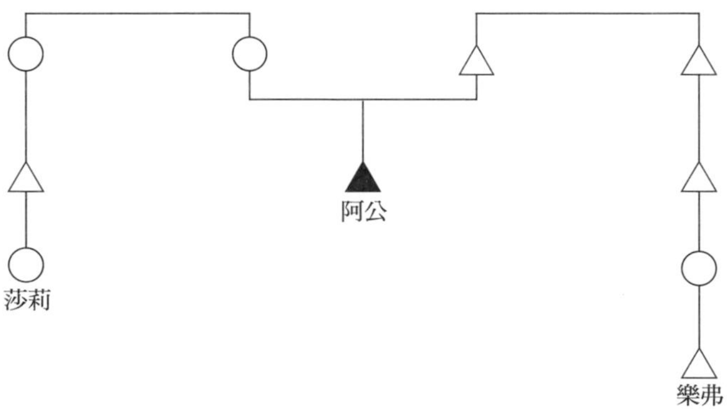

追溯他們的關聯來源，也是透過無性別的世代連結。

如同阿公和他的後代們經常指出的，一個人現在有多少關係，靠的是老人們的記憶，老人知道人們在過去是如何彼此相連。這也是為何阿公的孫子孫女們經常會來問他某個人是否（以及如何）是他們的隆勾；也是為何每次有老人過世，有些關於匹隆勾阿的知識就遺失了，有些後代就永遠不會知道彼此之間其實是有連結的了。某方面來說，這種間歇性的記憶遺失是好事。斐索人只能和無關的人結婚，稱為「歐羅哈法」（不同的人）。然而如莎莉所解釋的，有那麼多隆勾、你幾乎不可能找到「歐羅哈法」結婚[10]；於是無可避免地，你得要和隆勾結婚（例如她就嫁給了樂弗）[11]。遺失系譜的知識，讓人們可以避免違反規則。

莎莉經常會為了樂弗花在蘭姆酒上的錢和他爭吵；她似乎很喜歡他，但她也承認她的婚姻不是很好[12]，因為她沒有姻親：「我沒有公公，因為我的公公本來就是我的『爸爸』，我的大姑小姑本來就是我的姊妹。」[13][4] 然而當我告訴莎莉的父親，他的女兒跟樂弗結婚後沒有姻親，他告訴我這是錯的，因為樂弗的父親現在是莎莉的公公，而樂弗的姊妹現在是她的大

4 此處「父親」是斐索人親屬稱謂下所稱的「父親」，父親同輩的男性親戚均稱為「父親」，而非生物意義上的父親。「姊妹」亦然。為了避免中文讀者混淆，譯文中此類非生物意義的父親，均額外加引號區別。「sisters-in-law」在此脈絡下譯為「大姑、小姑」。

姑小姑。樂弗的父親本來是莎莉的「父親」，由於這段婚姻，現在轉變成她的公公[14]。因此，結婚這件事使莎莉和樂弗、以及與他們相對的親屬，從原本相關，變得不相關，彼此變成「不同」了。

有一回，阿公用一種更廣納的方式向我表達同樣一個概念。他正在跟我講授斐索人數量龐大的親屬，此時突然暫停：「人們真的只是一群人，但婚姻將他們分開了。」[15]阿公覺得自己沒辦法再對這句話做進一步解釋，[16]但我傾向詮釋為老人看匹隆勾阿的視野如此寬闊，他能看到（或說能延伸想像到）每個人都與其他人相連：人們只是一個巨大的、互相連結的家庭中的一分子。婚姻分離了人群，因為婚姻創造了「不同」，而那是婚姻產生的要件。如同莎莉的「父親」，因她與樂弗結婚而成為她的公公，所有相關連的人都是透過婚姻而成為「不同」。[17]然而這種不同在下個世代，又重新轉化成新的匹隆勾阿。

斐索人強調婚姻不會抹去一個人和其伴侶、以及伴侶親屬間的「不同」。因此，姻親不會變成親戚。另一方面，如果「不同的人」生育了小孩，就建立了新的匹隆勾阿。由於父母雙方都是其後代的親戚，所有因某對父親與母親婚姻的關係而成為「不同的人」的人，也因為小孩而成為親戚：公婆、岳父母成為祖父母，配偶的手足和手足的配偶成為母親和父親（「如果一個人有小孩，其公婆、岳父母就成為小孩的親戚」[18]）。[19][5]從「不同」變成匹隆勾阿的轉化，解釋了為何「人們的親戚一直在增加」[20]。

可以說，婚姻擺盪於創造「不同」，與創造親屬之間。就前者來說，婚姻是在親屬世界中創造出「不同」的妙計；至於後者，則是將婚姻在某時刻創造的「不同」，轉化為另一親等世代的新親屬。兩者不斷地循環，讓人可以強調其一時忽視另一個，因為兩極的每一端（親屬和「不同」）邏輯上都包含了另一端。也因此，阿公可以大力強調婚姻的**創造**面向，因為那是提供斐索人如此大量隆勾的源頭。

當阿公看著匹隆勾阿，會忽略他自己與透過婚姻而孕育了他的後代的人之間存在的「不同」；他無視其子女、孫子女、曾孫子女的配偶**不是**自己的後代，把他們納入，彷彿他們是他的親屬。因此，阿公跟他們說話、或談到他們時，堅持他們**不是**自己孩子的姻親，而是他的孩子[21]。他強調，婚姻是拿女人換男人，雙方互相說：「這是我的孩子，不是我的、而是你的了。」[22]（見頁一三六）。於是，女婿變成兒子，媳婦成了女兒。

因此對阿公來說，婚姻是取得他人子女的方式。而對於要把自己的子女交出，阿公一點都不焦慮。雖說婚姻的交換是平等的，但阿公不但有所得，而且根本沒有給出什麼。當然，

5 在中文語境中，「parents-in-law」對應發話者的性別而有不同的稱謂。就前面莎莉的例子，她是女性，因此「father-in-law」譯為「公公」；然此處為一般性陳述，故「parents-in-law」譯為公婆（出發點為女性）、岳父母（出發點為男性），而「brothers-in-law」和「sisters-in-law」則含括多種稱謂（妯娌、大姑小姨、大伯小叔、大小舅子等），故翻譯為「配偶的手足和手足的配偶」。

不是只有阿公從中撈到好處。當他從對方那裡有所獲，對方同時也帶走了他的子女：他們跟他一樣堅持，婚姻將他們的女婿或媳婦，轉化成為自己的子女。

這正是匹隆勾阿的特色：對同一個人，可以有多重的親屬宣稱。讓我們回到晚上聚在阿公身邊的群眾，還有為他的刀子帶來小鐵片的孫子孫女們。前面曾經提到，要認阿公為孕育他們的來源之一，後代們往上追溯的路徑、和阿公往下認其為孫子女的，是同一條路徑。然而與此相反的，帶領他們到阿公、甚至阿公之上的路徑，只是他們追溯前人的諸多路徑之一。[23] 其視野分支出去、可延展到四面八方：可以從父親那邊或母親那邊往上走，也可以從四個祖父母、八個曾祖父母往下走，諸如此類。對這些晚上聚集到此、帶著小鐵片前來的孫子孫女來說，阿公只是孕育了這些孫子孫女的、諸多祖父母之一。雖然阿公往下看到這些孫子女，彷彿他們都「屬於」自己而感到開心——「看，這些全部都是我的小孩、孫子女、曾孫子女」——實際上，他的孫子孫女「屬於」他的程度，沒有比他們「屬於」任何其他祖父母來得多。

當孫子女往上（和往旁）看匹隆勾阿，在諸多路徑中，他們不會選擇、或特別看重其中一條。每一個阿公的聽眾——包括實際上是他的女婿媳婦的那些人——都體現了多重的關係，可以在不同脈絡和不同時間展演。如同斐索人最愛說的，這些關係大多不可數，因為就像阿公和他的孫子孫女一樣，人們在任何時候都讓關係保持開放，且不區分性別。不用刻意引導方向或排列次序，親屬關係自會匯集到同樣的、多重建構的個人身上，每個人也因此可以想像為往所有方向延展分支的人。

另一種親屬關係

似乎有另外一種比較不費力的方式，來描述阿公和其孫輩關於匹隆勾阿無性別的視角，那就是將斐索親屬體系定義為「血親型」的親屬體系（cognatic）。我不這麼做，因為我希望能避免血親型親屬概念伴隨而來的問題。斐索人對於親屬關係的追溯有何限制？[24]有哪些非親屬的機制可以產生親屬本身無法提供的結構性界線？[25]或者，直接參照馬達加斯加西岸的文獻（後述），一個人多重的「氏族成員資格」，會以什麼原則減少到只剩一個？[26]

但，這些問題都畫錯重點。斐索人根本沒想要限制匹隆勾阿（雖然他們可能會很樂意遺忘其中一些），或是想要擁有劃定一個人是某個群體的一部分之界線，[27]或是把往上追溯的路徑清除到只剩下一條。更確切地說，斐索人也在意這些，但只有在與某些特定經驗領域有關的時候，與前述我們透過阿公和他的孫輩協助探索的領域大相逕庭。要研究這另外的領域，得先認識一個新的詞——「拉颯」——並解釋其不同的意涵，而此視拉颯是用在複數（八個拉颯）或作為單數（一個拉颯）而定。

和其他馬達加斯加人一樣，斐索人會說「活著的人有八個拉颯」[28]。當我問「拉颯」這個字的意思是什麼，會得到一個相當簡單表面的定義：「過去已逝的人。」[29]活著的人有八個拉颯這個說法，意指他們有八個（已逝的）曾祖父母，母方四個，父方四個；「活著的人有八個拉颯」這句話是關於匹隆勾阿，關於人們多重而無性別的世代來源。

然而，在另一個脈絡裡，拉颯一詞用來界定一個單一的整體，斐索人以此指稱埋葬在同一個墳墓的死者們。這時，眾多活著時擁有許多拉颯的個人（「過去已逝的人」）聚在一起，成為「一個拉颯」、「單一類人」。此拉颯死者的成員資格是排他的：一個人在同一時間僅能屬於一個拉颯，因為遺體只能埋在一個墳墓裡。因此如我的斐索朋友們常提到的，「人們爭的是遺體」[30]。有人曾經說道，遺體不能切成好幾片，一群人拿頭、另一群拿腳。[31]總歸一句話，「活著的人有八個拉颯，死者只能歸屬一個拉颯。」

在過去，存在複數拉颯，以及得在許多拉颯中選擇一個，被解讀為血親親屬與父系親屬間的相互作用。[32]此一詮釋最清楚的例子是拉馮碟對瑪希孔羅親屬的研究，他意圖證明「基礎是印尼（亦即血親），又帶著濃烈非洲（亦即單系）色彩」親屬關係的存在。[33]拉馮碟認為人有八個拉颯這個陳述，指的是他們有八個（如果不是數不清的）「氏族聯繫」；[34]因此他試圖呈現單系世系和血親血統的交互作用，如何讓人們從理論上可有無限多的氏族群體間，僅挑選**一個**作為繼嗣關係的聯繫。在此有必要引述他的整段文字：

> 必然存在一個原則，能讓多出來的七個曾祖父母的氏族成員資格被刪去。至少理論上來說，父系原則解決了這個難題，因為一個人的八個氏族成員資格中，只有**一個**比其他更重要，也就是從他的父親而來的那個，從曾祖父母傳到曾孫子女時，理論上也總是只有這**一個**。（強調為筆者所加）[35]

即便如此，父系偏好只是「理論」，因為如果母系拉颯比較有聲望，人們還是會選擇母系。[36]雖然系統對於選擇當哪個拉颯成員相當有彈性，拉馮碟還是假設：人們不能同時屬於一個以上的世系群，因此只能是**一個**拉颯的成員，而這讓他假定自己有做選擇的需要。

跟拉馮碟一樣，我一開始也假設人們屬於一個拉颯，因此會問（如同拉馮碟問他瑪希孔羅的報導人一樣）：「你的拉颯是什麼？」[37]每回我都察覺到不安和一絲尷尬，也總是得到一樣的答案：「活著的人有**八個**拉颯。」讓人十分不解的是，請他們指出會選擇哪個單一拉颯時，人們的回應是援引他們的拉颯為複數的講法。這樣的回應表示他們**拒絕**在拉馮碟和我原本分析的假定上做選擇。終於，我了解到有問題的是我問的問題，而非他們的答案。

前面看到斐索人指涉「單一」拉颯為埋在同一個墳墓的「一類人」，死人無法屬於一個以上的拉颯，因為他們無法被埋葬在一個以上的墳墓中。然而只要活著，就不需從有關係的諸多拉颯中擇一；活著的人還不需要屬於任何一個拉颯。生者只受到匹隆勾阿的範疇侷限；在此範疇中，他們的拉颯——孕育他們的曾祖父母們——是多重的。只有在未來、當人們過世了，才會屬於一個拉颯，因為他們的身體會埋葬在一個墳墓中。

當人們離開匹隆勾阿，進入不同的親屬秩序，「複數」拉颯成為「單一」拉颯：單系繼嗣制。這種秩序只有死者才會經歷。在此範疇，也就是死者的範疇，匹隆勾阿要「有限制」、要「有界線」、要「削減」。活著的人能連結到許多來自母方還有父方的不同拉颯，但死者無法同時屬於八個「單一」的拉颯。斐索人此時會同意拉馮碟的陳述：「其必然存在一個原則，能刪去多出來的、七個曾祖父母的氏族成員資格」；但前提是「氏族成員資格」指的是存在於死後、在墳墓中的那一個拉颯。[38]

死亡迫使人們得從生時的許多拉颯中選擇一個。這解釋了為什麼問「你的拉颯是什麼？」這個問題很不恰當，也讓人不舒服：要一個人討論她的「單一」拉颯選擇，跟要她預期自己的死亡是一樣的。[39] 我的朋友們會強調有八個拉颯而不是一個，其實是在強調生命大於死亡；他們是在告訴我，作為活著的人，選擇一個拉颯還不是他們的事。他們同時也是在告訴我，唯一能回答我那個胡攪蠻纏問題的人只有死者，那些關在一個墳墓中、構成一個拉颯的人。

死亡創造的繼嗣

在分析梅里納親屬時，布洛克使用再集合（regrouping）的概念，說明梅里納人如何調和過去的意象以及當今的現實。[40]人們想像人、土地與過去的祖先在過去曾經是一體的（是單一的、同一的，「to be one and the same」），而現在人們的生活、工作與死亡都脫離了「祖先的土地」。然而，活著的人有一種再集合那些歷史、生活和工作已經分散的人的方式：使其在同一個墳墓中團圓。一個生活中不存在的「群體」，在墳墓中「再集合」了。透過實體的、巨大的墳墓，梅里納人創造了除此之外無法存在的狀態：「生者沒有繼嗣群，但墳墓中的死者卻與繼嗣群（的概念）有關。」[41]

斐索的墳墓不像梅里納，是一個巨大的建築（見第八章，頁二三二～二三五）；但如同梅里納墳墓，他們也創造了群體——「單一」的拉颯，一個在其他地方、在不同時刻不會存在的群體。然而兩者間有一項重要差異。梅里納的墳墓是將生活中分開的人再集合成群，斐索墳墓則是將本來生活在一起的匹隆勾阿分開。此種差異（即活著的斐索人想像死者在墓中的經驗，見第八章）源於梅里納人偏好內婚，而斐索人則預設為外婚制。此差異表現在梅里納和斐索人各有各不同的「理想」。梅里納的理想（分散前的理想過去，重於墳墓中實現的理想）可以描述如下：與同一塊土地、同一個墓地，以及結婚的同一群人成為一體；亦即讓自己以及自身關係朝內。斐索的理想則正好相反：轉化差異變成許多個體，抑或將自己以及自身關係投射朝外。梅里納人的理想囿於生活的需要和干擾而有所妥協：當人們移動、找工作或新的耕地，他們發現自己離鄉在外（dislocated），在「祖先之地」之外，與應該是、但卻不是「一體」的親戚來往。相反地，斐索人的理想則因無可避免的死亡而妥協：死亡打斷了匹隆勾阿的成長，限制其只能選擇「一類人」埋在一起。理想的梅里納人只存在死後，而理想的斐索人則只存於活著的世界。

讓我短暫地回到阿公這兒來說明這一點。阿公是個快到生命盡頭的老人；他一生中得到的後代越來越多，從各方而來，也包括了後代的配偶。當他往下看著他們，阿公想像他們都是「他的」孫子孫女；他想像自己是一種雙系、海納百川（all-inclusive）的繼嗣群的頭。他這麼做，是忽視其他跟他一樣居高臨下的、年長男性和女性，也跟他一樣喜歡此種世代壯大和擴展的視野，無視許多男女在其雙系、海納百川的繼嗣群中，也擁抱了和阿公納為己有的、同樣的孫子女。這種重疊當然是不可避免的，因為在匹隆勾阿的領域中，人們不會劃分成截然的群體，而是複數性地多方相關。而此種重疊不只無可避免，也沒什麼問題：只要人們活著（如同阿公和他的孫子女），他們可以同時「屬於」許多雙系、海納百川的繼嗣群。他們「屬於」

全部繼嗣群，因為他們與全部繼嗣群都有關連；在匹隆勾阿裡，關係性（relatedness）不是、也不需要是獨占的。

死亡（阿公的死亡，以及他孫子孫女的死亡）造成了激烈的轉變。當他被放到墳墓中，視線驟然縮減。他現在進入了一個排他的群體，只由「一類人」構成。隨著進入那個「單一」的拉颯，阿公再也看不見那些將不會與他葬在一起的後代。因此，即使他在世時可以假裝所有他納入視線的孫子女都是「他的」，死後他也得要把很多讓給其他墳墓、讓給「其他類人」。換句話說，死亡終結了斐索人理想的匹隆勾阿，那多重關連、沒有劃分的親屬範疇。

斐索的死亡劃分了原本沒有劃分的。埋葬這件事將一個拉颯從許多和生者過去關連的拉颯中分離出來。劃分和分隔的過程創造了當下不存在的世系群，從某方面來說，這有點類似巴布亞新幾內亞馬辛[6]地區的母系氏族。[42]在馬辛創造「純繼嗣」可解釋為死者從無可避免但疏遠的其他母系氏族牽連中（尤其是透過姻親關係、所有其他友伴連結、庫拉夥伴等等）解放、勝利的脫離過程。[7] 換句話說，死亡造成了有正面效果「蒸餾」的過程，蒸餾後，人

6 馬辛（Massim）是巴布亞新幾內亞東南方的島嶼群。

7 馬辛有一個特殊的交換體系，稱為「庫拉」（kula），由於人類學者馬凌諾斯基的研究而聞名。在此體系內，人們從一個島嶼到另一個島嶼進行交換活動時，經常發展出固定的交換夥伴；項鍊與貝環珍品分別以順時針、逆時針的方式流動。

最終只由純母系的物質所構成。在此脈絡下，死亡是「沒有交換的夢幻世界」的實現，[43]在這夢幻世界中，藉由封閉與排外，去除了外侵的姻親連結，儀式性地再建構了母系氏族的完整性。[44]

對斐索人來說，創造「單一拉颯」並非實現理想的幻夢，不是人終於能達致完整的烏托邦境界。正好相反，一如前面阿公讓我們看到的，下面章節中也會透過喪禮儀式加以分析，斐索人認為繼嗣的實現是一種損失，讓人損失了一個類屬之外的，所有建立一個活著的人的類屬關係。如果死亡與埋葬可說是創造一個如同在馬辛那樣的「蒸餾」過程，斐索人的夢幻世界並非由死後留下者（純繼嗣）所構成，其夢幻世界反而是死後所拋棄的東西（匹隆勾阿中經驗到的、不排外的多重關係）。

馬辛理想的純繼嗣，以及斐索人理想的匹隆勾阿背後，是兩套不同概念，關於人的生命如何被建構，而死亡又帶來什麼。在馬辛，生者由兩個元素構成：永續的母系基質，以及短暫的父系基質。[45]雖然這兩個元素在生活中需互相結合並為了延續後代而再生產，但重點仍是彼此間的差異：母系與父系是血與才智的差異來源，[46]也是骨與肉的差異來源。[47]不過斐索人不一樣，他們強調的是構成一個活著的人，其許多世代來源間的一致性；女人和男人雖然在生育上負擔著不同的功能，但「母方」和「父方」在匹隆勾阿中是一樣的。[48]於是一個人的組成沒有性別特殊性，也不會區分母系的基質和父系的基質；雖然人是複數地構成（透過許多世代來源及其當下展現的關係），但人也依舊是一個不分割的整體：是相同複數產生了整體，而非差異組合產生了可分割性（partibility）。[49]

此一對比是為了強調，對斐索人來說，繼嗣的具現並非銘刻在生者，在這層意義上，死亡所「蒸餾」跟創造出來的（「單一」拉颯），並沒有在這個人活著的時候作為一個獨特成分而被凸顯出來；相反地，該「單一」拉颯混融在生者的八個拉颯之中。從這方面來看，繼嗣不只在當下尚未、或還不可能發生，甚至也不是斐索人的內在基質（如前述馬辛例子中的血或骨）。

然而，死後的繼嗣關係在生時即可預測，並事先準備。需要做好準備的是「單一」拉颯的選擇，那是生者還沒有做的；人們會藉由「梭洛」的儀式，決定死後要埋葬在哪裡，屬於哪個拉颯。儀式踐行時，那「單一」拉颯的陰影彷彿瞬間籠罩生者，將之轉換成無生命的軀體，僅可進入一個墳墓，僅可屬於一個拉颯。同樣的陰影更永久地籠罩著「哈殊滿加」，哈殊滿加是「單一」拉颯與生者的中介。而接下來要討論的，就是這個陰影。

小孩的梭洛

梭洛是獻祭給死者的儀式。梭洛安那集（小孩的梭洛）是一個父親獻上一頭牛或米給孩子母親的拉颯[50]（梭洛只在第一個孩子出生時舉行，但效力及於這對父母後續生的所有小孩）。我從未親眼看過這個儀式，因此不在這裡多加描述細節，而是分析這儀式（或無儀式）究竟達成了什麼。事實上，正因為我太常聽到人們討論這件事，所以往往還弄不清楚問題的意思到底是什麼，就在問某人和某人是否舉行過「梭洛」的問題[51]。

當伊亞諾死去後，人們問他的父親是否為他舉行過梭洛。[52]這個答案將決定了他的遺體在埋葬前要放在哪裡，誰會是「遺體之主」（可見本章接下來「哈殊滿加」一節）；還有最重要的，他將葬在哪裡。如果伊亞諾的父親有為他舉行過梭洛[53]，他就會葬在父親的墳墓[54]，父親的長輩[55]會是「遺體之主」，遺體遷往墳墓前會先安置在他父親的家，而墳墓的拉颯會被告知將有個新成員。相反地，如果伊亞諾的父親還沒為他舉行過梭洛[56]，他對此遺體不具有任何權利，母親的長輩才是「遺體之主」，他會被葬在母親的墳墓[57]，並因此加入該拉颯。

如果梭洛延遲、但預期將在未來某時舉辦，人們會說「梭洛還沒有舉辦」[58]。有一種情況是，如果伊亞諾還沒辦梭洛就過世，他的父親可以從其岳父母那裡「求遺體」；如果他們把遺體給他，那就相當於伊亞諾的父親已經辦過梭洛，而父親就是伊亞諾的新「主人」。然而，由於遺體是伊亞諾的父親懇求而得，此舉也就等於承認他的岳父母才是真的「遺體的主人」[59]。

伊亞諾的父親在他死後向岳父母那裡求的，跟其在世要辦梭洛時去求的一模一樣。伊亞諾的父親求的是「買拉颯」。如果伊亞諾已經去世，此一請求在字面上意味著「買伊亞諾的遺體」（屍體，老人的遺體尤其常被指為拉颯）。但如果這孩子還活著，父親取得的是什麼？有人這樣解釋：

> 從這一刻起（即梭洛舉辦的時刻），這男人**擁有**這些孩子。如果他還沒舉辦梭洛，他沒有他們；女人——生育的母親——是孩子們的「女主人」。但如果男人舉辦過梭洛，他就是孩子們的「主人」。（停頓）例如其中一個小孩死了，如果父親還沒舉辦梭洛，小孩就埋在母親的墳墓。但如果小孩死時已經舉辦過梭洛，小孩就埋在父親的墳墓。[60]

這段話最值得留意的是停頓之後所說的部分，我曾參與、或聽聞的，每一場關於梭洛議題的對話，都會出現這個部分。

這裡可以將一個父親藉著舉辦梭洛「買」了什麼，解釋得更清楚些。我曾在不經意間聽到以下的討論：有人認為是否舉辦過梭洛可能沒什麼差別，因為即使沒有辦過梭洛，也不會有人禁止父親與小孩同住。但有個男人非常堅定地解釋道，這種看事情的方式是錯誤的，因為透過梭洛，「買的不是小孩的嘴或肉；而是小孩的骨」。[61] 每個人都同意這一點，並以此論點終結了討論。

如果梭洛「買」了小孩的遺體，儀式就可以想像成參加小孩的喪禮。從這個角度分析儀式會很有趣，可看出梭洛與死亡之間是否有緊密的關連；我沒有足夠資料進行這方面的討論，然而從兩個儀式組織含括的面向，可支持下述看法：梭洛關乎人們墓地的安置，以及死後才會出現的拉颯。

首先，斐索人會在小孩母親的長輩那裡舉行梭洛。此儀式等於告知母方的拉颯，小孩要「交給」父親了，他從現在起是小孩的「主人」。拉馮碟提到在瑪希孔羅，第二場梭洛會在父親的長輩那裡舉行：「獻祭的目的是通知祖先一個新成員加入世系了」（強調處為筆者所加）[62]。在上述兩例中，獻祭的祭品皆由小孩的父親提供。

大部分報導人宣稱斐索從不舉行第二場梭洛。[63]有些人認為這是因為斐索人太窮，負擔不起兩場儀式所需的兩頭牛；相反地，瑪希孔羅人養牛，因此負擔得起。有些人則認為第二個梭洛是瑪希孔羅習俗特有的[64]，他們很難了解其重要性（「幹嘛啊？」、「有什麼意思？」[65]）。

有人還強調不可能有兩場梭洛（「梭洛不是兩個」[66]）：如果舉行第二場梭洛，誰是「小孩的主人」？[67]我的斐索朋友們只能想像第二場梭洛應該是在重複第一場，因此倒過來想：在第一場梭洛，母方將孩子讓出，父親「買」下；第二場自然會變成父方將孩子讓出，由母親買下。結果是沒人知道小孩到底屬於誰。雖然此人誤解了瑪希孔羅舉辦第二場梭洛的意義，第二場梭洛是要重申（而非倒反）小孩由父親取得，但這個誤解倒也提供了有趣的線索，得以了解為何斐索人只舉辦第一場、而不舉辦第二場梭洛。

拉馮碟提出，瑪希孔羅人的第一場梭洛是讓出的儀式，人們在儀式中告知母方的祖先，小孩已經「賣出」了；第二場梭洛則是一種取得的儀式，告知父方祖先，小孩已經「買好」了。斐索的報導人認為有必要舉行第一場梭洛，但不確定是否需要第二場，即顯示了他們認為梭洛主要是一種讓渡小孩的權利，而非取得小孩的權利。這種信念可歸因於，該儀式實際上關心的是死後遺體該安置到哪個墳墓，而非生者該歸屬於哪個群體。頭一個梭洛不可或缺，因其標示母方拉颯將自己對小孩未來遺體的權利讓渡出去。而與瑪希孔羅人相反，他們不需要第二個梭洛，標記「新成員進入世系」，因為只有在小孩死後，取得（其遺體）才會發生，那時他們會被加入父方的拉颯。對斐索人來說，第二個梭洛是多餘的，因為父方的拉颯在人被埋葬到該拉颯的墳墓中時，終歸會被告知取得了新成員（見第七章，頁二一七～二一八）。

第二個要討論的儀式面向是，梭洛有兩種形態，區別在獻給小孩母親拉颯的禮物種類不同。一方面，如果男人在女人懷孕時想為第一個小孩舉行梭洛，將為人父的他可以舉行「梭洛佐期」（斐索語的字面意思為「肚子的梭洛」）。在此情況下，他得提供二十到三十罐的米（大約雀巢奶粉罐的大小）[68]。另一方面，如果小孩已經出生，父親要舉行的是「梭洛凹比」（斐索語的字面意思為「牛的梭洛」），此時他得給岳父母的，可就是一頭牛了。

一般認為梭洛佐期比梭洛凹比便宜，會有這種看法，可從以下行為觀察：越來越多人想在女人懷孕時舉行梭洛，免得之後得買一頭「凹比」(牛)。這意味著我的斐索報導人認為，梭洛佐期可以有效地替代梭洛凹比。當我提及瑪希孔羅人的信念似乎並非如此，[69]與我對話的那位一開始也是舉出斐索人很窮買不起牛之類的說法當理由。然而他們也提出了一個更有趣的解釋，為何母親懷孕時的儀式可以用比牛便宜的方式混過去？因為未出世的小孩「還不是個人，而是動物」。[70]一個活生生的小孩要比未出世的「彼彼」[8]值錢這一點不證自明，不必進一步討論。然而我們可以合理假設，較便宜的花費，的確彌補了父親在舉行梭洛佐期時，彼彼還不見得能被順利生下的風險。

取得彼彼和取得一個人不同，這句話乍看之下似乎與前述觀點自相矛盾——梭洛是為了取得一個小孩未來的遺體，而不是取得一個活著的人，但其實不然。「還不是個人，而是動物」這句話可以用來解釋，為什麼一歲以下的嬰兒埋葬時並不會特別標記，[71]一般是埋在森林裡的大樹下，而非埋在墳墓裡。[72]小嬰兒是「水团仔」，他們很「軟」，因此無法保持直立。只有當他們開始坐直(「懂得坐」)才成為「人」。有人告訴我不把「水团仔」埋在墳墓裡，因為他們沒有骨頭[73]：因為埋葬是「骨頭的集結與保存」[74]。這解釋了舉行梭洛佐期時，父親所冒的風險。實際上，父親的風險不是取得了一個彼彼、而非一個嬰兒，他的風險是取得的遺體太軟，無法跟其他骨頭一起埋葬在墳墓之中。前面曾經提過，人們經常說「大家爭的是遺體」[75]；亦即人們爭的是遺體要埋在哪裡。[76]這個決定還得經過爭論似乎很奇怪，舉辦（或不辦）梭洛，應該已經幫一個人在死前選好了墳墓和拉颯。某人死後，人們只需要知道（也的確都會問）有沒有辦過梭洛就好了。如果答案是肯定的，這個人就會被埋葬在父親的墳墓；如果答案是否定的，則埋在母親的墳墓。

但事實上，梭洛所提示的埋葬地依舊可以協商的。首先，一如我們已經知道的，還沒有舉辦梭洛的父親，可以向岳父母「求（小孩的）遺體」，而他「可能得到或得不到」[77]。同樣地，一個已經為小孩辦過梭洛的父親，也可能向他的岳父母「求（太太的）遺體」，而他的岳父母「可能給也可能不給」[78]。原則上「女人活著時跟隨丈夫，如果死了，她們就與曾為她們舉行梭洛的父親埋在一起」[79]，岳父很可能拒絕讓自己女兒的遺體葬在她丈夫的墳墓裡。然而此時那位丈夫－父親可能會遣亡故女性的小孩去求，請求讓他們的母親能葬在他們將來會埋葬的地方，也就是他們父親的墳墓。這位祖父（小孩的母親的父親）很可能會同意，因此他答應讓出的，不是將妻子（遺體）讓給丈夫，而是把母親（遺體）讓給她的小孩。[80]在這兩個例子中，懇求、給予、拒絕和收受遺體等行動的彈性空間，常引發衝突、異議和怨懟。

8 「biby」在馬拉加西語中泛指動物，然在部分語系中（如梅里納、斐索）則指小孩。此處取其音和台灣常見對小寶寶的暱稱，譯為「彼彼」。

進一步的潛在衝突則來自於，即使梭洛將小孩的骨頭權利授予他的父親，也可用他於小孩在世時對孩子的「嘴與肉」缺乏承擔，對喪葬權進行爭辯。讓我們以這一位男人為例：他父親已經在很多年前為他舉辦過梭洛，然而他的父母離婚後，他跟著母親，之後都與母方親戚住在一起。當他生病、病況顯然相當嚴重時，父方的長輩收到了通知。然而與習俗相反，他們沒有來看望垂死之人。死者的母親後來提起此事，用以支持她拒絕將兒子遺體交給父方拉颯。經過冗長的協商，雙方才同意母親可以在喪禮時留著他的遺體，但之後則需葬在父方墳墓，「與曾為他舉行梭洛的父親在一起」[81]。

這些例子顯示了，即使舉辦過梭洛，實際埋葬地點的考量依舊保有討論餘地，沒有明確地界定。不過有件事倒是相當清楚，亦即死者的骨骸只能進入**一個**墳墓、**一個**拉颯。別的暫且不說，梭洛至少證實了一件事，亦即必須要做個選擇，而這選擇是排他的，因此也是區分性的。死後，人不是在這裡就是那裡。在梭洛的情境下，人們得選擇的「這裡」或「那裡」，是沿著性別的線切割，區分母親和父親的墳墓。[82]不可能同時埋在兩個墳墓，因此需要在母親和父親間有清楚絕對的區分；換句話說，需要截然不同的性別差異。而梭洛儀式有助於創造和界定此一差異。

我在前面提過，因在生育中的角色，女人被認為是「小孩真正的來源——起源——因此也是所有者」。[83]這是為何母親不需要為小孩舉行梭洛的理由：肯認女人作為母親的苦勞，父親沒舉辦過梭洛的小孩就埋在母親的墳墓，進入母親的拉颯。相反地，為了成為「小孩的主人」、將他們埋在自己的墳墓中，父親需要舉辦梭洛。作為一個父親不足以贏得小孩進入其「單一」拉颯的會員資格，但作為一個母親自動就具備了。在此脈絡下，性別差異可視為「必須靠舉辦梭洛」以及「只需藉由生育即可取得小孩骨骸」之間的差異。

從人們如何描述小孩與父母的關係，即可清楚地說明此一差異。斐索人廣泛使用分類制親屬稱謂[9]，一個人會同時稱呼許多人「母親」和「父親」；如果想要確切指出所說的「母親」或「父親」是其真正的父母，其關係就描述為「生育的母親／父親」[84]。然而，男人也可描述為「為他／她舉行梭洛的父親」[85]，這是在喪禮時慣用的模式，即在墳墓前告知拉颯，某個人「要與曾為他／她舉辦梭洛的父親埋在一起」。[86]相反地，如果死者的父親未曾舉辦過梭洛，而要埋在母親的墳墓時，與其墳墓還有拉颯的連結就絕對不會以梭洛描述。負責告知拉颯有新成員加入的長輩，不能說這個人「與為他／她舉辦梭洛的母親埋在一起」，因為母親不為子女舉行梭洛——她們只是生育子女。[87]

梭洛儀式因此建立了男人和女人作為父親和母親時的絕對差異，也建立了一個孩子與其父親由梭洛產生關係、與其母親透過生育建立關係的差異。不但有差異，而且必須是絕對的

9 分類制親屬稱謂（classificatory terms），即同一範疇的親屬以同一稱謂來稱呼。不同社會，範疇劃分的方式各有不同。

差異，因為涉及做一個絕對的（且必須是絕對的）選擇——一個墳墓、一個拉颯的選擇。但是，如此建立的差異，只有在關乎其骨骸、而非「嘴與肉」的脈絡時才顯得重要。他們的「嘴與肉」還是留在匹隆勾阿的範圍，在這個領域沒有性別差異。因此當小孩的骨骸只能在母親或父親的墳墓擇一埋葬，他們的「嘴與肉」同等地連結到母方與父方。

梭洛儀式與其建立的性別差異對人們的匹隆勾阿沒有影響，在匹隆勾阿中，母方與父方沒有差別，活著的人也不需在八個拉颯中選擇其中之一。即使舉辦過梭洛，阿公坐看來自各方的孫子女時，他的匹隆勾阿視野依舊無視性別差異。然後在舉行儀式時，人們已經被當成骨骸對待。此時，恍如有個幻影——「單一」拉颯的預兆——籠罩其上，有如一個印記，標示了他們最後落腳的一個墳墓、一個拉颯。此時，在單一拉颯的預兆陰影下，阿公的性別盲不見了，他看見了性別差異；也因此，當他審視全部後代時，在全部後代中，他只看見未來將跟隨他進入墳墓與拉颯的那一「類」孫子孫女。

哈殊滿加

在被歸屬為同一個拉颯的生者中，有一個人的拉颯預兆陰影會特別讓人感到不安。這個人是「哈殊滿加」。[88]哈殊滿加在文獻中通常定義為「氏族頭目」、「氏系頭目」，[89]或「年長世代最年長者」[90]。換句話說，哈殊滿加即為氏系群體中最年長、且還活著的成員。然而，既然哈殊滿加作為「頭目」的群體（我稱為「單一」拉颯）只在死後才存在，更正確地說，哈殊滿加是雖然還活著、但最可能（因其年齡）會是頭一個進入墳墓——也因此加入拉颯——的人。[91]由此觀點來看，哈殊滿加同時是一個拉颯的未來成員中最年長的，也是祖先中最年輕的，因為他還沒加入他們。[92]

同時為生者中最年長、以及死者中最年輕的人，哈殊滿加處於中介「單一」拉颯和生者的位置。他對拉颯說話[93]，當死者飢餓時獻上食物[94]，主持梭洛儀式[95]。最後但同樣重要地，哈殊滿加在容納該拉颯的墳墓扮演「墳墓之主」的角色；對即將埋到此墳墓的遺體來說，他是「遺體之主」。他負責通知拉颯有個新成員將進入墳墓（見第七章，頁二一七），並且知會生者該計畫建造新的墳墓（見第八章，頁二三九）。

作為生者的長者與「單一」拉颯的中介，哈殊滿加處於一個很危險而困難的位置，人們常常提到他不斷面臨死亡的危險。如果祖先因為生者做的壞事而不開心或不高興，他們的反應最有可能降在哈殊滿加身上；而惹祖先憤怒的後果，被逼真地描述為「當場死亡」。哈殊滿加所處的位置本身就帶著危險，因為他是生者中最靠近「單一」拉颯的人，因此也是最靠近墳墓和死亡的人。當然後者也是哈殊滿加最矛盾的地方：原本挑選由最靠近死亡的人當哈殊滿加，但他每次主持喪禮都挑戰了這個預設，因為死者一定比他年輕。作為「遺體之主」，哈殊滿加帶領本應在他之後才死亡的人前往墳墓與其拉颯。當哈殊滿加埋葬一個年輕孩子，他會說他埋葬了一個孫兒是「不對的」。雖然這陳述表達了一個看過太多太年輕就過世例子的老人之悲痛，也展現了哈殊滿加認知到自己一方是生者、另一方是拉颯的矛盾位置：如果事情「對」的話，他會是第一個加入拉颯的人，他只能主持自己的喪禮。[96]

生者需要哈殊滿加來與特定的「單一」拉颯中的死者溝通。從這個角度，有必要區分一個人「任用」的哈殊滿加、以及他「擁有」的哈殊滿加，也就是他如果被問到「誰是你的哈殊滿加？」[97]時，會報上的名字。

人們任用許多不同的哈殊滿加與祖先溝通，因為祖先分住在不同的墳墓、分屬不同的拉颯，需要透過不同的「墳墓之主」與之接近。因此如果得獻祭食物給某個來到孫女夢中打擾的母系祖母，就會動用埋葬該祖母墳墓之主的哈殊滿加；但如果是要獻祭給父方的曾祖父，同一個孫女也會任用不同的哈殊滿加。原則上，既然生者有八個拉颯（八個曾祖父母），他們可利用八個哈殊滿加與之溝通；而實際上，八個祖先中有些可能因配偶之故而埋在同一個墳墓，有些則可能不再與後代有直接聯繫。無論是原則上、或實際上，一個人至少會動用到兩個哈殊滿加，一個母方的、一個父方的。然而如果問「誰是你的哈殊滿加」，此人可能只會指涉一個哈殊滿加，亦即那位負責與自己死後將加入的「單一」拉颯溝通、將會是自己的「遺體之主」、會主持自己喪禮的人。因此，雖然生者在與祖先溝通時會任用數個哈殊滿加，但他們只有一個哈殊滿加，因為死後只會加入一個墳墓和一個拉颯。

到目前為止，我所指的哈殊滿加是人。然而，說得更精確一點，哈殊滿加是一根直直插在沙上的木桿；人則是「握有哈殊滿加者」。如何區別「哈殊滿加」（桿子）和「握有哈殊滿加者」（人）的記載，在文獻中到處可見：舉起木桿，開始獻祭給祖先，而握著哈殊滿加的人則是繼嗣世系的頭。[98]

抵達貝塔尼亞之後（但也適用貝羅），我在村中四處找尋削尖的木桿。什麼都沒找到。一開始我假定這村子已經沒有哈殊滿加了，同時把這件事當成斐索處於撒卡拉瓦王國邊緣位置的徵兆。[99]然而當我開始熟悉當地語言後，很快留意到哈殊滿加這個字經常會在對話中跳出來：誰跟誰找了哈殊滿加；[100]聚會在哈殊滿加的地方舉行；[101]訊息送給哈殊滿加了。[102]我漸漸明白人們不區分哈殊滿加和「握有哈殊滿加者」、不分人與物，當我在貝塔尼亞的朋友提到哈殊滿加時，他們指的是一個人而非一件物品。我頭一次問一個哈殊滿加，木桿在哪裡時，他楞了一下，挺直身子，用誇張有戲的手勢指著他的臉頰：他的身體就是哈殊滿加。[103]

貝塔尼亞沒有哈殊滿加之物這件事被視為是劇烈遷徙的結果：

斐索人只有很少的幾根削尖的哈殊滿加；他們是很難處理又危險的東西，因為這裡的人很少真的是哈殊滿加的「主人」，而只是作為某個遙遠的地方的人（在移民的原出地）的代理。這是為何人們沒有立著的哈殊滿加。如果有人是哈殊滿加的「主人」，跟那邊的瑪希孔羅一樣……他們是哈殊滿加的「主人」，他們的拉颯就在那裡而非其他地方，他們不是從遠方來，當一個（握有哈殊滿加者）過世，另一個即可取代，當一個過世，另一個即可取代。但斐索人是從遠方來的，他們的拉颯和哈殊滿加的「主人」不在這裡，而留在那裡、那裡、那裡（指向南方）。只有子女、只有孫子女搬來這裡，所以人們無法在此立起削尖的木桿，因為它真正的「主人」還在那邊，還在遙遠的那方。[104]

每個在貝塔尼亞的人都將南方視為他們或他們先人原初來的方向。這是為何獻給祖先的第一塊肉或第一把米要拋向南方。前面引文顯示南方也是削尖的哈殊滿加立著的地方。但此說法有趣之處不在於內容的真實性或準確度。更南邊的斐索人是否在削尖的木桿前獻祭祖先，是否還保持哈殊滿加和「握有哈殊滿加者」的區分，都不是重點。[105] 其有趣之處在於，那位老人（以及我遇過的所有斐索哈殊滿加）指出他的**身體**就是哈殊滿加時的手勢。

布洛克分析了撒非曼尼利人逐漸融入地方，成為地景的一部分之過程，提供了分析斐索人重要的類推與對照。[106] [10] 撒非曼尼利人是一群馬達加斯加西部的游耕者，他們將森林視為不受道德拘束、不關心、不受控制的環境，人類在其中的生活脆弱而暫時，但可透過在地景上留下印記而獲得永恆性。其中一個方法是透過成功的再生產，以最堅硬、最持久的木材建造一棟房屋。最初蓋房屋的夫妻過世後，房子會繼續存在，由他們的後代加以美化，也越來越長久；慢慢地，房子成為「神聖之屋」，取代了原本的夫妻，或更精確地說，原初的夫妻**成為了**房屋。祖先們也是經歷了類似的、更永久的轉換，成為立在林中的巨石紀念柱。在這兩個例子中，祖先成為永立之物，融入地景之中。

與此類似地，布洛克在其未出版的文章也曾描述撒非曼尼利長者身上帶著那根又硬又直的拐杖。堅硬和筆直與祖先性有關：拐杖**代表**的是長者皺縮彎駝的身軀所沒有的堅硬與筆直。因此，當撒非曼尼利人談到某個長者的堅硬與筆直，實際上說的並不是他，而是他帶的拐杖：長者**成為了**拐杖。

我們可以把撒非曼尼利長者轉化為拐杖這件事，與斐索人的哈殊滿加對比。一方面，撒非曼尼利人將長者的身體投射到一個展現其祖先性的特色之物；透過攜帶拐杖且與之融為一體，長者可預見他將從生者除名，並強調他即將轉變成為一個祖先。另一方面，斐索人將他們的哈殊滿加遺留在遙遠的南方，將物投射到長者的身體上。雖然斐索長者的身體跟撒非曼

10 本書出版時此篇文章還未出版，原文為（出版中），現更新為Bloch（1995）。

尼利的長者一樣彎駝皺縮，更重要的是身體**仍然存活著**，而非處於邁向死亡、成為祖先的過程。不像撒非曼尼利的例子中長者是成為物、遵守祖先（的世界裡）堅硬與筆直的秩序的過程，在斐索，代表祖先堅硬與筆直秩序的物，與暫時、移動的人們同時發生。撒非曼尼利人似乎試著將祖先的永恆性滲入生活，而斐索人則想將生活的流動性引介到祖先的固著性當中。

兩種試圖解決生命與死亡緊張關係的解方都有問題。布洛克指出撒非曼尼利人企圖將人固著到地方此一做法的矛盾，亦即將人轉化為物——房屋、石頭、拐杖——的過程裡人們喪失了「人的性質」(peopleness)。斐索人採取的策略較不矛盾，但較危險：如果生命藉著哈殊滿加的身體逐漸轉化到先祖（世界）的固著性裡，那麼也就是說，在哈殊滿加的身體中，繼嗣關係的固著與恆久也將緊挨著生命。於是，斐索老人在他的身體內帶著「單一」拉颯的影子，當影子全然接管，繼嗣關係成真，哈殊滿加就會「當場死亡」。

此處以具有在地色彩的轉變（哈殊滿加–物，與哈殊滿加–人的合一），討論一般而言斐索人如何建構生命與死亡、暫時與永恆、生者與死後要加入的拉颯等關係，前面關於梭洛的分析也支持由此得出的（概括）結論。在這兩個例子中都可看到「單一」拉颯的影子不屬於生命，或在生命之外，但籠罩人的生命。透過建立埋葬的地點，梭洛儀式將人當**成**已死，並為之做好準備，以成為**一個**拉颯的成員；而生者直到骨骸埋葬到某**一個**拉颯的墳墓之前，都還不是任何拉颯的成員。對中介生者與「單一」拉颯的哈殊滿加來說，繼嗣的發生越來越近——影子在他身體內越來越厚重。但即使是哈殊滿加，只要他還在生命的狀態中，無論身體多彎駝皺縮，只要他還處於其拉颯的墳墓之外，影子就尚未完全籠罩。

生與死的親屬關係與身分認同

本章描述兩種不同的親屬，一個運作於當下活著的人之間，另一個則是未來式，待人們死後、躺入墳墓之際才生效。從一種親屬轉移到另一種（從不區分的匹隆勾阿到「單一」拉颯）只在死亡時發生，但事先會透過決定一個人埋葬地的梭洛儀式加以準備和預期；選了一個墳墓和一個拉颯之後，人們好像已經化成骨，未來瞬時成為當下。

從匹隆勾阿到「單一」拉颯，從生命到死亡，從現在到未來的轉換，標誌了人的本質之激烈轉變。在匹隆勾阿，人體現了多種關係，可在不同脈絡和時間上演；不需要決定該如何區分他們，因他們匯集在同樣多重關連、多重建構的人身上。相反地，「單一」拉颯的成員剝奪了一個人除此之外、所有關係類屬。人進入容納「某一類人」的墳墓後，她得要成為與所有其他該類成員一樣的人——同樣的、一元的人。在這個人一生最終的過程裡——從複數到單一之際，人們不再是性別盲：性別成為一種絕對的差異。

前面提到匹隆勾阿可描述為一種血親體系，也提出使用此詞可能會造成誤導的看法，因為斐索人並不關心傳統上和血親體系有關的算定「問題」。[11] 尤其是斐索人不關心匹隆勾阿沒有建立出一個人到底屬於哪個「繼嗣群」，而是對一個人可連結到那個「群體」（阿公俯視的那種雙系、海納百川的繼嗣群體），其不可數的可能性保持討論空間。同樣地，他們不關心匹隆勾阿沒有提供個人一個獨特、個別的歷史，他們在意的是匹隆勾阿提供了許多另類的歷史（亦即往上追溯祖源的複數路徑）。在這幅歷史地圖上，任何一個她可標示出來的過去，都值得記憶，不是因為這些過去提供了系譜，而是因為它們創造了與現在的連結。最後一點是，他們也不關心匹隆勾阿沒有決定某個人是誰，而只在意匹隆勾阿可決定在不同脈絡與時間，她與誰有連結（或更精確地說，她與誰有潛在連結）。斐索人不關心這些「問題」，與佛提斯的「單系繼嗣理論」預測相反，他們不透過在繼嗣群中的位置去「認知到他們是誰、他們是什麼」。[107] 因此，血親型親屬對佛提斯來說是有問題的，因為血親並無法定義群體界線，也因此無法定義一個人是此類群體中的一個成員；[108] 但與血親型親屬相較，匹隆勾阿對斐索人不構成問題，正是因為它是一種不將人安置到一個群體、一類人、一套特定歷史，並藉此定義和決定個人的親屬型態。匹隆勾阿不構成問題，因為它保存而且提高了斐索個體的透明度（缺少過去的殘餘），個體透過她在現在脈絡下的作為，而非一種穿透時空的（現在、過去、未來）內在本質，知道、認知到她是誰、她是什麼。

匹隆勾阿只對死者形成問題。人一旦轉化成骨骸，就需要作一個明確的、決定性的、不可更改的選擇，選擇成為哪個群體、哪個墳墓、哪類人、哪套特別歷史的一部分。成為骨骸後斐索人不能既在此又在彼；不能同時連結到母方和父方；不能同時是八個拉颯的一部分。死亡硬要斐索個人做出選擇，降低了原來的透明與不明確。經由成為「單一」拉颯的成員，死者被固定在一個不可變的身分，加入共享一體的（單一、同一）祖系，一體的歷史，一體的墳墓裡的一種人。在匹隆勾阿中，人的身分認同有彈性，視情境而異，在不同時空脈絡彼此追溯不同的關係；在「單一」拉颯中，死者的身分失去彈性與脈絡性，變得固著與絕對。當死者被安置於墳墓中，他們取得了新的身分，不同於生者：從現在起，只能就其在哪一**個**墳墓、哪一**個**拉颯的位置，來認知他們是誰、他們是什麼。

11 血親型親屬體系經常牽涉到「算定」（reckoning）範圍，亦即要算入（回溯）幾代？此外也經常涉及收養的情況是否計入的問題。然而斐索人並不關心這些，在他們的匹隆勾阿中，沒有世代數目的限制。

譯者補充

性、性別，以及其他

斐索人在活著時的身分認同是由行為決定，然而死後固著無法改變，納入繼嗣的範疇，這樣的模式是否也可套用在性別上？雅斯圖堤在一九九九年的這篇〈「是男孩」、「是女孩」：馬達加斯加的性、性別及其他〉（"It's a boy," "It's a girl": reflections on sex and gender in Madagascar and beyond）試圖回答這個問題。

依照斐索身分認同強調行為的原則，我們可能會猜想斐索人不重視嬰兒剛出生時的性別；作者亦然。因此，她在倫敦生產時，刻意不要先得知胎兒性別，出生時請接生人員告知的，也是嬰兒是否健康，而非其性別；她以為自己這麼做「很斐索」。然而小孩出生後，她回到田野地，自然有更多機會聊到此話題，卻赫然發現斐索母親分娩、小孩呱呱墜地後，接生女性的頭一句話，就是宣布「是個男孩！」或「是個女孩！」進一步了解後發現，其原因在於，向母親宣告小孩是否健康存活太殘酷，宣布性別反而比較安全。因為嬰兒太小，還不是個完全的人。

斐索人認為胎兒成形除了父親的精液，最重要的是母親的辛勞，因此如本章所述，她們才是小孩真正的「來源」和「主人」。斐索人的文化在此可與美拉尼西亞有所對比，後者重視父母雙方所有過去的關係，而這些關係是「性別的」（gendered），男性和女性的「物質」（substance）會匯注在小孩身上。然而斐索小孩相對而言比較沒有性別（not gendered）。小孩出生時有「生理性別」（sexed），但還沒有「社會性別」（ungendered）。

但此處似乎與第四章譯者補充時探討過的，雅斯圖堤一九九三年的文章，略有出入。一九九三年的文章中提到斐索人認為女性的子宮是「胎兒的房屋」，女性的經血構築了胎盤，雖然一開始男人似乎只是將精液「丟入」女性體內完成受孕，但其在懷孕期間也持續灌入精液，有助於胎兒成長。懷胎期間母親吃什麼都跟胎兒息息相關，也有些食物禁忌（如不能吃鯊魚肉），而懷孕時如果忽然特別想吃什麼，都是胎兒的渴望。如果女性選擇未婚生子，小孩將少了另一邊（父親那邊）可能的親屬關係。從上面的描述可見，其實斐索人也區分了匯注在小孩身上、男性和女性不同的「物質」，而出生之後的社會關係也是「性別的」。如何解釋這樣的矛盾？不妨回到該篇文章的主要論點：是否區分性別差異，需要同時關照到「區分差異」與「不區分差異」的脈絡。在斐索人的概念裡，腹中胎兒的確接受到來自父母雙方「區分性別」的物質，然而出生後的嬰兒就不再強調此區分；反觀史崔聖等書寫的美拉尼西亞的民族誌，此種區分在小孩出生後，仍舊被視為其構成的重要元素。[12]

回到一九九九年這篇文章。在腹中的胎兒與母親是一體的，難以區隔，所以出生時的分離過程相當重要；胎盤是胎兒的兄姊，如果沒有好好排出會傷害母體，此對應在小孩身上的則是臍帶。出生後的嬰兒和母親都不能吹風，要以衣物裹好。嬰兒很脆弱，「沒有骨頭」，還不是個完整的人，比較接近「動物」（此為比擬，非字面意義）。如本章所述，嬰兒死亡後不會葬在一般墓園。因此如布洛克所言，在南島文化中，出生儀式的重要性多半遠低於喪禮，人「成為」（becoming）社會人的過程，遠比呱呱墜地來得重要。

小孩成長過程中，身體逐漸因為踐行斐索性而留下痕跡，其外顯的社會性別（gender）也大過生理性別（sex）。這頗符合一般性別研究對此兩者的區分。人們談論男女之別，就和談論一個人是斐索或瑪希孔羅一般，是透過行為來認定。例如男人短髮、女性長髮結辮，男人肩挑重物，女人則將重物頂在頭上。生理性別是固著的，而社會性別則是過程的。沙林安培拉（跨性別者）這種跨性別的例子更能凸顯此一區別。例如有些生理男孩從小就喜歡女性活動、綁辮子，長大後也去賣魚（女人的工作）。

然而沙林安培拉死後，還是得依照其生理性別進行喪葬儀式。依照習俗，只能由與死者同性別者為其整理遺體，此時套用的是生理而非社會性別。在墓地裡，也是與生理性別相同者葬在同一區。這樣的對比與斐索人活著和死後的不同認同模式異曲同工：人活著時，其身分認同（包括性別）依踐行而決，然死後無法繼續踐行，則依照另一套的原則（繼嗣、生理性別）。

12 M. Strathern, 1988, *The gender of the gift: problems with women and problems with society in Melanesia*, Berkeley: University of California Press.

譯者補充

三種不同的親屬制度

人類學的親屬研究非常豐富，斐索人的例子也有助於討論其中幾項課題。首先是在傳統親屬分類體系中，斐索人算哪一類？古典人類學親屬理論中，經常出現的親類（kindreds）、血親繼嗣群（cognatic descent group）以及單系繼嗣群（unilineal descent group）的親屬制度，斐索人屬於那一種？

以本章資料為基礎，雅斯圖堤二〇〇〇年另撰〈親類與繼嗣群：來自馬達加斯加的新觀點〉（Kindres and descent groups: new perspectives from Madagascar）一文，重新探討親屬課題，精采地批判了古典親屬理論的問題：彷彿特定族群就採用特定親屬制度，例如砂拉越的伊班人是親類制度、紐西蘭的毛利人是血親制度、非洲的塔倫西人是單系繼嗣。然而她從斐索人三種不同的視角來分析，發現他們在人生的不同時期、站在不同位置，會有不同的「親屬制度」，這三種共存，是建構關係性三種不同的模式。

例如斐索青年或中年人一般的親屬關係，看起來與傅里曼筆下，伊班人親類的概念十分類似，伊班報導人以撒網作為比喻，其概念是以自己（ego）為中心，不區分世系、朝各方平行上下展開。網撒得太遠，遠到看不見，無法辨識彼此的關聯性，就不包含在親類範疇內。

本章的阿公從全納式視角所見的匹隆勾阿，則比較像血親型繼嗣的概念。因為阿公很老了，他垂直地站在網的撒出點，看到的是自己的子女、孫子女等，如三角錐似的一代代往下茁壯（及其姻親）的親屬範疇。然而與一般血親型繼嗣群（一群追溯到共同祖先的人）不同的是，斐索人沒有一個固定共同祖先，與阿公同等競爭的還有其他長輩，每個人的匹隆勾阿間都有不少重疊，都可以追溯其祖先到多重的前輩。此外，血親型親屬體系經常牽涉到「算定」範圍，亦即要算入（回溯）幾代？但阿公不設限，多多益善，只要他記得的，都是他的匹隆勾阿。

但阿公過世後就只能歸屬單一拉颯，死者的世界比較接近單系繼嗣。阿公的記憶因死亡而消失，於是原本屬於他的匹隆勾阿也就隨之消解。

斐索的例子對人類學親屬研究的重要啟示，是親屬、關係性概念的流動性與變動性，社會內部不同成員可能有不同的想像，當我們敘述一個社會採取什麼親屬制度時，不應侷限於一種視角、一個時刻，簡單而本質化地將之進行歸類。

人類學親屬研究的開山祖師之一瑞佛斯，提出的系譜、親屬稱謂研究方法為古典田野時期許多學者採用，該法考量不同社會親屬稱謂含括範圍不同，盡量以當地最簡單的詞彙（如父母兄弟姊妹夫妻）來詢問報導人；在進行系譜作業時，請報導人明確說出「親生父親」（類推），以避免與在地親屬稱謂中「父親」一詞可能含括的許多親屬關係者造成混淆。然而這「標準程序」後續也受到批評。一類批評如史耐德，認為研究者進行前述主觀的系譜蒐集，有時是「發明」了「親屬」這回事，被研究社群未必有這範疇概念。[13]另一類批評著眼於瑞佛斯假定了人類社會普同都認定有「生物性指涉」（親生），且與「社會性指涉」有所差異，卡斯頓等社會建構論傾向的親屬研究者即質疑其預設的跨文化適用性，而這些前提往往讓研究者看不見真正關鍵的「關係性文化」（cultures of relatedness）。[14]雅斯圖堤二〇〇九年的另一篇文章〈揭露與隱藏瑞佛斯的系譜學：馬達加斯加的生物性繼承與親屬〉（Revealing and obscuring River's pedigrees: biological inheritance and kinship in Madagascar）即在這樣的學術脈絡下，透過斐索民族誌提出修正看法。

前面提過斐索人認為一個胎兒的成形有賴父親持續灌注精液，母親提供血與子宮，嬰兒出生後更是與母親緊密相連。然而，斐索人雖然強調此種緊密的身體連結，但人們看到剛出生的嬰兒，不像西方人會先連結到是否和父母長得很像；斐索人被問到小孩長相像誰時，不但不會直接連結到父母，反而經常會提到其他人。例如懷孕時母親很討厭誰，小孩可能就會像那個人；懷孕時母親經常想著某個人，小孩可能就會像那個人；甚至母親小時候嘲笑過一個同伴跛腳，之後自己的小孩出生就會跛腳。亦即，小孩的長相反映了社會關係，而非直接的生物連結。此外，親友看到嬰兒都會刻意強調嬰兒很「醜」，因為如果說小孩健康可愛，恐會惹怒祖先而招致厄運。

小孩成長過程中，父母會鼓勵她／他多到其他家的廚房吃飯，多建立連結，透過社會性的手段，降低小孩與其父母關係的排他性，符合斐索人理想的匹隆勾阿。

雅斯圖堤認為從這些描述可以有兩種詮釋。首先是史耐德和卡斯頓等建構論的模式，認為斐索人的本體論不區分生物和社會面，是瑞佛斯假說的反證。另一種可能則為，斐索人的確有兩套本體論——生物與社會性的，的確有如瑞佛斯提出的雙元性的存在，但他們盡力要讓此兩種區分變得不重要。雅斯圖堤透過認知人類學／發展心理學的研究，認為後者才貼近斐索人的想法。如同帕金指出的，雅斯圖堤這篇文章修正了她在二〇〇〇年對斐索社會性的看法，斐索人其實對於生物性血緣連結與影響心知肚明，但策略性地強調多重連結，人們所知者（inferential knowledge），與人們相信者（collective representations）之間的不一致，需要放到脈絡中

13 D. Schneider, 1984, *A critique of the Study of kinship*.

14 R. Astuti, 2000, Kindreds, cognatic and unilineal descent groups : new perspectives from Madagascar In: Carsten, Janet, (ed.) *Cultures of relatedness : new approaches to the study of kinship*, Cambridge University Press, Cambridge, UK, 90-103.

理解。[15] 這與雅斯圖堤近年藉由認知的實證研究重新挑戰的路徑不謀而合：非西方社會是否有二元性（duality）概念？[16] 相關理論假說從一開始預設其為普世皆然、到批判其為套用西方思維的誤解，然而以斐索的例子來看，的確有二元性概念的存在。這是她對人類學的社會建構論，或極端文化論取徑的挑戰。

15 R. Parkin, 2013, Relatedness as Transcendence: The Renewed Debate over the Significance of Kinship, *Journal of the Anthropological Society of Oxford* 5 (1), 2013, pp. 1-26.

16 R. Astuti, 2001, Are we all natural dualists? A cognitive developmental approach. The Malinowski Memorial Lecture, 2000 *Journal of the Royal Anthropological Institute*, 7 (3). 429-447.

7

分隔生與死
Separating life from death

對活著的斐索人來說，「單一」拉颯只是個逗留不去的影子；但對死者而言，拉颯成員資格則是他們永恆且唯一的身分認同形式。從生到死、從匹隆勾阿到拉颯的轉折，對生者造成極大的轉變；由於此轉變，「死者與生者不在一起，他們不相同」[1]。此種死者的「他者性」，在「死者不是人，他們是『動物』[2]，他們與生者沒有關聯」[3]這句陳述中做了最赤裸的表達。死者脾氣壞、狂野且有攻擊性，需加以防範，以免干擾後代的生活。因此，生者創造了屏障，將自己與死者分隔開來。

死者新且不同，同時又危險的身分，是生者透過分隔與分離的行為所創造出來的。在喪葬與埋葬的儀式中，生者將死者逐出生活，創造、且再造出可以將死者與他們分隔的屏障。當死者與生命及活著的後代分隔，死者之間也透過安置於不同墳墓而分離。因此，當生者埋葬死者，為他們建造墳墓（他們視此為其責任），他們也啟動了從匹隆勾阿到「單一」拉颯的轉折——活著時只是個影子，此後即轉化成為逝者新的、固著的存在狀態。

本章及下一章將探討喪禮與埋葬儀式。這些儀式闡述的主題是生者與死者的分離，而最能清楚表現出此一分隔的，就是斐索人對墓地與村莊兩種截然不同的空間對比。

熱的墓地與冷的村莊

墓地位於森林中，遠離村莊，全然隱沒於草木之後。人們說，墓地如此地隱密是因為斐索人不喜歡看到墳墓，那會讓他們覺得悲傷不快樂。這跟梅里納人的習俗一樣，梅里納人也害怕墳墓太靠近，甚或在村莊之內。無論如何，就如大家經常點出的，墓地不是個會常去的地方，很少人只是為了散散步走到那邊。生者一般只在搬運遺體，或建造墳墓時才去。

貝羅的墓地遠在跨越礁湖的灌木林中一塊荒涼的區域。當我頭一次去那裡參加喪禮，人們警告我墓地非常遠，在大太陽下要走很久，會很累。我很快發現那段長途跋涉的確令人筋疲力盡。然而，如果不是先前已在貝塔尼亞有些見聞，我可能不會察覺到貝羅墓地的位址選擇不是湊巧，而與規範有關。同時，根據我在貝塔尼亞的經驗，人們感知的墓地距離有時顯示的是規範所想達到的距離、而非實際遠近。

貝塔尼亞周圍有兩個墓地，一個在村莊南邊，另一個在東邊。南邊墓地到村子的距離近得讓人吃驚，原因是在七〇年代初期，貝塔尼亞被漲潮的海水一「分」為二，[4]原本住在北半部的居民得搬到村落南邊居住。從此之後，貝塔尼亞就被迫要往南邊墓地的方向擴張；到現在村子最南端的房屋幾乎已臨近墓地北緣。

貝塔尼亞有個主要的隱憂是海水侵蝕，侵蝕的影響及於摩倫達瓦側邊整個海岸地區，而侵蝕推進的速度快到讓村民擔心貝塔尼亞所在的那塊狹長地區（西邊是海，東邊是沼澤），最終會被整個沖刷掉。不過，隨著海岸線往南與東推進，人們主要擔心的其實是村莊跟墓地的距離越來越近。有一回，有個年老婦人看到我對漲潮時的海水離居住區那麼近感到驚慌，便向我解釋了一下最近的巨大變化。她說現在離我們最近的捕魚點伯任夏，離岸約五公里遠，不久前是個斐索村莊，而貝塔尼亞在當時是瑪希孔羅人種稻的地方。對當時住在伯任夏的人來說，墓地（就是現在的這個地方）「真的很遠」，遠到他們要埋葬死者時，得在戶外過夜，因為沒辦法當天走回家。那婦人問我，如果海持續地往內陸推進，會發生什麼事：最終人們得住到墳墓中間嗎？

我不知如何回答朋友的問題，但我很快就發現，我在貝塔尼亞看到的每個喪禮，都提供了否認村莊與墓地實際距離很近的機會。即使實際上只有短短一段、毫不費力的步行距離，透過人們口口聲聲宣稱這段又長又累的路程經驗，它們間的距離被重新創造了。每場喪禮結束後，當我走回居住的房屋時，人群中總有人會提到，我跟大家一樣走得很累。雖然距離和疲憊程度的判斷自是因人而異，然而真正重要的是，大家眾口同聲一致認為往返於村莊與墓地間**一定**會漫長而疲憊。

墓地與村莊距離很遠，是因為他們彼此不同到了極點。墓地是「熱的」，村莊是「冷的」。冷熱是死者與生者分別居住的「地」的特性，兩種性質呈現的是墓地和村莊分屬不同類別，而非指其所在之處內在的特性。

我在研究人們經常喃喃自語的口頭禪「sañatsia tany manintsy」時，偶然發現「村莊是冷的」的這個概念。「Sañatsia」可翻譯為「原諒我」，「tany」意思是「地」或「土地」，而「manintsy」則是「冷的」意思。因此這句話的意思是「懇求冷的大地（地是冷的那塊土地）原諒」。我頭一次聽到這口頭禪，是有個男人為了跟我說明擴充墳墓的建造計畫，在沙地上畫出其家族墳墓的簡圖時隨口說的。他接著解釋道：他請求村莊的冷大地原諒他將其當成墓地的熱大地使用。[5]

我曾和斐索朋友們爭論將熱與墓地連結在一起有違直覺。我引用布洛克的民族誌向他們描述梅里納人的墳墓很冷，祖先及與他們相關連者都應該是冷的，但斐索人想法卻恰好相反，令人相當驚訝。[6] 與我對話的人聽到我的反應幾乎都無動於衷；有些會被我的堅持給惹惱，然而有幾個人則會跟我解釋墓地是熱的，因為「在墓地沒有呼吸」[7]。呼吸意味著生命。[8] 在母親子宮內會動、會吃、活生生的嬰兒一定「已經有呼吸」[9]；

人死了，描述為「他的呼吸離開了」[10]。於是墓地無息，因為沒有生命。但為何缺乏生命的墓地是熱的？纏著朋友們好多天之後，有一位終於主動告訴我，那只是一種「講話的方式」。活者的人渴望涼爽，總想著要達到涼爽[11]，因為涼爽代表冷靜、無憂、無慮的生活。[12]「墓地是熱的」不是一句描述，而是強調其相對於村莊之不同的方式。根據朋友說法，死者的熱只是講話時用來對比生者（渴望的）涼爽罷了。[13]

有天晚上，約莫在我詢問有關熱與冷的對比時，阿公主動說，當人們坐在自家屋外、聊天等晚餐、吃飯、睡前還多聊了一會，每件事都「涼得很棒」。當村中有死亡[14]，每個人都很熱。

村中發生的死亡打破了（村中的）生與（墓地的）死的分隔。喪禮是重新建立屏障的過程。首先，死亡干擾人們的生活，因生產性活動都得暫停，煮飯飲食和睡覺都移到遺體附近。而後，從村中驅逐死亡，帶去墓地。當遺體放入墳墓、蓋上沙子，長者發表簡短演說感謝喪禮的參與者，之後會接著宣布：「葬禮結束了。」[15]群眾解散，眾人回家。離開墓地進入村莊時，人們經驗了葬禮創造出的新屏障。以下敘事將試圖重現這種經驗。

為方便說明，我會先把喪禮描述成固定不變的，雖然喪禮會依照死者地位與生者情緒而有很大的不同。[16]先從斐索朋友教導我的，所謂「正常」喪禮開始：那是一個由無預期的、時候未到的死亡帶來悲傷的情境。接著再描述非常老的人的喪禮，對他們而言，死亡比較不是無預期、或還不到時候，因為死者已經「活很久了」。生者在這種喪禮應感到歡欣，讚頌死者；然而同時他們迫使死者經歷了從匹隆勾阿到「單一」拉颯的創傷性轉折。

義務與擾亂：葬禮守夜及社群共食

村中某戶人家傳出突然迸發的哭聲，是得知死訊的第一響，近旁聽得到哭聲的每個人都往那邊跑去。遺體所在房屋的門維持緊閉，幾個與死者同性別的人負責清洗其身體，將手腳和下巴都綁好，梳頭或綁辮，而後更衣。當門打開後，坐在最靠近門邊的人會進入屋內哭泣，並在那裡坐上一陣子；離開之後，就在附近靜靜地坐著。群眾慢慢散去；會有幾個人留在喪宅內，或屋子四周。其中包括死者的哈殊滿加，「遺體之主」，他會主持葬禮，尤其是將遺體送到墳墓與拉颯的過程。

稍後，需到村中向每戶居民正式宣布死訊。兩個男孩子挨家挨戶造訪，以低沉的聲音說他們是來宣布某某的死訊。這種情況下使用的是死者的名，即使他在活著的時候用的是「親從子名」[1]；人們說這是因為那將會是要寫在他十字架上的名字（見後述，及第八章，頁二五一）。也會派信差到其他村莊，通知一些住得不遠、可以參加葬禮的親戚。太遠的則寄信簡述重點：誰死了、何時過世，以及葬禮日期。

只要遺體還留在村內，人們晚上會聚集到遺體所在的屋子，唱歌到天亮，並每天聚集前來，食用由喪家提供的兩餐共食[17]。人們描述這兩項活動是村中每一戶居民移動去「靠近死者」的過程[18]。

「米亞利托利」意思是「忍受無睡眠」。天一暗，男人、女人和小孩聚集到死者的家附近。村中共有的兩盞百岳牌煤油燈照亮了房屋四周。人們一小群、一小群，慢慢地從黑暗中現身，隨意坐在附近。女人身邊通常有小孩環繞，孩子們很快就躺在沙地上裹著毯子睡著了。雖然成人也會在夜裡試著想要睡一下，但每個人隔天都會抱怨蚊子或濕度讓他們無法好好休息。有些人守喪只會待到清晨，而後回家睡一下；其他人則是在晚上先睡一覺，再從清晨守喪到天亮。比較年輕點的整晚都很活躍，雖然不見得與守喪有關；年輕男人會一整群聚在角落玩骨牌遊戲，或分成小群尋找新的性邂逅。環繞守喪四周的黑暗，充滿了不斷來去的人影。

守夜[2]的用意，是要以每個人都滾瓜爛熟的教會聖詩，唱出「腐熟的歌」。[19] [3]歌唱從入

1 「親從子名」（teknonymy）是以小孩的名字（有時加上字首字尾）來稱呼其雙親的方式。
2 將「wake」譯為「守夜」而非一般的「守靈」，以避免不必要地承載中文語境中「守靈」隱含的一套死者靈魂概念。見本章與下一章的譯者補充。
3 斐索語的「masake」，本書對應之英文翻譯為「ripe」，參照儀式後續舞蹈等動作和氣氛，顯示masake有喧鬧、帶性意味的意涵，因此翻譯為「腐熟」。

夜延續到破曉。頭幾個小時，人們就是一起唱，沒什麼規則，每個人扯著嗓子唱。有時會增強歌唱的音量，是為了壓過坐在屋內、與遺體同在的人的哀泣；歌唱應該一直都要精力充沛，這樣死者親友才不會覺得不開心。慢慢地，有人累了、或無聊了，就分成兩組，每組大多不會超過四或五人，輪流唱歌。有些核心成員在每個喪禮都會唱一整晚，大家公認他們是好歌手。這裡有個潛規則：唱歌的人，尤其是「賣力唱」的人，得賞以蘭姆酒；如果死者親戚沒提供蘭姆酒，歌就不會「腐熟」。不過雖然會有人批評主人小氣，那些刻意「耍政治」而有所保留、不「賣力唱」好得到更多蘭姆酒的歌手也會被批評。多虧了蘭姆酒，破曉時，夜之歌者通常已經醉到純粹只是持續、慣性地唱著哀歌，直到全然失聲為止。

對不同的人來說，出席守夜有不同意涵，依照其晚上參與的活動而定。一起唱歌時，每個人都大聲加入是最理想的狀況；但實際上大部分的人不這麼做，而大家也不很在意。會讓人心生感激、也是人們對前來守夜的人的主要期待，是他們出席了守夜，而不是待在家裡睡覺。黎明時，群眾散去，每個人都累壞了；後面會談到透過這種疲憊，人們參與了死亡造成的燥熱（heat）。

共食時，男人和女人各有所司。女人負責煮飯；男人負責建造棺材和雕刻有死者名字的

十字架。第二項工作通常一個下午就可完成，也只需要少數幾個男人，[20]但是準備餐食得動員的女人就多得多了，她們要拾柴打水、烹飪、分配食物和清理，喪禮持續多久她們就得協力多久。即使沒有主動參與任何工作，村民皆應加入每日的聚集，此時村中一切其他的活動都嘎然暫停。

每日聚集的重點是吃頓飯，稱為「死者家的飯」或「死者家的食物」。這餐飯的提供者和食用者都強調食物嚐起來很糟糕。有個女人認為那是因為水煮肉沒有加洋蔥和番茄[21]；另一個理由可從堅持食物是在死者住家、或靠近死者的地方食用這點得知——食物難吃，是因為在死亡附近烹煮和食用。而缺少洋蔥番茄則標誌了這種食物與日常食物不同，吃起來自然也不會一樣。[22]

雖然人們告訴我，喪家之所以提供食物，是因為人們正常的活動遭到中斷，因此沒有日常餐食的供給；參與者也強調，他們在喪禮吃的沒辦法取代正常的飲食。喪禮的食物不是用來吃飽的；真要吃飽，對喪家來說就花太多錢了。因此參與喪禮的人得小心，別一副要填飽肚子似的；一吃完就離開聚會也很不恰當，那會顯得你去「探視死者」只是為了吃飯。當群眾吃完「死者家的食物」散去後，每個人都應該另外再吃留守自家的人煮的另一頓飯。

針對這一點，我們或許會覺得，如果人們擔心自己會被認為很貪心，那麼提供的食物應該就不會如他們說的那麼難吃。雖然眾人毫不猶豫地討論著食物的缺點（煮飯時水放太少、肉太鹹，或肉湯不夠配飯），女人們還是很盡力要煮好，煮不好會被強烈批評。同樣地，喪家被期待要提供足夠的食材，好煮頓體面、甚至美味的一餐。然而，在喪禮吃飯必定無法好好享受，否則就會被暗示生者喜歡死亡，以及與死者同歡。於是，餐食若更符合人們的口味，就得要透過避免吃太多、太貪心，來更強調「死者家的食物」很差。吃是為了展現與死者的親近，參與死亡對日常造成的擾亂，而非為了享用食物。

為何參加喪禮，答案很簡單：如果沒去，就別期待其他人未來會參加他們自己和親人的喪禮。[23]相反地，當我想要了解死者還停留在村中時，各種行動的「意義」時，卻碰了釘子。參加五到六場喪禮後，我逐漸明白，當死亡發生時，全村彷彿進入一套例行性的運轉，「依照慣例地」付諸行動與實踐，此運轉一旦開展，就沒什麼「意義」了。同時，我也察覺到參與這種例行公事是有選擇餘地的：正式宣布死亡後，人們會馬上熱衷地討論是否要「靠近死者」，不情願去的心情與責任感和互惠原則，彼此交戰。[24]

在貝塔尼亞的每一場喪禮，我的乾媽都會跟全家一起討論她是否該參與守夜，因為她健康狀況不佳，無法承受染上感冒的風險。雖然基於種種理由，例如沒去會覺得很丟臉、要是沒去也沒人會來參加她的喪禮等等，但她幾乎總是決定要參加，她也始終不倦地抱怨潮溼的沙子，有時在事件結束後還會咳個好幾天。而且既然我不願採用她提供的、不克參加社區共食的藉口，就等著抱怨肚子痛吧，因為在那裡會吃到她堅持一定沒煮熟的米。家庭討論、乾媽的咳嗽和我的肚子痛，都是喪禮例行公事中重要的一環。

如同阿公解釋的，當村中有死亡時，每個人都很熱。然而死亡本身不產生熱：人們必須透過拋棄正常的生活與食物來「靠近死者」，刻意放棄他們的涼爽。因為睡眠不足、疲憊、酒醉、吃「不好的」食物守夜和社區共食，造成冷的喪失。如同我的乾媽反覆用行動表明的，此種擾亂——從冷到熱的轉換——透過人們公開討論他們不會參與喪禮的可能性而逐漸增強、加速，從而將例行公事轉化為可有選擇餘地的一項義務。[25]

「當一個人死了，就死了」

如第四章所述，斐索人有「簡易的習俗」，因為他們是柔軟而溫柔的人群。斐索人無法忍受的「困難的習俗」之一，就是如瑪希孔羅或安坦卓伊那種拖得很長的喪禮。死亡及其造成村中的擾亂，他們不允許停留太久。

我的斐索朋友中，有些承認斐索人無法承受延續好幾週、甚至好幾個月的喪禮，因為他們沒有牛隻，不能餵養全村那麼久。然而開銷並非喪禮時間不長的主要原因。最切身的因素其實是，看到一具腐爛的遺體「讓人們悲傷」。因此他們使用很多種方法來保持遺體的涼爽、延遲腐敗。房屋牆上開一方小洞，讓遺體附近有輕吹的微風；蒐集一種特殊樹木「拉賓」其耶那」的葉子讓遺體涼爽；如果負擔得起，福馬林是「很不錯的東西」。等到屍體開始腐敗，就得採取一些方式，以避免接觸。如果屍體「有破洞」就要立刻放入棺木中，避免越來越腐敗最後不易處理；將尼龍袋子仔細地放在屍體下面與四周，防止屍水滴到棺材外。如果味道太重或死者的儀容開始產生變化，就把棺木闔起來，釘上蓋板。

無論是否正確，斐索人認為這些行為是他們特有的。他們注射福馬林或放塑膠袋在棺木裡，但他們也知道其他人有不同的、「困難」的習俗，迫使後者要忍受看到或接觸腐屍。斐索人經常點出這些不同的行為形式。當人們因為無法忍受看到腫脹的屍體而釘上棺木，就會評論道斐索人很「簡易」，這是指相對於瑪希孔羅人的「艱難」，而後者個性夠強壯，可以觀看親愛之人的腐爛遺體。斐索人合理化他們的「簡易」，而他們和其他馬拉加西人對比的方式之一，似乎是透過重複這句近似凱因斯所說的話：「當一個人死了，就死了。」[26][4] 這句格言指涉兩件相關的事情，一是關於遺體，二則是生者與死者的分離。

當身體沒有了生命（亦即「沒有呼吸」），就不再有任何身體感覺：「它不會感覺或聽到任何東西。」[27] 有一回，他們用福馬林來保存一個非常年老的女性遺體，有人詳細描述了那位很晚才來的醫生是如何困難地將液體注射到屍體內；其他人則評論說，這沒有差別，因為這位年老的女性已經死了，不再有任何感覺。人們很費力地從一位年輕女性屍體上拔下一顆金牙時，也有過類似的評論。

堅持屍體喪失所有感覺、只會腐敗，就可以主張將死者遺體留在他們不再屬於的村子裡是件沒有道理的事。人們在喪禮時反覆說著，把遺體留在村中太久沒有道理，其實多多少少暗示了有些人，不要說真的這麼想好了，但可能想過要這麼做。事實上，對與死者至親之人而言，將遺體移出村莊會有情感上的創傷。這些人是被「看見腐敗」這件事影響最大的人，同時他們也是最想要抓住死者、延遲其離去的人。因此，「有智慧的人」，特別是村中長老的角色就是要提醒每個人，「當一個人死了，就死了」，「她不會活過來，而會開始發臭」，以及「當一個人死了，就得被埋葬」。[28]

葬禮

適合遺體的地方只有一個，那就是墓地。通常會由「遺體之主」決定何時埋葬，並在守夜時宣布，而這通常是人們頭一晚聚集之時。小孩的喪禮一般只有守一夜；成人喪禮——特別是老人——可以持續三到四夜。有些日子或半日不宜需要避免，因此會延遲、或加速埋葬。

4 凱因斯的名言是：「最終，我們都將死亡」（In the long run we are all dead），與此處「當一個人死了，就死了」不盡相同，但作者認為有類似之處。

喪禮從將遺體移出喪宅即正式開始。如果還沒處理，要先進行遺體入棺、封釘、蓋上白布，而後將棺木從東方的門或窗戶移出喪宅（東方是死者居住、也是哈殊滿加告知拉颯時面朝的方向）。

當遺體移出喪宅與村落，此時如何標誌死者與其親人的分離，視死者身分而定。母親看到其棺木離開房裡時的哭號，標誌了小孩的分離；母親不許參加送葬行列，因為人們認為她會在墓地哭得太厲害，無法面對埋葬。如果死者已婚，配偶得在喪宅外站在棺木的一側，另一側則是死者其他近親（一般是同胞手足，且一定是與死者同性別者）。雙方握著一條橫跨棺木的線，叫作「法尼托阿」，先在中間鬆鬆地打個結，而後用力拉到線斷，此時棺木就開始往墓地移動。若死者是年老寡婦（下一節將描述一個這樣的例子），則由其札比（孫子女）來展演分離，他們在棺木封釘前被叫入喪宅、並走過祖母身邊，被告知要看著她：「那是你的祖母，她死了！」[29]棺木出了門後放下，孫子女要跨過去，而後整個行列轉往墓地。

一旦遺體離開喪宅，分離這一幕已經完成，就不能再進入「屋內」了。因此，如果喪禮在某村舉行，例如貝塔尼亞，而遺體埋在其他地方，例如貝羅，則棺木不能到了貝羅之後又放回屋子裡；如果沒有立刻埋葬，就得放在室外。禁止的理由是：當棺木從喪宅移出、往東朝向拉颯，就不能改變方向，其目的地**必須**是墳墓。

棺木離開喪宅上演的分離這一幕，標誌了死亡的動身離去，遺體的目的地是不可逆的。

雖然將遺體運至墓地解決了死亡停泊在村莊內的問題，但當遺體抵達墓地，焦點就轉移到死者進入墳墓上面。帶領送葬行列到墓地去的，是死者的哈殊滿加，他和幾個男人會首先抵達。到了他是「主人」的墳墓後，哈殊滿加把幾滴蘭姆酒灑在墳上，對拉颯宣布某某快來了，即將進入他們的「屋子」（詳見第八章）。他通知祖先們有新的埋葬後，會勸戒他們不要被嚇到，也跟祖先們說，他們未來沒有理由來詢問即將接到的這具遺體的事情，也請求他們別來問[30]。最後，也勸他們要守規矩[31]。人們告訴我，要是不這麼做，祖先會去拜訪生者，詢問埋葬在他們墳中的陌生人是誰。如果死者得去詢問生者，後者就會生重病，甚至死亡。因此，透過通知祖先新來的成員，哈殊滿加確保死者不會跨越分隔他們與生者的屏障。

當哈殊滿加通知祖先們新成員的到來，即打開了讓死者進入墓穴與拉颯的路。如第六章所述，「遺體之主」對死者的宣告，使得在父系的哈殊滿加舉辦第二次梭洛變得沒有必要而且多餘。當哈殊滿加站在墳墓前，陪同的男人們開始挖墳之際，父系的拉颯「取得」一位新成員這件事——由第一次梭洛所建立、但之後一直暫緩執行——終於有了結果。繼嗣只有在此刻才全然實現，死者移出匹隆勾阿，進入「單一」的拉颯。

送葬行列從村莊慢慢地往墓地移動，領頭的是一位扛著十字架的年輕男性，之後是四個男人抬著棺木，周邊有人輪流換手。男男女女群眾跟隨，再次唱起黎明時停止的歌唱。孩子們留在家裡，因為他們被禁止在喪禮時造訪墳墓。一般來說，當隊伍抵達墓穴時，墳已經挖好了。棺木下放到墳中，頭朝東方平擺；木十字架則放在頭的位置。群眾聚集圍觀，一旦棺木就位，就請女人們灑把沙到墓穴中的墳裡。然後女人們緩慢地移動到一小段距離外的樹蔭下，留在墓穴中的男人開始鏟沙覆蓋棺材。潮溼的沙子拍打在木頭上的噪音與死者親朋的哭泣交織，後者移動到一段距離外，人們力勸其停止，因為在墓地哭是被禁止的。

當墓穴內的沙鏟平、掃乾淨了，一位「知道怎麼對公眾演講」[32]的男人請人們注意，聽他代表喪家發表簡短的演說。他感謝參加守夜、社區共食，以及將死者帶到墓地的人們；他回憶死亡發生之時和後續幾天，人們過來「接近死者」。最後，他說死者已經抵達她所屬之地（斐索語的字面意思為「她已經抵達她所在的地方」[33]）。當死者抵達這個地方，「單一」拉颯的成員資格從此刻開始。

遺體一旦埋葬於其所屬之地，生者就完成了將死亡從村莊移走的任務。然而，在他們這麼做時發生一件頗值得注意的事：為了結束死亡對村莊的侵擾，生者侵擾了死亡（世界）。當哈殊滿加勸祖先們要乖，他得留意的是此侵擾不會對生者不利。但最重要的是，埋葬一結束人們就必須離開墓地，以重新創造一個與將死者從村中移出類似、但倒反的分隔。於是，感恩的演說收尾在勸告群眾散去，安靜地回家。最後幾句話說得好似命令一樣：「結束了；讓我們回家。」[34]。女人們率先站起來，複述著：「結束了；讓我們回家」。

我先前指出當人們從墓地回到村中，他們經歷了參與喪禮所創造出的分隔。當村民被命令回家，被告知一切都結束了，他們先前加入的擾亂的過程——主動地，甚至是目的明確且出於責任心的擾亂——取得了完整的意義。當他們走回村莊，他們回到正常的飲食、正常睡眠的夜晚，以及正常的生產活動；換句話說，他們走回了冷／涼爽的狀態。[35] 然而，只有人們知道什麼是熱的狀態，冷的狀態才有意義；因為墓地是熱的，村子才覺得冷，反之亦然。生者喜歡並想要冷；他們很高興擺脫了熱。但當死亡發生，全村都加入了熱氣中（在「簡易」習俗下、人們可忍受的範圍內），以便當死亡終於排除時，體驗什麼是冷的感覺。

我所描述的是看起來簡單、合乎常理的儀式，但當人們參與喪禮、守夜、整晚歌唱、吃不錯但嚐起來要說很糟的食物、聞著腐敗噁心的味道、聽著絕望的哭號、進入墓地、目睹墳墓、在棺上灑把泥沙，這種種行動時，他們是在實際體驗、而非單純理解儀式裡的邏輯。村莊的冷、墓地的熱，以及兩者間再次築起的壁壘，透過儀式的舉行變得真實而有意義。

妲狄蔻洛蔻之死

不是每個人的喪禮都是一個樣。如前章提及，小嬰兒死後不需要舉行喪禮，因為嬰兒還不是嚴格定義上的人[36]。由於嬰兒沒有骨，沒道理埋在墓地（保存骨的地方），因此遺體會埋在森林裡沒有標記的墳裡。相反地，小孩夠大、可以坐直後就是人[37]、就有骨了，於是要埋在墓地。他們的喪禮守夜只守一夜，雖然每個村民還是都有責任得參加，群眾不會因此種死亡而有情感上的波動。可與這種缺乏情緒完全對比的，是「還年輕」的人的喪禮，寬鬆定義下所指的就是不再是小孩、但也還沒變老的人。他們的死亡是一種「浪費」；越年輕，其死亡就形同越大的浪費。他們的喪禮比小孩的喪禮來得久，普遍出現集體表達的哀傷。尤其在晚上，死者附近一旦爆出哭聲，可能突然就會感染整批群眾，他們的歌聲轉為哀泣，而一些老人家則試著控制住場面。

最後，當老人過世，人們應該要開心，而喪禮也得表達出這種快樂。接下來，我先以一個貝塔尼亞的老婆婆，妲狄蔻洛蔻的喪禮為例，簡短描述一個老人的喪禮慣例如何受到生者歡欣的影響。而後我將探討為何人們會開心、他們慶祝什麼，以及慶祝背後更廣的含義為何。

妲狄蔻洛蔻死時年紀很大。她很累了，停止進食，鎮日沉睡。有天她得知另一個貝塔尼亞的老婆婆莎菲過世了，妲狄蔻洛蔻再次睡去。當群眾埋葬了莎菲、返家解散後，她嚥下最後一口氣。全村又被召入另一場喪禮。[38]

妲狄蔻洛蔻年輕時很喜歡跳舞。她是「大惡魔」：她對白人的宗教沒興趣，從不去教堂唱歌；她喜歡跳舞勝於唱詩。她的喪禮反映了她這輩子的興趣，群眾在守夜的三夜創造了越來越「腐熟」的宴會。[39]每晚都有一些人開場，吟詠幾曲詩歌，努力要聽起來是開心、而非傷心。守夜過了幾個鐘頭後，會有不同種的哼唱加入原來吟詩行列，在黑夜中逐漸壯大；而後，一群年輕男子會開始跳「加那奇」：裹著毯子，蓋住頭和臉，上下跳躍，緊緊抱著彼此，隨著越來越強的聲音與動作大聲喘氣。隨著越來越多人加入，一開始是在房屋四周光線照不到的地方跳，然後逐漸移到亮處。男男女女與小孩排成長長的隊伍宛如一條蜿蜒的蛇，在房子附近繞圈跳舞。隨著興奮的情緒高漲，群眾呼喚妲狄蔻洛蔻，要她也一起來。一個高挑、瘦削，幾乎和妲狄蔻洛蔻一樣老的婆婆站在妲狄蔻洛蔻遺體所在的房屋入口跳舞，側眼望向屋內；她僵硬的身體慢慢開始有了變化，開始搖擺臀部、模仿她朋友充滿誘惑的動作。然而妲狄蔻洛蔻沒有回應。

妲狄蔻洛蔻的喪禮持續了四天三夜。老人去世時，很重要的是子女、孫子女和曾孫子女需到場參加埋葬的儀式（斐索語的字面意思為「捉住死者」[40]），多多益善。因此喪禮會持續三或四天——但絕不會更久。為了要在這麼多天裡都把弔唁者餵飽，死者家庭會買一頭活牛，而非只是從市場買點肉。牛被牽到死者附近、哀悼人群的聚集之處時，通常會有場玩笑鬥牛；牛隻的雙角用繩子牢牢綁緊，一會兒被趕往群眾處奔跑、一會兒突然停住而後又跑了起來。妲狄蔻洛蔻的喪禮買的那頭牛原本幾乎是林中野放的，找到並捉住牠得花盡吃奶的力氣，動用不少男人；人們等抓到這頭牛，就花上半天時間。牛最終還是被射倒了，但牠還活著，人們用木擔架將牛送進村子裡，而這些延誤只讓等待的人情緒更加激動。哀悼者們才剛聽到運送者的歌聲，人還在一段距離外，就跑過去迎接獵物。運送的人推著在擔架上不會動的動物，開始演鬥牛，繞著圈子跑、又剎然停住。女人們揮舞著沙龍稱讚獵人，繞著擔架唱歌跳舞，越來越高亢狂熱。那頭牛繞著安置妲狄蔻洛蔻的喪宅遊行，點名呼叫妲狄蔻洛蔻；有個男人用力打了牛隻的睪丸，大開她的玩笑。再一次地，妲狄蔻洛蔻沒有回應。

當死者是個老人家，喪禮應該賦與他們一個好的名聲。社區共食時提供許多肥肉，就是確保人們記得死者；鼓勵參與者要多吃，他們也毫不遲疑，但死者若是年輕人就完全相反了。既然期待群眾開開心心，就應好好享受餐食，成為與死者同歡共慶的時刻。但當人們以妲狄蔻洛蔻之名在她家周邊宴飲，她的遺體則開始發出腐敗的鮮臭。

前面提過，在棺材蓋棺上釘之前，妲狄蔻洛蔻的孫子孫女會被召集到屋內，被兇巴巴地告知要去看她已經死了[41]。當妲狄蔻洛蔻的遺體被移出屋子，群眾們非常興奮，急著要前進，這使得「遺體之主」差點忘記要讓她的孫子女們跨過棺材。匆忙完成這個步驟，送葬隊伍出發前往墓地。

那是正午時分，非常炎熱。妲狄蔻洛蔻會埋在村子東側的墓地。由於村莊與墓地之間漲潮時會淹水，退潮後該區留下一大片泥濘，人們得踩過及膝的泥巴才能將妲狄蔻洛蔻送至墓穴。然而，這並沒有減少送葬隊伍的狂野與「腐熟」；在泥濘中跋涉、費力地跑過沼澤平原，反倒讓群眾的興奮感倍增。男人們奮力擠進妲狄蔻洛蔻的棺木底下，下邊的往前推，另一頭的往後擠。如此前推後擠，通常會讓棺木停下來，在原地激烈搖晃，而抬棺者在泥中蹣跚打滑。女人們在男人外圍環繞成一圈，極盡所能挑逗男人，或緊貼男人的骨盆，搖擺臀部大跳其舞。一旦有抬棺者有了回應，開始和女人跳舞，其他男人立刻接手其抬棺的位置。

遇到這種情況，哈殊滿加就只好在墓穴苦等很長的時間。等到妲狄蔻洛蔻終於抵達，蓋在棺木上的白布已經都沾上了泥巴，棺木蓋子還有一邊鬆開了。當棺材移近墓穴的那一刻，跳舞、唱歌、扭動身軀都達到了頂點。終於，妲狄蔻洛蔻交給了站在墓穴內的男人，他們將她放入墳中，進行前面提過的群眾演說。突然間，一切都結束了。返回貝塔尼亞的路上，每個人都小心翼翼地踏在比較堅實的地上，避免沉入泥中；生活回到正常。

妲狄蔻洛蔻剛過世時，人們歡欣，因為和每個年老而死去的人一樣，她「撐了很久」[42]。和「還年輕」就過世的人不同，她的死亡不是「浪費」。經歷成長與轉變的人生，之後進入老年，而死亡造成的呼吸停止和僵硬，終止了這個過程。年紀大主要造成的結果是：老人不論男女都有許多安那集（子女）、札比（孫子女）和齊特羅（曾孫子女）。[43] 由於「撐了很久」，老人家看到、欣喜於匹隆勾阿的開枝散葉，從她原生的生命創造了新生命（見第六章，頁一五七～一六六）。在死時，妲狄蔻洛蔻留下了這世代鏈的成果。她喪禮上組成的「腐熟」宴會——跳舞、鬥牛、豐盛的餐宴[44]和瘋狂的送葬行列——是在慶祝此成果。人們表達歡欣，是為了妲狄蔻洛蔻漫長而成功的一生，而非其死亡。

無論如何，妲狄蔻洛蔻畢竟還是死了。人們在她旁邊跳舞、喊她來參加以前喜歡又擅長的事情，而她從未加入。她家旁邊有鬥牛，她沒有反應。人們吃飯榮耀她，而她的屍體開始腐敗。她的棺木在情欲舞蹈中上下搖晃，但最終她在墳中躺平不動。這些她身旁展現的生命力證實，妲狄蔻洛蔻已經死了。

然而在她身旁展現的這些生命力也證實了，妲狄蔻洛蔻沒有完全死去。群眾將她產生的朝氣活力付諸行動，其源頭就是妲狄蔻洛蔻。妲狄蔻洛蔻本人可能無法再跳舞，但在喪禮過程中，她透過她的子女、孫子女和曾孫子女跳舞。越來越多人加入，形成了一個非常開心的奇觀。有一度，彷彿每個唱歌跳舞的群眾都是妲狄蔻洛蔻的後代——最後一次，妲狄蔻洛蔻是一大群全然含納的、由所有她的後代、從各方為她而來的繼嗣群的頭；這是她最後一次享受匹隆勾阿的「無分割性」。有幸有此奇觀，喪禮成為讓人們開心的慶祝活動。

然而如同所有的喪禮，妲狄蔻洛蔻的喪禮除了慶祝一位年長阿嬤美好的一生，還需要做到很不一樣的事情。喪禮得要將妲狄蔻洛蔻與她創造的生命分隔，得要硬把她推入拉颯。因此，到最後，與她共舞的大批群眾將她的遺體放入一個墓穴，一個拉颯，與僅一類人在一起。當妲狄蔻洛蔻長眠於地下，以她眼下為中心的匹隆勾阿也告一段落。

喪禮提供舞台演出一場複雜、矛盾而充滿情緒的戲，一部分證明了妲狄蔻洛蔻真的死了，但同時又非完全如此。然而到最後，喪禮宣告結束，人們回家。當群眾散去，妲狄蔻洛蔻一動也不動地躺在墳中，她所創造的生命離她而去、朝村莊賦歸。當生命退出墓地，妲狄蔻洛蔻在她新的、永久而歸一的身分認同中定了下來，成為她的拉颯的一員。

譯者補充

對死亡的想像

雅斯圖堤後續有幾篇文章亦討論了與死亡以及喪禮相關的議題。在其二〇〇五年〈死後發生什麼事〉(What Happens After Death)一文中，她探討了斐索人的靈魂觀，尤其是死後的靈如何持續存在。斐索人認為人活著時有一種「靈」(spirit)，稱為「法那西」，死後的則稱為「安嘎責」。人活著時，法那西會在睡夢中脫離肉體而四處遊盪，日有所思夜有所夢，法那西也會因此去相對應的地方。夢中法那西可能會遇見死者的安嘎責，但斐索人認為這並非偶然，而是安嘎責所欲的結果。例如雅斯圖堤的乾爹就曾說，她結束田野、回到倫敦以後，乾爹如果過世，她不需要接手機、看電腦，也會知道，因為他的安嘎責會從貝塔尼亞穿越到倫敦、進入她的夢中。

一般而言，安嘎責到親人、後代夢中有其理由，是一種死者與生者溝通的方式，常見的是抱怨又冷又餓，後代疏於照顧整修其墳墓，安嘎責的憤怒可能會造成生病或死亡（墳墓整修的討論請見第八章）。

雖然斐索人認為人死後有安嘎責、似乎仍持續存在，然而他們也有另外的對比說法：「當一個人死了，就死了。」（本章亦提及此點）當雅斯圖堤協助為一個死者清洗遺體、編辮、著衣的過程，死者姊妹多次提到這句話，表示人死了就沒有感覺了。那麼如何理解這兩種似乎矛盾的、對死後的想像——一種是生物性的停止存在，另一種則是社會性的延續？

雅斯圖堤教授在二〇〇五年文章中認為，透過認知人類學的研究，人們採用哪種說法，要看脈絡而定。二〇〇八年的文章〈理解祖先的道德與生命：以馬達加斯加鄉村為例〉（Understanding Morality and the Life of the Ancestors in Rural Madagascar）中，她發現成人比孩童更為相信死後的安嘎責；在兒童心理成長歷程中，七歲的孩童已經可以掌握生物性的死亡意義，但社會性面向則要到下一階段，藉由參與相關儀式而逐漸習得。有趣的是，斐索成人對於教導孩童此類知識相當節制，在〈死亡、祖先與活著的死者：不教而學〉（Death, Ancestors, and the Living Dead: Learning without Teaching, 2011）一文中，可以看到孩童多半是透過觀察、自學，而非成人刻意、系統性的知識傳播。在後續的〈祖先與死後世界〉（Ancestors and the Afterlife, 2013），雅斯圖堤教授細究，人們對死後安嘎責是否存在的說法到底有沒有一致性，而她發現其實成員之間想法差異不小，尤其得看其脈絡情境，在下章提及為死者工作的儀式狀況，人們偏向相信安嘎責的存在，然而在其他時候未必如此。因此人類學的研究雖然需要做一些概括描述，但應更細緻處理，區辨其實踐的脈絡。

8

為死者工作
Working for the dead

生者「工作」建造埋葬死者、使其成為「單一」拉颯成員的墳墓，因為死者渴望美好、乾淨、合宜的「房子」。[1]當生者沒做好他們的工作，祖先們會表達自己很不滿意。一開始是在夢中現身，或是帶來一些小病痛，此時哈殊滿加會試著和祖先溝通，保證會很快處理他們的要求。但如果沒有履行承諾，祖先們可能會非常生氣，甚至「致人於死」。

雖然生者為死者工作是出於被迫和責任感，但死者和生者仍以某種微妙的方式，互相滿足了彼此的願望。對死者來說，進行這項工作是後代記得他們、照顧他們的方式；對生者而言，為死者工作提供了一種祝福形式（我們的工作就是我們的祝福），因為祖先若是高興，就不會再干擾後代的生活、夢境和健康。換句話說，為死者工作是另一種**分隔**生與死的方式。

在上一章，我們看到村莊遭到死亡侵擾時，斐索人的處理方式：人們參加死亡現身帶來的擾亂和「熱」，將死者送到墳墓和拉颯後，生者可以恢復村莊的冷。然而，成功地將死亡與生命分隔後，生者會面臨另一個問題，那就是「死者企羨生者」[2]。這是一種很危險的企羨，可能會導致死者回來騷擾其後代，造成他們死亡；而最大的危險來自那些最強烈的企羨，例如妲狄蔻洛蔻那種高齡過世，留下大量子女、孫子女與曾孫子女的人。這些較年老的人，企羨的是他們進入「單一」拉颯時所失去的；當他們只與「一類人」長眠，會企羨所有他們留在墓穴之外的其他「類」；他們企羨在世時曾經驗的、在喪禮時最後一次享有的、無分別的匹隆勾阿（見第七章，頁二二三～二二四）。

死者在墳墓中並不只是想要生者記得且照顧他們；他們也想要記得生命。[3]後面會看到，生者為死者所做的工作，不只是一種表達他們記得、並榮耀死者的方式，同時也是——僅短暫地——安撫一位企羨生命和其活著後代的死者之手段：此項工作讓死者得以再次接觸生命，看看他們留在身後的生命光景。

然而，當生者以這種方式取悅他們死去的祖先，他們同時也創造了墳墓，一種物質性的物件，讓死者彼此之間分隔開來，成為各自的、「單一」拉颯的成員。因此，如同埋葬的儀式，生者所做的工作，在死者身上創造並實現了繼嗣的傳承。這麼一來似乎有點矛盾：當生者將死者帶回來、使其與生命接觸，並給予他們再次享有那無限制的匹隆勾阿光景的可能性時，從生命到死亡、從匹隆勾阿到「單一」拉颯的轉換也再度上演。更矛盾的是，當生者為死者工作，好讓死者享有匹隆勾阿的未分割性，死者其實也被迫再次經驗拉颯的分割性——

也就是墓穴在死者之間創造的那種分割性。這是因為為死者工作是特定某「類」人的責任，而他們也正是未來將埋葬在此建造中的墓穴、將加入該拉颯的人。這些人稱為「工事負責組」[1]，領頭的是哈殊滿加。雖然他們還活著，還不是拉颯的成員，但作為「工事負責組」，他們以未來會加入此拉颯（者）的身分，集體行動。[4] 當「工事負責組」計畫工作、想辦法省錢時，他們所說的「**我們的**工作」[5] 清楚地劃分了他們和其他人的區隔。這不是一般人會做的區隔，因為一般生者與拉颯成員的身分尚未相關。但當人們以「工事負責組」行動，即是承認「單一」拉颯的影子，啟動了這個影子。不意外地，工作組織讓「工事負責組」是熱的，而沒參與者則保持了「良好的冷」。

本章分析生者為死者做的工作，描述其中各種複雜的相互作用：死者的欲望，與其後代欲望之間的相互作用；將死者帶返生命的任務，與分隔生死的任務之間的相互作用；為死者

1 「masters of the work」（斐索語為「tompon' asa」），不易找到適當的翻譯。「Tompo」的意義參見第六章原註六〇與譯註十二。相對於「master of corpse」譯為「遺體之主」，「master」為單數，亦指個人（指的是未來會進入某拉颯中最年長的人），其負有指揮喪禮、主導遺體處理過程之責，「master」有主事者、主宰者的意味。「masters of the work」中「masters」是複數，指涉一群未來會進入同拉颯的人，因此並非單一指揮者，而是一組人，他們一起負責與墓地有關的工作／工事（the work），因此屬於特定類型的工作。為了跟一般性工作區隔，因此譯為「工事負責組」。後面另有「master of the crosses」（斐索語為「tompon' lakroa」）則譯為「十字架之主」，此處類似遺體之主之例，「master」只有一位，其他人如要取得十字架（建造權利），需要他的同意。

重新創造匹隆勾阿的無區分性，但同時又將「單一」拉颯的影子籠罩在生者之上，兩個行動之間的相互作用。這些複雜性在兩個不同的儀式場合付諸行動。我先介紹這些行動為何，簡短描述生者為死者工作時所建造的物，接著討論兩場儀式中相似的面向，而後再來個別檢視這兩場儀式。

貝塔尼亞東邊的墓地為厚密多刺的森林環繞，只有幾條窄徑通往墳墓。小徑受到一些禁忌或限制保護，例如不能清除小徑上的障礙物，即使許多有刺的樹枝會讓人難以行走或被刺到都不行。因此一開始是看不到墳墓的，要一直走到幾公尺前，才會忽然在植被間出現。一個個的墓穴在狹窄而有點陡峭的帶狀沙地上以南北走向排列開來，墓園裡顯得很是混亂擁擠，幾乎沒有空間移動轉圜。矮灌木叢延伸到墓園，有時甚至長到墓園裡面。

墳墓有不同的形式。有些有簡單的圍籬，圍籬圈起來的範圍裡會有好幾具屍體、但都埋得不深；沙地上插了幾個有死者姓名的十字架。圍籬和十字架都是木頭或水泥做的，圍籬大概三公尺長五公尺寬，高約一公尺。有些墳墓有大型的混凝土「箱子」半沉入沙地，周圍再用混凝土的圍籬將其圈起來。其他地方的墳墓則是堆疊石頭蓋住棺木，在石頭間插個十字架。

根據我的報導人對於斐索習俗的陳述和解釋，典型斐索墳墓（至少在我居住的地區）是圍籬式的那種；[6] 混凝土箱似乎是新近才傳入的，被認為是「好東西」，因為那讓許多人可以埋在一起。遺體躺在「箱」內，不需要棺木，因此比較不占空間。然而，要建造一個混凝土箱意味著得挖出以前埋的屍體，而這對大部分斐索人來說是禁忌，因此實際上很少蓋這種墓穴。在死者身上堆石頭這種形式在貝塔尼亞不多，但在貝羅比較常見（石頭堆的四周還是會有圍籬），據說在杜樂很普遍；貝塔尼亞的人認為那是外人的作法。

雖然我後來認為上了白漆的混凝土圍籬是墓地最重要的特色，但這種圍籬實際上是建來取代原本的木圍籬的，而木材多少可說是這裡地景的一部分。除了那些還存在的木圍籬，墓穴拆掉後剩下的木料散置在墓地邊緣，其他的木圍籬則處於倒塌進行式。有的木圍籬是用直接從附近森林取來、只粗略削過的木柱構成；或是以木板和雕花的木柱精心建構而成，有時還會雕刻個什麼，立在四到六根的主柱之上。[7] 第一種圍籬，是在埋葬當下還沒有建好的（混凝土）圍籬可用時，臨時性的做法。這種臨時性圍籬會在適當的時候拆掉，原地改建混凝土圍籬。十字架也一樣，一開始那種暫時性的木十字架，後來會以混凝土的取代。第二種圍籬則被視為在使用混凝土之前的特色，他們屬於後代已經搬走的那些人的，否則早就應該要把木材換掉了。[2]

2 根據雅斯圖堤另一篇文章（Astuti 1994），西馬達加斯加（撒卡拉瓦、斐索地區）的此類木雕以其露骨情色樣貌而聞名，有時描繪男女交媾，有些則有巨大的胸部和陰莖。

上面的描述告訴我們，生者為死者做的工作即包括了把木材更換為混凝土。首先，他們要搭建混凝土圍籬（斐索語為「阿撒洛洛」），然後把墳墓上所有的木頭十字架都換成混凝土的（斐索語為「阿撒拉擴」）。雖然有時兩種儀式的間隔時間很短，但他們自成一格，且通常在圍籬蓋了好多年之後，裡面的木十字架才會換成混凝土十字架。把墳墓中爛掉的木頭清掉、工作完成時，會產生很強烈的成就感。人們想像死者會對嶄新的、美好的、乾淨的房屋感到開心，他們也會欣賞自己為死者建造的墳墓和十字架的美學價值。我曾三度參加斐索的「阿撒洛洛」，每回當工作完成，人們開始解散回家，這時就會有人叫我過去，督促我欣賞大家工作的成果：他們期待我會同意圍籬的確建得又漂亮又好；這時如果問他們，為何混凝土的圍籬是「好的」，是很冒犯的事情。事實上，觀察男人們挖沙做堅固地基時的努力和細心，我就可以了解混凝土圍籬的美，它的美在於能在鬆散而不定形的沙地上站得直挺、堅實且整齊。人們讚賞混凝土十字架也是因為類似的理由。這些大而重的堅固之物，與其取代的木十字架形成強烈對比。

混凝土是「好東西」，因為它很持久。[8]人們認為死者會喜歡它，因為它延長了他們在墓地的物質存在。老人家經常會指著一個小嬰兒、孫子女或曾孫子女說：幸好有混凝土，當小孩長大而他們過世已久，她還會看見祖母的墳，以及有她名字的十字架。然而，生者喜愛混凝土的持久，因其讓他們在自己與死者間建立了更堅實的屏障：他們的期待是，一旦換掉了木頭的圍籬和十字架，死者就會有很長一段時間沒有理由抱怨他們的「屋子」，就能與活著的後代保持距離。混凝土的持久性因此可被視為連結了兩種矛盾：死者想要生者記得他們的欲望，以及生者想要忘記死者的欲望。[9]

混凝土唯一缺點是很貴，為死者工作的開銷原本就已經很高，混凝土再添上不小的一筆。不只買建材要現金，還要提供食物和很多蘭姆酒給參與工作的人，也要支付占卜師諮詢費。正常說來，蓋圍籬時的建材開銷比較高，十字架相關的儀式則要花比較多錢在食物和飲料上，因為會邀請更多的人參加。

早在儀式舉行前好幾個月，「工事負責組」內部就會開始收錢，採用的是認捐「分攤費」的方式（法文「cotisacion」，定額、分攤之意）。[10] 每個人捐獻以及支出（或應支出）的開銷都仔細記在筆記本中。受邀參加十字架儀式最後階段——把十字架帶到墓地——的人都該「恩加」（樂捐）錢、牛、蘭姆酒或啤酒。[3] 某個案例中，兩場儀式的總開銷是七〇七・六二〇FMG，[11] 加上兩頭牛和一箱啤酒。其中一五一・〇〇〇FMG、牛隻和那箱啤酒都是「恩

3「cotisacion」（亦見原註十一）指的是「工事負責組」每個人的捐獻，此處對應的英文是「subscription」，乃定額、分攤之意，因此以下將譯為「分攤費」。此外受邀參加十字架儀式最後階段的人都該「恩加」（樂捐），形式為錢、牛、蘭姆酒或啤酒。分攤費與樂捐性質不同。

加」；「工事負責組」分攤的部分只稍稍多於五五〇・〇〇〇FMG。[12][4]

這麼大一筆錢（其價值約等同於一千一百公斤的馬鮫魚、九艘獨木舟、四頭大公牛，或六百公斤的米）都得「從海裡來」[13]（見第三章，頁一一七）。雖然有一份分攤費的捐獻是來自一個當地零售店僱用的年輕安坦卓伊人，摩洛法西，不過這項工事可說都是靠捕魚才能完成。事實上，此種「大型工事」得要靠非常成功的捕魚才能達成。這也就是為何儀式總是在九月和十月、寒季快結束時舉行，[14]因為最好的捕魚季節是在那之前的月份，而當時可能可以有很高的收入。當我們家開始策畫兩個儀式時，彷彿要避開壞運氣似的，每個人都反覆說著如果「德南尼亞哈利」（造物者）保佑他們、幫他們「看」到很多魚[15]的話，工事就可在特定時間完成；人們會不以為然地對沒能捐獻分攤費的家庭成員說：「儘管你每天捕到那麼多魚。」[16]

他們有匯集這麼一大筆錢的意願和能力，可能會把人嚇一跳，要記得斐索身分認同中很根本的一項特質，就是不會「理財」（見第三章）。工事還在準備階段，我的家人們就對什麼才是張羅到必要款項最好的方式，討論不休。他們最後的共識是，五個兄弟姊妹、他們的母親，還有年齡較大的兒子和女兒們，每個人都出一份錢。現金收集好後存在哈殊滿加那裡，也就是最年長的哥哥家。然而，其中很多人都沒出這筆分攤費，宣稱自己把錢存在家裡，存到足額後再一次交出。雖然沒明說，但看來他們不是很信任哈殊滿加；或理所當然地認為，如果需要，他會把集體的基金用在私人的目的上。[17]不過，他的一個姊妹認為這些說詞貌似在懷疑哈殊滿加，其實只是親戚們推卸責任的藉口，並對這些親戚說她不相信把錢留在自己家裡的人有可能存錢成功。她認為唯一能存到所需金額的方式，是從每天賺的錢裡撥出一千、五百，甚至只有兩百FMG也行，把錢立刻從家裡拿出去，唯有這樣才不會把錢花在食物、零嘴、蘭姆酒或衣服上。雖然這位女性經常勸告親戚要聰明點，但大部分時間她都說一套、自己卻做另一套[18]。5

我家人間的討論顯示出，人們知道如果要擔起對死者的責任，非得計畫並存錢不可。要做一個墓穴工事，理所當然要每天撥出一千、五百或兩百FMG，否則就會花在立即性的滿足之上，他們很清楚這種花錢方式與對死者的責任彼此矛盾。換句話說，為了要成功建造永久、持久的墓穴，生者得拋棄慣習的斐索行為模式。

雖然就實際面來說這個論點很直白（墳墓很昂貴，人們得省錢來蓋），但更有趣的是其觀念意涵，因為這個論點清楚地區分了兩種相反的「交易秩序」。[19]第一種秩序是斐索人在

4 同第四章譯註二。

5 根據雅斯圖堤另一篇文章（Astuti 1999），此處所指為其乾媽，她經常勸告他人要聰明理財、不要亂花錢，但自己卻經常把過多錢花在一頓餐飯食材，讓下一頓無菜可配。參見第二章的譯者補充。

意的、作為活生生的斐索人應有的特色；第二種秩序則涉及生者和祖先之間的關係。斐索人只有在得建造墳墓和十字架時，才會強調他們必須省錢，藉此截然的對比，劃分了「為死者工作」和「讓自己活著」。此對比也是另一種闡明和創造生者與死者分離的方式。生與死的差異，從檢視兩種「交易模式」的結果來看再好不過：一邊是永久、持久的混凝土圍籬和十字架，另一邊則是短暫的感官滿足。

與多數殯葬一樣，得挑選個好日，才能萬事順利，儀式舉行也才安全，為此（斐索語的字面意思為「問日」）需要諮詢一名占卜師。雖然人們常會瞎猜某日是否吉利，然而此事相當「困難」，沒人敢冒犯錯的風險。事實上，儀式及所有籌備活動最好都能在「好日」進行，越「困難」的項目更非得在「好日」不可。例如蓋阿撒洛洛時，圍籬的磚塊可以在村內製模，也可以買現成的。前者一定會諮詢占卜師，若為後者，人們就會自行判斷，看哪天適合買磚頭運到村內。若建材是在儀式舉行之前，從靠近墓地的地方運來，就得找占卜師挑個日期。

要儀式成功，更重要的必備條件是一種特別準備的藥，叫做「法尼奇拿」。此藥由占卜師在工事完成前數日準備，用於出發到墓地前、以及前往墓地途中的儀式，每回都有特殊的成分組合溶於水中。藥的效力可能不一，在儀式尾聲通常都會受到評論：如果沒有爆發爭議、沒有發生意外、每件事都很平順，人們就會說法尼奇拿又「好」又「強」。

法尼奇拿（fanintsina）的字根是「nintsy」，意指「冷」。當我詢問法尼奇拿是否意味著讓人們保持「冷的狀態」，我的斐索朋友們解釋道，法尼奇拿的意思是要防止參與者彼此爭執、對付喝太多蘭姆酒而胡鬧的人。因此當有人因跳舞唱歌而變得太興奮、或喝醉的人爆發口角時，就會對群眾噴灑大量的法尼奇拿。「工事負責組」也會將法尼奇拿用在人們出發前往墓地的時候。每個人——男人、女人、小孩——都有一份；依照占卜師指示，人們吸一定次數的藥，或用它來梳平頭髮，或兩者都做。祖先也得到一份法尼奇拿，哈殊滿加將之灑在墳上，確保他們在工作進行期間表現良好。

阿撒洛洛

進行墳墓工事那天得先從稟告祖先開始。有一回，人們先在哈殊滿加村內的屋子進行宣告，而後再在墓地簡短重述，但通常只會在要重建的圍籬前說明。宣告的主要目的是要通知祖先接下來會發生什麼事情，讓他們不會太驚訝。[20]同時哈殊滿加會請祖先嘉許其後代沒有忘記他們、仍照料著他們。最後哈殊滿加請求祖先在生者為了拆除與重建而靠近祖先的家時，能保護生者。

有一次，人們帶了放音機去墓地，讓舞蹈更「腐熟」。哈殊滿加得特別留意讓祖先事前得到警告，如同下述：

> 他們（祖先的後代）真的很開心，因為他們弄到這個「電唱機」，白人的東西；他們秀給你們看，因為他們很開心。我們通知你們，古老的拉颯，這樣你們不會驚訝、才不會說：「為什麼當這些孫子女、這些小孩有了某些東西，就不記得我們了？」（如你們所見）這不是真的，因為我們現在呼喚你們、通知你們。[21]

哈殊滿加不是擔心祖先可能不喜歡放音機。他關心的是他們可能會覺得被遺忘、被排除在生者的歡樂之外。

抵達墓地時，哈殊滿加在要施工的墳墓內灑幾滴法尼奇拿。拆掉老朽木圍籬後，男人開始討論如何建造新的。他們估計以現有的磚塊能蓋多大的圍籬，如何在牆上設計一些洞才可節省材料，好蓋得更大更高；他們用小樹枝在身體皮膚上劃白痕，速記數字。多數男人只負責扛建材，因為村內只有少數幾位（每次儀式我看到的都是同樣的人）擁有建築所需的技術，且夠清醒能立起一道垂直的牆。同時間，有些年輕男孩在樹蔭下清理出一塊區域，讓長輩以及那些稍早停止假裝自己派得上用場的人有地方坐。多數男人在樹蔭下吃飯，而少數幾位聘來建造圍籬的人則會在工作地吃，坐在死者上方、背靠在十字架上。

女人的任務是幫忙煮飯、分配餐食。她們通常比男人晚抵達墓地，因為得在村裡等候那些天一亮就去市場為共同盛宴買米、肉、洋蔥、番茄和「搽卡」（一種綠色、辛辣的葉子）的女人。當女人們帶著鍋子、水桶、盤子、湯匙和食物，伴隨小孩抵達墓穴，她們清出一個區域，將之變身為廚房。食物準備好時，女人們將飯、肉裝在大盤子裡，每個盤子上的湯匙數目表示了這盤得要多少個人合吃。男人先吃，通常會把一個湯匙藏起來，以增加每個人可分得的比例；然後他會派年輕男孩到女人那邊，秀出盤子還裝滿飯，但沒有更多的肉或肉湯了。女人給的量很慷慨，但她們也會確認有足夠份量留給自己。有一回，男人們要更多食物要得太過分，女人們就在桶子下藏了一小鍋肉和湯；當男人們要求更多肉湯時，她們亮出幾乎全空的大鍋子，跟他們說該滿足了。

墓地烹煮的食物是為了讓人們吃飽，應該要好吃美味（肉與洋蔥、番茄和搽卡一起煮）並且豐盛。某一次的阿撒洛洛，笑聲與娛樂的來源及主要的吸引力，是一個兩手各執一支湯匙的女人，她嘴巴塞滿了飯和肉，擠眉弄眼裝鬼臉。

食物對儀式很重要，而蘭姆酒則不可或缺。沒有蘭姆酒，工事無法完成，大家說馬拉加西人可以賣力工作，但得提供酒精。雖然「工事負責組」在完工前不應喝太多，不過總是有些家庭成員——可能是男人、也可能是女人——會從一開始就拚命喝，而被他們「比較明智」

的親戚罵。

女人和小孩在一邊，男人在另一邊，這兩邊之間的互動許多與蘭姆酒有關。至少理論上，酒精的來源應該只有一個，即由可靠男子監督管理的、放在男人們休息與工作處的幾個塑膠容器。只有一瓶讓大家傳著喝，不時重新裝滿。酒瓶多半由男人們獨占；絕少派年輕男孩傳給女人們喝一輪。這讓後者強烈抱怨，當酒瓶終於傳到她們那裡時，她們對每個人喝到的量大表不滿。然而一陣子之後，那些喝得太醉、無法從「官方」來源取得更多酒的男人會到女人那邊去乞酒，因為每個人都知道女人們總有一小批補給藏在鍋子水桶間。我們家舉行阿撒洛洛時，女人們偷藏的存貨是哈殊滿加的太太用我最後一刻贊助的分攤費買的。哈殊滿加不在，他的太太就沒把錢登錄在正式贊助清單上，同時取得我的同意共謀，讓女人們有點小樂子。

在墓地玩得開心很重要。雖然斐索人說他們不是很擅長舉辦「腐熟的」宴會，但他們要自娛並不難。他們尤其喜歡跳舞，且發現放音機大有幫助。他們最喜愛的舞是「迷諾佐期」，包括旋轉以及前後猛推自己骨盆，且速度會越來越快，最好與另一個人對跳且調和。其中性暗示十分露骨，再明顯不過，甚至因為過於露骨，成人鮮少有合適的機會跳迷諾佐期，[22]而阿撒洛洛即是其一。

人們會留在墓地跳舞喝酒，直到圍籬蓋完。吃飽後，清理完畢，將從村子帶來的餐具和烹調器具打包，此時女人們才比較有空和其他群眾一起細看新建的圍籬。人們在圍籬內、在工作的男人旁邊跳舞，還力勸仍在工作的少數男人加入跳舞行列。當建造終於完成，圍籬內的沙子抹平掃淨，工具也都收拾在一起了，有人要大家靜下來注意聽。隨著群眾的噪音慢慢沉寂，一名公認善於演說的人發表簡短講演。他宣布是代哈殊滿加講話，感謝群眾捐助完成如此的「大工事」，如果沒有他們的幫忙，無法圓滿達成任務。此外也感謝「德南尼亞哈利」（造物者），沒有他的協助人們不會有足夠力氣。這項工作沒遇到阻礙，一切都很順利，從早到晚都做得很好，沒有爭吵或意見分歧，只有遊戲與玩笑。現在該散會回家了。[23]

群眾就此解散回村。有些人醉到需要人幫忙才有辦法走，有些得要別人拖回家。回到村子後，所有的宴席、跳舞和飲酒一般都得停止。然而有一回，這些活動沒有取消，那時的哈殊滿加不但自己鼓動人們為放音機找新電池，還拿錢讓人買更多蘭姆酒，群眾於是重新聚集在他家旁邊。但當晚稍後有人過來告知，有個年輕男子——哈殊滿加的太太在親屬稱謂上稱之為「兒子」的男子[6]——在貝羅因破傷風過世。由於哈殊滿加和他太太都太醉，無法接待信差，哈殊滿加的長姊便強制結束這個宴會。她從一開始就不贊同弟弟的行為，她把電池從放音機裡拔出來，大聲叫群眾回家，因為現在都結束了。在此事件的餘波中，她找到無數個

6 死者是「classificatory son」，指的是在當地親屬稱謂上也以「兒子」稱呼，但並非親生的兒子。

機會數落她弟弟的行為。他的妻子居然沒辦法聽取一個「兒子」的死訊這件事，毫無疑問地顯示了他的行為有多糟糕。尤其是他十分不明智，把應該在墓地結束的活動帶回村內：「結束就結束了。」[24]在她看來，那個男孩的死訊在那時候傳來絕非巧合。

讓我們簡短總括一下阿撒洛洛的時間序列。有責任為死者建造好墓穴的生者需要到墓地進行工作。他們得要有幾項預防措施以保障安全：選擇工作的好日、以及使用法尼奇拿。需要先通知祖先他們的「家」會發生什麼事；此外也請他們保護這些照料他們、可以證明還緬懷且關懷他們的生者。男人們抵達墓地後，拆掉舊的木圍籬，開始建造混凝土的新圍籬；女人們稍後到，帶來社區共食的食物。人們享用大量美食，蘭姆酒供應充足。建造圍籬時，大多數人（處於或多或少酒醉的狀態）圍著跳舞，盡情歡笑。工作完成後，幫忙進行這個「大工事」的人會收到感謝，之後每個人就回家去。儀式結束。

儀式最重要的時刻是拆掉舊圍籬後和完成新圍籬前的那段時間。好日選定，祖先通知了，墓穴也灑上法尼奇拿後，一旦拆掉圍籬，生者似乎暫停了所有與墓地的熱接觸時，一般會有的謹慎、猶豫或靜默。他們在墓地裡、在死者屍體上方行走、跳舞、跺腳、喝酒、吃飯。

人們意識到這行為是會「令人驚訝的」。他們跟我說，我海外的朋友看到阿撒洛洛照片，聽到與我同住的馬達加斯加人在墓地裡跳舞吃飯一定會感到驚訝；不止如此，他們也警告、勸告他們自己的祖先，別被這行為給嚇到。的確，他們似乎也常被自己做的事給驚訝了，如同他們期待我的朋友會驚訝、害怕他們的祖先會驚訝一樣。

「驚訝」的緣由可視為阿撒洛洛打亂了、暫時摧毀了墓地和村落間，以及死者與生者間的正常區別。在阿撒洛洛中，生者把平常歸屬於墓地外的，帶進墓地內。他們把生命、把伴隨生命的呼吸、烹煮、吃飯、喝酒、跳舞和大批群眾帶了進來。他們以生命侵入了墓地。

這麼做表面上的理由是生者需要提供死者新穎乾淨的房屋，但透過侵入墓地，生者也回應了死者想保有生命記憶的渴望。因此，當參與者用盡力氣跺腳、在死者之上跳情色的舞時，他們想像底下的死者享受盛宴——的確，如果死者不真如此，生者就會「當場死亡」。同樣地，他們想像死者喜歡頭上有放音機在放音樂，因他們渴望分享生者的活動與樂趣，基於這個理由哈殊滿加會確認他們不會覺得被排除在外。只要舊圍籬倒了而新的還沒蓋起來，死者亦可能瞥見匹隆勾阿卻可望而不可即，在片刻即逝的那段時光內，他們的視線能再度延伸到含括**所有**參與工事的後代。

但當老朽不堪的圍籬拆掉，對死者而言是開啟他們生命景象的那一刻，對生者而言則標記著開啟與死者充滿情感延續的一刻。圍籬一移除，就沒有將生者與死者分隔的障礙了。[25]透過拆下標註著死與生之界線的圍籬，死者可允許享受生命，看看匹隆勾阿；同時間、同樣的理由，生者則冒著「享受」死亡、進入「單一」拉颯的風險。生者忍受這恐怖的前景，因為他們希望透過取悅死者，能不受干擾、死者不會因渴望生命而來糾纏。但與死亡的近距離接觸，也是生者主動做出反應，竭盡全力使自己盡可能充滿活力的原因。

在阿撒洛洛期間，生者在死者身體上、以及墓地裡展演的，比較是對生命的滑稽模仿，而非生命「冷」性質的再現。因此，舉例來說，雖然生者在村內吃的食物美味和滿足，跟在墳墓附近一樣，但他們不會特別裝瘋賣傻，在嘴巴塞兩根湯匙和做鬼臉。當人們侵入墓地，他們做的不只是演出生命的景象給死者看：他們誇大其「朝氣活力」，他們誇大自己是「活著的人」而非死者這件事。這點很重要。以妲狄蔻洛蔻為中心，在其喪禮的活力演出，其實是要藉此對照、好證明她死了（見第七章，頁二二〇～二二五）。舉行阿撒洛洛也是一樣的道理。當向來將生死分隔開來的距離暫時轉化為令人恐懼和「驚訝」的靠近時，生者用他們的活力形成反差，（明確）展演祖先已逝的事實。當生者在墓穴內吃東西，在遺體上跺腳，底下的死者就可證明為已死：他們不能共享餐食，不能加入舞蹈或回應音樂節奏以及迷諾佐期舞的刺激。不動不響，靜聽經由沙子篩濾過的生命。

專為死者表演的生命的景觀，以及生者近乎歇斯底里的超級活力展示，都只持續到完成新圍籬為止。而後，生者帶著他們的鍋子、桶子和空容器回家，回到他們村落「真正的」冷的狀態。留下死者在新建的、更穩固也更永久的圍籬內，再一次納進，被限制在他們「單一」

的拉颯中。

阿撒拉擴

建造混凝土圍籬只是生者為死者履行任務的第一階段。接下來是十字架儀式，將一個墳墓——「一類人」的墳墓——內所有的木製十字架都換成混凝土製。比起興建圍籬，阿撒拉擴持續更多天、牽涉更多人、花費更高，過程也更複雜。

此儀式（見圖四）依照占卜師指示的好日，持續五到七天。從在村內模製十字架（「曼尼利拉擴」）開始，由主辦人邀請並供餐的一小群人製作。之後幾天會陸續將死者名字刻在十字架上，移去木製的模版，並將十字架上漆。搬到墓地的前一日下午，會先把十字架先立起來（「曼那加拉擴」），而後將儀式參與者的「恩加」（樂捐）立刻交給「工事負責組」。與此同時，女人們正在為群眾烹煮大量食物。在十字架開始模製到帶離村莊期間，群眾會在靠近十字架的地方守夜。一開始只有「工事負責組」守夜，但最後一夜則是重要活動，意在娛樂大批群眾。最後一日的黎明，把十字架帶到墓地。隊伍可以十分安寧平靜、或者狂熱奔放，端看十字架是為了哪個死者、其地位為何而定。當十字架抵達墓地並放入圍籬，即感謝群眾並請他們回家。儀式結束。

圖4－十字架儀式

第一天	第二天	第三天	第四天	第五天	第六天
曼尼利拉擴 村內模製十字架	十字架晾乾	十字架晾乾 十字架刻上名字	木模版移除 十字架上漆	賓客開始聚集 3點鐘 曼那加拉擴 豎立十字架 「恩加」 將分攤費交給「工事負責組」 撤卡佛 共餐	墓地 隊伍將十字架帶到墓地 結束 儀式結束，人們解散回家
晚上	晚上	晚上	晚上	晚上	
守夜 幾個人守夜（只有「工事負責組」成員）	守夜 幾個人守夜（只有「工事負責組」成員）	守夜 幾個人守夜（只有「工事負責組」成員）	守夜 更多人守夜（「工事負責組」成員和朋友）	守夜 宴會 大批群眾守夜、歡宴	

工作從模製十字架開始。建材與工具事先備妥，放在屋旁，十字架的製作過程，一直到搬至墓地前的工作都在那裡進行。通常都會在哈殊滿加的家建十字架，著眼於其「十字架之主」的角色，但其他人可以向他「請求」而「取得」十字架。[26]有一回，一個兒子向他同父異母的兄弟請求他母親的十字架。哈殊滿加回答說，如果是別人的話他不會讓出十字架，但既然請求來自十字架建造對象（的女人）所生之人，他會同意並祝福。

受邀參與工作的人在清晨三三兩兩抵達。男人和女人聚集在房子附近的不同區域，進行不同的任務，女人烹煮，男人建造十字架。在臨時搭的遮棚蔭下，男人們分成幾個工作小組，一組負責製作一個木材板模。雖然我從沒緊跟在男人的工作旁邊，倒是聽過他們討論十字架的工作計畫與設計。形狀從傳統拉丁十字到裝飾頗華麗的菱形都有，有時大膽創意的設計會因為技術上不切實際而被否決。然而主要的考量是死者的年歲要能反應在形狀與尺寸上。小孩的十字架短且窄，沒什麼多餘裝飾，而小孩的祖父母和父母的十字架就得較高且寬，並加有大量裝飾。建造時要彰顯十字架及其所代表的人之間的同一性，我們接下來會看到，實際上十字架在儀式中成為了這些人，其尺寸、重量和美，重新創造了死者在生者間的身體存在。

對十字架的尺寸達到共識後，每組就開始工作。由於工具數量有限，有技術的木工人數也不多，大部分工作都有點混亂，工具與技巧在不同小組間挪借分享。木框完成後，把混凝土倒進去，並以鐵條加強。與蓋園籬相比，這項工作的參與者多了很多，但也跟阿撒洛洛一樣，其中大部分人會逐漸退出工作行列。

一如往常，女人負責煮餐。等那些去市場的人帶著佐料回來，其他女人就開始去穀糠、切肉、把番茄和洋蔥切小塊，清理一串串的搽卡辣葉。爐火升起，幾鍋米以及一鍋肉排列在陽光下；女人有自己的遮棚，顧好爐火並監看食物的烹煮狀況之後就可以退下休息。食物煮好後上菜，男人停止工作，吃飯並交回空盤，然後輪到女人吃。

有一回，因為去市場的女人們回來得晚，吃飽飯後十字架已經完成了，多數人在吃飽後就散去。另一回，工作組織得比較好，食物比較早端上。男人遮棚裡架起放音機，吃飽後女人和小孩開始跳舞。男人明顯地害羞，只有幾個人在有些女人力邀下才跳。

雖然有蘭姆酒，但提供的量不如阿撒洛洛，似乎也沒人期待要喝很多。有一次，當十字架在我家的哈殊滿加製模時，我自願要多買些蘭姆酒；後來有個人私下要求我再買一次。在那之後我才發現，我家的「明智」成員並不贊同我自作主張，因為他們不認為有必要讓任何人喝醉。

我對十字架儀式第一階段的印象是工作、食物、跳舞和蘭姆酒都是「中性的」，與日常生活沒什麼不同。理由是十字架尚未完成，它們即將成為的對象尚未現身。十字架還沒有「被啟動」，尚未取得（後面會討論的）作為死者身體以及生者祖先的雙重意象。

一旦十字架準備好了，就小心翼翼地移到哈殊滿加家東邊的院子中間，並將它們併排在地上，年長者的十字架在北邊，其他則照年歲大小遞減往南放置。十字架的上端總是朝東，底部朝西，此即喪禮時、以及墓穴之中死者遺體所躺的方向。有時會在十字架周圍以木樁和椰子葉加蓋一種保護圍籬。一天中最熱的時段，會架起小船的帆作為遮棚，避免混凝土在太陽下裂開。放乾一天後，刻上死者名字，如果知道出生和死亡日期的話也刻上，前面用法文寫著「這裡安眠的是……」(ci gît, ici repose)。字樣的銘刻會由死者一位親戚負責，通常是字體好看的年輕人，沒有特殊儀式規矩。[27]

就我了解，木模的框何時移除僅取決於混凝土乾透的時間。雖然沒有為此召集正式的聚會，木框移除時所有家庭成員還是都會盡量到場，揭曉工事成功與否。如果十字架的一部分破掉或裂開，會詮釋為死者對生者的「作為」(編按：此處使用的斐索語指不好的作為)不開心或生氣的徵兆。有個例子是丈夫「求」得了女人的遺體，然後讓給她的小孩(見第六章，頁一八一)，之後她十字架上的一個裝飾品破裂。她的父親和兄弟都還活著，他們先前曾對她丈夫十五年後才為她建造混凝土十字架一事表達不滿，就旁觀者看來，十字架上的裂痕(後來小心地修復了)證明了那個女人也對拖延一事很不高興。[28]

木框架移除後，十字架還得上兩層漆：前後上白色，側面是淡藍色或淡綠色，字則為黑色。十字架還在村內時，看起來亮晶晶的、也很乾淨；有時會在「腐熟的」行列前進墓穴時掉很多漆，印上髒手印。如果油漆還有剩，十字架立在墳上後會再很快補一層，要不就維持原樣。雖然人們抱怨油漆跟其他買來的每樣東西一樣，價格上漲品質卻下降，他們似乎不介意十字架在墓穴內的外觀，也不覺得死者會在意——或許是因為死者對跳舞比較有興趣，對無法乾得徹底又容易脫落的廉價油漆有心理準備。

油漆乾了之後，十字架就躺在沙地上。人們將混凝土尚未凝結、油漆未乾時用來保護的圍籬撤除。一切就緒，可以展開儀式的最後階段。

人們於占卜師預示的日子，下午三點，「豎立十字架」（曼那加拉擴），依照死者年歲，由高至低排列，靠在東邊一個事先蓋好的木架上，有死者姓名的那面朝西。這項工作由男人執行，立十字架時一小群人聚過來圍成半圓，等到十字架都立好後，人們開始哼唱教堂聖歌。

把十字架立起來點燃了旁觀者熱烈的情緒。最親近十字架所代表者的人通常會感動落淚；如果掉淚了，會立刻有人勸阻他別哭。當一個分娩第十一個小孩時死亡的女人十字架立起，即使這已是她過世的十五年後了，她的孩子顯然仍舊感觸良多。女人的丈夫後來跟我解釋，這種立死者十字架的方式是「很好的事情」，有兩個理由：首先，讓無法及時參加喪禮的人——「沒能趕上遺體」[29]的人——可藉看到死者的十字架來彌補；其次，未能在母親生前認識她的孩子現在有機會看到她了（斐索語的字面意思為「他們終於看到他們的母親」[30]）。

這個男人說的十字架儀式是好事的原因，顯示了該儀式有著根本的矛盾。第一個理由暗示了該儀式重演了喪禮；在此脈絡下，十字架代替了遺體。然而第二個理由卻是孩子們看到的不是母親的遺體，而是活生生的母親。換句話說，這個男人講的是十字架不只替代了那個女人的遺體，同時也喚起她作為活生生的人的存在。此矛盾具體表現在人們立起十字架、將之從水平轉成垂直位置的時候。當十字架平躺在沙灘上時，是死者遺體的替代，於是沒道理將它們從該位置立起來。擺到豎立的位置，十字架及它們所代表的人等於回返生命，而這也是為何活著的親人會如此情感滿溢。

生命與十字架結合的這個面向，對了解十字架儀式來說相當關鍵。有兩項看似不相容的行為同時發生：將死者帶返生命，以及用一具假的遺體來重演一遍喪禮。一種解讀是，只有重新創造出活著的身體形象與有生氣的生命，生者才能有所感動而為假遺體舉辦一場假喪禮。下面我會討論「貝娜娜」（一件有具象胸部的十字架）的案例以支持此種詮釋。第二種互補的解讀是：十字架傳達的對比意象——既是活著的祖先、又是假的遺體——伴隨了死者與生者相反的欲望。死者對生者期待得到的服務，其中一部分是得以品嚐和記憶生命的機會，而此機會要藉由重演喪禮賦予——就和所有喪禮一樣，其結局是死者留在墓穴中，生者則回到村落。

然而在進一步闡釋這些概念前，讓我們簡短回到立起十字架後的儀式進程。透過描繪守夜以及將十字架搬運到墓地的行列，我們對十字架如何表達與對照出雙重而彼此衝突的意象，將有更清晰的理解。

照片 4｜豎立十字架（曼那加拉擴）。

在十字架立起之後，旁觀的人把樂捐交給「工事負責組」。哈殊滿加以及一兩位其他的年長男性（通常是他的兄弟）坐在屋內，一小群男人（很少包括女人）在外面排隊、等著輪到自己樂捐。一群人離開後，有另一群人來詢問，自己是否可以進來；之後他們也被請入了屋子。訪客們坐下，先聊幾分鐘天氣或他們的旅程，而後語氣忽然轉變，訪客中較年長那位把一個裝著錢的信封遞給哈殊滿加，後者感謝收下。接著人們再隨便聊了一下，這群人便離去，接著又有另一群人進來。整個過程顯得非常無聊。

訪客一離開房屋，屋內的人就馬上打開信封數錢，金額和樂捐者的姓名隨之記錄在筆記本。捐款數量不一，從最少的五百或一千FMG，到兩、三萬FMG之間。恩加也可為實物：一頭牛、一箱或一箱以上的蘭姆酒或啤酒。捐款的價值差異很大，[31]但他們都以同樣方式交給「工事負責組」。

以實物方式樂捐的恩加會讓行列隊伍瘋狂，類似老人喪禮中的鬥牛。如果恩加是一頭動物，就得要演場假鬥牛。用繩子牢牢綁緊牛的雙角，群眾繞著牛奔跑、跳舞、唱歌、鼓掌、大笑、喊叫與尖叫。如果恩加是一箱啤酒或一桶蘭姆酒，就將之安穩地綁在桿子上，由興奮的年輕人扛著，他們也假裝這是牛來衝鋒，佯攻群眾。這遊戲在哈殊滿加收受恩加的屋子一段距離外開始，在抵達目的地前迂迴地大繞遠路。一開始，行列中只有恩加樂捐者，但很快地，越來越多人（包括許多「工事負責組」）受到吸引而加入。當群眾靠近哈殊滿加的屋子和十字架，欒捐恩加的帶頭者以勝利姿態揮舞兩根上面插有紙鈔的棍子，這些錢也是恩加的一部分。

誰捐了什麼、貢獻了多少，對於界定生者間的關係至關重要。在此討論中，要特別留意的是，遞交恩加的時刻建立了「工事負責組」和其他人之間的區別。我稍早曾指出此區別的區分性，乃透過生者為死者做的工事而強加在生者之上。透過此區別，「工事負責組」將自己視為將被埋在同一個墓穴中、將加入同一個拉颯的「那類」人，就此和其他排除在墳墓和拉颯之外的人形成對比。儀式參與者透過交納恩加，將他們自己與「工事負責組」區分開來，後者貢獻的是分攤費。由於實物型恩加習慣上是由「工事負責組」的姻親（「賓南多」，女婿，和「拉佛札」，岳父丈人）所交納，這又將欒捐恩加者更進一步區隔開來。如前面討論過的（見第四章，頁一三八～一三九），這是給妻者和討妻者關係間非常微妙的時刻；雖然結果是平等的（「沒人在下、沒人在上」），實際遞交恩加的過程，是以一種清楚分明，甚至強加限制的形式，表達了雙方（在脈絡下的）階序關係。

生者經驗到的這些攻擊性和區別性，死者是看不到的。實物形式的恩加對生者而言是最有區隔性的捐獻，它們是返回生命的死者假想中會最享受的東西，實物恩加引發的模仿鬥牛即是死者接收到的生命美景的第一幕。生者經驗到區別性，轉化為大批無差別群眾——甚至「工事負責組」也包括在內——在十字架前唱歌跳舞、遊行，那種大聲而無法抗拒的情景。

於是，當生者因死者而經驗了區別時，為了滿足死者返生的欲望，此時不能讓死者和其拉颯看見他們片刻地強加在生命上的區隔性。

遞交恩加的同時，女人開始烹煮大量的飯和肉。雖然「工事負責組」透過鋪張的大吃大喝獲得名聲，場子的成功由所有參與者透過貢獻恩加而共享，共享食物消解了「主事者」（masters）（譯按：「工事負責組」）和其他人的區別。等到食物分配好，恩加的交納也結束了，生者間的區分不再可見。樹立在群眾之間，若生猶死的十字架（living-dead-as-crossses）得以欣賞這群可想像為無區別、無分割的龐大的後代。這得以俯瞰生者的、匹隆勾阿的視角，是死者在墳墓裡，在他們「單一」的拉颯中所念念不忘的。

———

從十字架模製到離開村子之間，人們每晚都會在放置十字架的地方舉行守夜。除最後一夜，「工事負責組」們每晚都有義務要出席，朋友、鄰居和很會唱歌的人都歡迎參加，不過不會正式邀請。頭幾天人們聚集守夜，假裝自己很努力在「忍受無睡眠」（見第七章，頁二〇八~二一〇）。他們會唱幾首歌，但很快就靜下來。多數人最終踮著腳尖溜回家，只留下幾個人會睡在室外。然而隨著最後一晚的守夜逼近，活動就多了。最後一夜的前一晚通常是真正的守夜，包括傳統歌唱，也滿慷慨地供應蘭姆酒。終於，最後一夜來臨，那可是重要的社會大事，參與人數相當可觀，遠超過任何喪禮聚會。前來參加守夜的人們期待很高，因為「工事負責組」們有責任提供整晚的精采娛樂，典型作法是發配大量蘭姆酒，及租用「叭輔」——這是一種超大型放音機，配備包括刺耳的擴音器和數量有限的卡帶。

在一般儀式脈絡下，十字架守夜看起來是喪禮守夜的翻版。儘管大家都看得出其相似性，這兩個喪禮活動也有根本上的差異。在我田野早期，有人警告我絕對不要在喪禮唱歌時錄音，等到十字架儀式再錄，因為人們在喪禮時很哀傷，因此錄下他們的聲音和哭泣不恰當，人們在十字架儀式很歡樂，因此錄他們唱歌沒關係。然而即使如此，即使十字架守夜時有叭輔擴音機，人們依舊一再跟我保證兩種守夜「唱歌沒變，都一樣」[32]。

此處所顯示的是，若把十字架守夜視為喪禮守夜的一百八十度轉化，從悲傷轉為歡樂，其實不全然正確。一方面，如我們已經看到的，並非所有喪禮都很哀傷。例如在妲狄蔻洛蔻的喪禮守夜（一位年老女性，其喪禮讓人們開心，見第七章，頁二二〇~二二五），我詢問是否可以錄下伴隨著舞蹈的歌唱、拍手和呼喊；思考過後，人們同意我可以錄，因為群眾很開心。另一方面，並非所有的十字架儀式都很歡樂。一如喪禮中悲傷或歡樂乃視死者身分而定，十字架守夜時會瀰漫什麼氣氛，也視十字架的身分（代表誰）而定，而此地位本質上總是曖昧的。

在某個層次上，十字架的身分是其所代表且「人格化」的死者身分。在較抽象的層次上，十字架的身分源自十字架有兩個意象——作為活著的祖先，和作為遺體——而儀式的組織者和參與者希望、或被要求在儀式本身強調哪一個意象則不一定。為了了解兩種意象擇一的選擇如何形成，我們得回到守夜的娛樂節目，以及叭輔擴音機。

舉行十字架儀式前的幾個月，我的接待家庭舉行了無數次會議討論——經常是爭論——是否租用叭輔。我很快就厭煩了在一旁聽這些討論；除了怕擴音器尖銳的聲音之外，我也不認為一整夜全力放送的馬拉加西流行樂能被視為十字架儀式值得記錄的特色。之後我才想到，如果需要開那麼多次會來討論叭輔的議題，一定是有什麼有趣的地方。租用叭輔很有爭議性。有些人反對，因為他們覺得太貴，但這論點顯示很小氣，很快就不予理會。有個女人的反對意見比較有意思。身為該家庭墳墓中埋葬的唯一一個小孩的母親，她表達了其中一個十字架是小孩時不宜有音樂舞蹈的意見；她想起孩子會傷心，她希望人們吟唱詩歌，而非在守夜時跳舞。這反對意見顯然被認真看待，導致支持叭輔的人不得不提出這樣的訴求：守夜若沒有音樂，會有乏人問津的危險。最後，我的接待家庭決定要租叭輔，有一個兄弟設法弄到優惠價，而守夜人潮踴躍，吵鬧而成功。

另一回，有個孩子的母親提出類似的論點就比較為人體諒，可能是因為六個十字架裡有四個是小孩，於是舉行守夜時沒有任何音樂。結果參與者大聲抱怨無聊、沒有蘭姆酒；但群眾雖然無精打采，還是哼唱了一整夜。舉辦此類安靜守夜的理由和前面第一個例子中的女人所提的類似。在這種情況下，籌辦人選擇強調十字架的第二個意象，即其代表了孩子的遺體，而參與十字架守夜的人也需依此展演一場實際上等同於喪禮守夜的守夜。

然而這只是故事的一面。十字架的另一個意象——作為活著的祖先——在我剛描述的「官方」守夜之外，於第二場、「另類的」守夜時得以成形。此另類守夜是為了一位年長女性的十字架。她刻在十字架上的名字是姅綈珂，但儀式從頭到尾大家都稱呼她「貝娜娜」（斐索語的字面意思為「大胸部」），十字架上裝飾了混凝土的胸部，製作時還用上椰子殼，尺寸有半個椰子殼那麼大，乳暈漆上黑色，乳頭則是紅色。[33]

最後一夜在週五，正式邀請於週四傍晚尾聲時送出。謠傳週五守夜會是個安靜的活動，沒有音樂舞蹈，有些朋友建議如果我想看一場「腐熟」的守夜，可以去週四的守夜，避開週五那場。那個週四晚上比慣常的倒數第二夜人還要多，聚集在十字架所在的房屋。他們是來與貝娜娜玩個開心的。

因為僅是最後一個守夜的前夕，沒有百岳牌的煤電燈照亮院子；人們聚集在黑暗中，不耐煩地等候事情發生。終於，有些女人開始唱教會的詩歌，似乎破了冰。成群年輕男子開始自己跳加那奇（見第七章，頁二二〇～二二二），然而當有些女人開始跳迷諾佐期舞時，他們就解散而加入她們。有些伴隨舞蹈的副歌是為此場合發明，特別獻給貝娜娜的。跳舞、唱歌、飲酒持續一整夜。

雖然十字架還在院子角落、次日才要移到更中間的位置，人們在那個週四晚上發現它們已經豎立起來了。這很重要。我在前面討論過沙地上平躺的十字架代表死者的遺體，當其豎立起來時，死者就被帶回生命世界。因此，如果貝娜娜在最後守夜的前一晚還躺在沙地上，她就會錯過了榮耀她的舞蹈與歌唱。再者，藉由提早一天豎立十字架，籌辦者將守夜（也可能是整個儀式）劃分為兩個個別的事件，一個環繞貝娜娜，另一個則以小孩十字架為中心。在這情境下，十字架意象的耐久性正式且直白地透過將兩種相反意象（活著的祖先，以及遺體）分別限定於兩場分開的守夜——其一人們得要哀傷，另一場則開心地玩。

把貝娜娜帶到墓地是儀式中最激情瘋狂的部分。我前面解釋過，最後一夜的守夜非常安靜無聊，完全獻給小孩子們的十字架。然而在凌晨約兩點時，謠傳貝娜娜可能會被帶去村子西邊的沙丘，以便做些「腐熟」的慶祝。哈殊滿加禁止這項大膽的活動，怕人們可能太興奮、喝太醉，黑夜中可能發生「大麻煩」，但他允許黎明時可帶走貝娜娜。

黎明時分，貝娜娜被帶走了。她朝西離開院子，與墓地方向相反。一小群人陪著她，主要是年輕男子、小孩和幾個女人，據說是與「工事負責組」有玩笑關係者[7]，因此也與姩綈珂有同樣的關係；以此關係彼此相連的人，百無禁忌、任何事情都可容忍。至少一開始，只有這群人才敢帶姩綈珂做此多采多姿之旅，可知姩綈珂即將受到的對待將引發一定程度的擔心與恐懼。[34]然而，一旦有那些玩笑關係的人起了頭，許多人就加入陣營，包括一些「工事負責組」，而我們將會看到，其中其實也包括姩綈珂她自己，人們認為是她控制生者，讓他們做她活著時喜歡的事情。

貝娜娜的行列從一開始就很瘋狂，每當扛著十字架小跑的男人們停下來，將十字架插在沙地上，瘋狂就升一級：隨著群眾擠近，扛十字架的男人和她跳起迷諾佐期，將自己貼著她磨蹭，捏她的乳頭。當貝娜娜抵達小山頂，群眾停在那邊，跳舞繼續，但顯然少了什麼。群眾綁架了貝娜娜，等候蘭姆酒作為贖金。最後是哈殊滿加一個弟弟跟一群親戚來解救十字架和群眾。他頭上頂著一瓶蘭姆酒，耀武揚威地出現。第一小口蘭姆酒倒在十字架的胸部上；之後每個人都分到一杯。而後貝娜娜可以回到村中，開始她前往墓地，漫長而折騰的旅程，伴隨的是業已數量龐大的人群。

若把十字架和棺木的差異先撇開不論，貝娜娜的十字架行進到墓地的行列跟妲狄蔻洛蔻的遺體到墓地的行列的確是可以類比的（見第七章，頁二二一～二二五）。[35]貝娜娜的旅程隨一系列的衝刺和劇烈顛簸行進；每次停下來都是喝更多蘭姆酒、再演一輪情色舞蹈和表演的藉口。隨著十字架往目的地推進，扛夫們爭奪貝娜娜，推拉來去，以搶到十字架。

扛著小孩十字架的人自成安靜齊整、不受打擾的隊伍，他們得在墓地邊緣等好一陣子，才總算等到貝娜娜。在墓地邊緣再停下幾次後，貝娜娜來到圍籬邊，眾人最後一次瘋狂奔跑，將她送入了她的墓穴。帶她進去的年輕男子將她直直地插在沙地上，給她最後一輪迷諾佐期和更多的蘭姆酒。哈殊滿加而後請大家離開。感恩演說一如往常的稱讚群眾，因為沒發生打架或意外，接著勸大家平和安靜地回家。儀式宣告結束。生者朝家裡的方向走去，貝娜娜和其他的十字架則留在他們的圍籬內。

儀式結束幾日後，我問哈殊滿加和他負責籌畫的妻子，姅娣珂十字架上的胸部有何「意義」[36]。他們回答說姅娣珂是一個「帶大很多人」[37]的「曾祖母」，她曾有許多子女、孫子女、和曾孫子女，那對胸部是一個「好玩的玩笑」。[38]當我問姅娣珂是否曾有大胸部，他們大笑，告訴我那不是重點。那麼，什麼是重點？

我們稍早看到死者感到企羨生者。前面討論過，在阿撒洛洛期間，生者藉由將生命帶到墓地，回應死者的企羨。在十字架的儀式過程中，不同的空間脈絡與不同的儀式招數，生者以類似的方式，為死者演出他們失去、但仍渴望的生命光景。在姅娣珂的例子中，她的孫子女和曾孫子女決定她該享有特殊待遇，因為她曾是那麼棒的先輩。所以，他們在帶姅娣珂返

7 玩笑關係（joking relations）見於許多地方的特殊親屬範疇，兩者之間的親屬關係若落入此範疇，則彼此（或某一方對另一方，視制度為對稱或不對稱而定）百無禁忌、任何事情都需容忍。

照片5｜貝娜娜，有胸部的十字架，終於送到她的圍籬內。

生的十字架上，黏上混凝土胸部，用以表示姘娣珂是許多後代的多產泉源與贍養支柱。很難推測姘娣珂自己會怎麼想那對胸部，但要說胸部對圍繞她的群眾會帶來什麼效果就容易得多了。如同經常伴隨最後一晚守夜的流行音樂，貝娜娜的胸部為舞蹈、鼓掌與酩酊增添額外興致，對聚集在十字架周邊的大批群眾來說是最吸睛的焦點。這些群眾是姘娣珂在她的圍籬內最渴望見到的：是她死時留在身後的生命，在那之後再生產、增長、自行繁殖。胸部是一個高度成功的手法，讓姘娣珂看到生命與無可分割的匹隆勾阿的一個特別愉悅的景致。

然而到了最後，經過漫長狂野的一夜歡娛，姘娣珂的十字架被帶出了村莊，帶離了生命。在村中開了一扇生命之窗後，那扇窗再度關上。生命的光景返回喪禮，姘娣珂再次證實死去，而貝娜娜的混凝土胸部原來只是「好玩的玩笑」。

人們認為姘娣珂對可享受這場盛宴，感到很開心；看得出來，生者也相當樂在其中。我們現在可以看到這場儀式的力量在於其團結了死者與生者，雖取悅了前者，但沒有讓後者感受到阿撒洛洛帶來的恐懼。的確，我們可以假定十字架儀式甚至讓祖先更開心，因為與其讓他們在墓穴內聽到生命的展示，他們更想被帶回生命中，置身村莊內，可以與生者共舞。生者則相對地較不害怕了，因為他們在村中與混凝土十字架共舞，而非在墓穴中、在死者遺體的上方跳舞。[39]

死者非常投入慶典，他們指揮活著的人表演、舞蹈、奔跑與歌唱。看到我對群眾行為的欣羨與讚歎，人們說，扛著的那付十字架的死者很愛跳舞喝酒，她兩樣都很在行。第七章裡我提到妲狄蔻洛蔻生前是個好舞者，她是個「很棒的淘氣鬼」。她的十字架在搬到墓地之前、還留在院子裡時，人們幾乎無法扛起。因為其尺寸非比尋常的大，為了讓更多人一起搬，他們將十字架綁在木擔架上，但不是木桿一直斷掉，就是繩索脫落。大量的魔藥（法尼奇拿）灑在群眾與十字架上。然而即使修好擔架，行列隊伍仍舊沒能加快腳步，而是頑強地繞路、推拉擔架，以及停下來喝更多蘭姆酒。人們很滿意地告訴我，所有的耽擱都證明了妲狄蔻洛蔻曾是個「多棒的淘氣鬼」，且依舊如是[40]。

假設祖先能同時影響生者，又同時享受舞蹈、喝酒，以及將他們的十字架送至墓地的過程，我們還是需要解釋生者如何藉由將十字架圍離在墓穴中、將死者遺留在墓地，而結束生命光景的一瞥。要解釋，就得回到十字架的雙重意象，以及同一個十字架儀式中呈現出的不同意象。

前面我已經討論過十字架呈現兩種意象：遺體，以及回返生命的祖先。第一次浮現生命的意象和感覺，是當十字架豎起，人們看到其所代表之人的時候；再來是人們被死者接管而與十字架一起跳舞、奔跑、喝酒的時候。遺體的意象則是經由儀式的結構，一步步依循喪禮而建立。打從一開始，當十字架一出現在村內，環繞的人群開始「忍受缺乏睡眠」，十字架就被當成死者遺體的替身對待。

我剛提到的例子中，這兩種意象在兩個截然不同的事件中分隔開來。儘管區隔開了，這兩個事件仍彼此相互回應。賦予貝娜娜生命的設計，相對的，也同時營造了死亡的意象，是這個死亡的意象撐起她的、以及其他十字架的仿擬喪禮。一如前述，人們首先得要能把一座混凝土十字架想像成活生生的人，才能受到感發為其演出一場仿擬喪禮。另一方面，孩子們的十字架也在場，且特別強調它們代表遺體，這迫使貝娜娜必得前往她在墓穴的最終歸所。貝娜娜可以享受如此極端的生命力，是因為透過孩子們十字架所代表的死亡，確保了姘娣珂雖在**喪禮脈絡**下被帶回生命，最後十字架仍會送至姘娣珂的墳墓，結束她的生命。雖然大家都很清楚十字架唯一的終點是墳墓，十字架儀式依舊在可將死者帶回村莊與生命這點上大作文章，並同時確立了將死者及十字架送至或送回其歸屬之地的計策。

十字架作為仿擬遺體的意象，以及儀式的整體結構，是指定十字架最後目的地的重要特點；此外，也要記得帶領貝娜娜（或任何其他老者如妲狄蔻洛蔻的十字架）到墓地的行列，與埋葬老者的喪禮行列驚人地相似。我前面已指出此相似性，但在此想再加幾點評論。

雖然無論生理上或心理上，生者扛著一座十字架無疑地要比扛一具腐敗中的屍體要來得舒適；[41]而得意洋洋扛的十字架所代表的那已經逝去多年的死者，此時經歷的，是與當年她頭一次離開村莊、前往墓地時非常類似的經驗。如第一章所述，為老者舉辦歡樂的喪禮是為了慶祝他們的生命，而非他們的死亡。生者慶祝死者已經活得夠久，可以看到後代數量大幅增加，一代又一代。在十字架儀式的進程中，提供了這些祖先——耆老們——更新修改過的視界，看看他們死去時留在身後的生命，已經在他們死後增長加倍。為了取悅祖先，越多人參加守夜越好，越多人熱烈參與行列隊伍越好（人們通常指出，參加十字架儀式的人比喪禮多很多）。環繞姩綈珂和妲狄蔻洛蔻十字架的狂野群眾，證實了她們兩人曾經是、也仍是「曾祖母」，賦予許多後代生命，而且數目還在不斷擴增。於是很清楚地，為何逝世兒童的十字架獲得如此不同的待遇。如果十字架儀式是讓死者記得生命的場合，兒童看到的生命還太少，沒什麼好企羨與想要記得——他們因此可以很快地——沒有忙亂激動——被直接帶到墓穴去。

十字架儀式的分析顯示了祖先如何得以回想起生命，享受生命，以及他們如何無可避免地被推回，了無生命地棄於墓地中的墳墓裡。十字架儀式與阿撒洛洛有一樣的橋段設計，除了空間向度是相反的：兩種儀式橋段展開時的空間對應是顛倒的。在阿撒洛洛中，生者將村莊帶到墓地，而後離開，將生命跟他們一起帶回。祖先作為觀賞者，能活躍參與的部分有限，他們至多聽到在其遺體上的跺腳聲。在十字架儀式中，祖先回到村中，站直起來，跳舞、奔跑、喝蘭姆酒。他們掌控了生者，於是可以做他們還活著時常做的事情。兩項儀式都回應了

死者對生命的渴望，但這麼做時，他們也創造了渴望的來源：他們實現了繼嗣，以及繼嗣在死者間造成的區分，他們創造了「單一」的拉颯。兩項儀式都將生命與死亡、村莊與墓地、匹隆勾阿與拉颯的對比付諸行動。兩項儀式都提供了同樣的解決方式：兩個世界暫時接在一起，但最終將保持分離。

然而此解決方式並非終結。死者對生命的企羨永遠不可能完全而永久地被滿足；只有當儀式並非只是「好玩的玩笑」，而在實際上將生命歸還死者，才有可能永久滿足他們。死者的無生命狀態以及儀式建立的分隔線，將永無休止地，把死者拉向生者。

譯者補充

「看不見」的物

根據雅斯圖堤一九九四年另一篇文章〈看不見之物：西馬達加斯加斐索人的喪葬儀式〉（Invisible Objects: Mortuary Rituals among the Vezo of Western Madagascar），西馬達加斯加（撒卡拉瓦、斐索地區）的此類木雕以其露骨情色樣貌而聞名，有時描繪男女交媾，有些則有巨大的胸部和陰莖，但如本章一開始所言，在斐索已經不再使用。當雅斯圖堤教授詢問斐索朋友貝娜娜十字架的胸部裝飾是怎麼來的，他們回說前所未見，不過也提到或許跟之前曾流行過的「情色」木雕有些類似。（他們使用白人的「色情」（pornography）用語，來描述「sary pornò」。）

在「原始藝術」相關刊物中非常喜愛此類「情色」墓園木雕，評論者經常藉此探討墓園中出現與性有關的物件，是否代表了「死亡與性」或「死亡與生育」的難分難捨。也有人指出，其大量出現可能與觀光商品需求有關，而當代斐索人無趣的混凝土圍籬則反映了市場經濟的負面影響，造成文化流失。此外也有研究者打破本質論而將物件放在歷史發展脈絡下理解，認為此類木雕始於一九〇〇年，撒卡拉瓦的最盛期是一九二〇年代，當時基督宗教開始影響該區，由此推論那是在地文化面臨外來宗教威脅的反映（雅斯圖堤無資料可判斷此說真偽）。

但如果從斐索文化觀點，前述的分析大有問題。評論者彷彿隨意造訪了一個墓園（如歐洲人經常可為），看到其中的特殊雕塑，開始進行分析。然而對斐索人而言，這些東西留在墓地，是「看不見」的物，因為墓地需與生活空間隔離、盡量隱藏遮蔽視線。這些雕像、或貝娜娜的胸部十字架，都不是做來讓人觀看的。如本章的描述，對斐索人而言，貝娜娜的胸部十字架只是一個「好玩的玩笑」，如傑爾所說的「技術的魅惑」（technological enchantment）[8]，用來表達對過世的姩綈珂老奶奶之懷念與關照，用來滿足她對生命活力的企羨，但同時將她們帶離代表生命的村莊，回到死亡的墳墓，以維持兩者的區隔。如果了解了斐索人為死者工作的意義，則不會如其他原始藝術評論者那般推測，以為墓園中出現情色意涵之物就等同於「把生命、性和生育帶到墓園」，相反地，胸部十字架反而是要將死亡與生命加以分隔的媒介。

雅斯圖堤借用湯瑪士所說的「概念上的困難」（conceptual difficulties），指出物質文化研究者

8 A. Gell, 1992, The technology of enchantment and the enchantment of technology. In: Coote, Jeremy and Shelton, Anthony, (eds) *Anthropology, art and aesthetics*, Oxford University Press, pp. 40-63; 1998, *Art and agency: an anthropological theory*, Clarendon Press.

經常錯誤假定，物有一種物質延續性，因為物看起來是一樣的，而忽略了不同脈絡中物的意義不同。斐索情色墓園木雕提醒了我們，要留意是否犯了民族中心主義的錯而不自覺，將物件進行斷然抽離脈絡想像的意義詮釋。

9

結論
Conclusion

本書中我探討了斐索人的認同，他們是一群自我定義為「與海打拚、住在海岸邊的人」。為了研究斐索性，我並不是去審視斐索人是什麼人，而是將自己與讀者沉浸於讓人們成為斐索的做事方式。我描述男人、女人和小孩透過技巧操舟、賣魚獲利，或以特定方式在肩上扛槳，成為斐索；我描述人們挪動船桅位置時犯錯、吃螃蟹心臟時窒息，或在海上旅行時暈船，而失去了斐索性（並因此成為瑪希孔羅人）。

我說明斐索性是在脈絡中藉由活動（activity）所經驗，而非與生俱來的一種存有狀態：當人們踐行斐索性時，他們就是「斐索」。斐索性是將人們與現在緊密結合在一起的身分認同，現在是一個人可以藉由「做」斐索而「當」斐索的唯一時間向度。過去不會變成「歷史」——歷史是一連串的事件，解釋現在如何成為這般——因為過去經常在人們從一個脈絡移到另一個、從一個時刻移到另一個時刻時脫落。我們看到斐索人否定現在受過去決定的一些做法：將學習斐索性建構成急轉彎、很容易做到的過程，從懵懵懂懂一下「跳」

到有具備全套知識的狀態；宣稱（自己）「不聰明」，很容易在從事生計時感到驚訝；自我描述為不喜歡牽絆和束縛的「柔軟」的人。

斐索性同時形塑精神與血肉，將此人為「斐索的記號」銘刻在身體上。然而此種形塑及記號，都得看當下斐索性的踐行而定：如果一個人停止做某個行為，也就停止受到形塑。斐索性無論在心或身，都不是一個人持久、決定性的特質。因此斐索人顯得透明，內裡缺乏天生永久的核心。

類似的透明性也展現在斐索的親屬「匹隆勾阿」中。匹隆勾阿是各種數不清的親屬關係同時間體現在同一個人身上的場域。在此場域，過去作為許多可選擇的歷史（向上世代追溯的路徑）的來源而被記憶，透過這些歷史，人們在當下彼此相互連結。在匹隆勾阿中，這些歷史全部同等重要，因為他們都可用來建立一個人與誰相連，而非決定一個人是那一「類」人。換句話說，過去不會將人固著在一個持久不變的身分認同。相反的，過去乃提供人往各方向延伸擴展的關係，這些關係可以在不同脈絡、在不同時間展現。匹隆勾阿的不確定性可類比於斐索性，是有助斐索人保存與增加透明性的親屬範疇。

———

研究斐索性至此，我們接觸到另一種不同的認同。以斐索用語來說，我們看見在「非類屬性」中忽然突出「類屬性」。因此，儘管斐索人說他們「不是一類人」(Vezo tsy karazan'olo)，或是他們的身分認同不是由繼嗣決定，但我也發現他們是可被分割成由單系繼嗣構成的一類人。「拉颯」身分認同是斐索性的倒反：拉颯是在時光中不變的存有狀態，與生具有，無法透過實踐而取得，不會和身體上的斐索性一般褪去，提供了單一的、有區分性且排他的歷史。

這兩種似乎相反，也的確不相容的身分認同原則——「類屬性」和「非類屬性」——如何共存？這問題的答案在本書第二部分，隨著斐索人努力將死者與生者保持分離可得知。斐索人立起「障礙」，「分隔」了兩種不同型態的存在，兩種根本上不同的人，以及兩種不同的時間性。一邊是會呼吸會走動的人，冷而軟，享有無分割性的匹隆勾阿。另一邊則是死者，無氣息、熱的、脾氣壞、狂野且具攻擊性，並以墳墓結實的牆分隔為不同的「類」(拉颯)。「非類屬性」(存在)的那邊，生命於現在展開，而「類屬性」只屬於另一邊，存在於只會在未來發生的、死亡的固著之中。此介於生命與死亡之間、「冷」與「熱」之間、村莊與墓地之間的隔閡，讓「類屬性」和「非類屬性」能分開，而不會共存：「死者和生者不在一起，他們不一樣」。

從生命到死亡、從村莊的冷到墓地的熱的轉換，造成了身分認同的喪失：死者不「是」(are)(了)，因為他們不「做」(act)了。死者不是也不能是斐索，因為在當下，他們不再「是」他們以前(作為生者時)透過做而成為的身分。他們不再於當下行動，因此外於時間。他們不能是斐索，因為他們的身分認同不再在時空脈絡中定義；他們不能是斐索，因為他們的身體不再能呈現「斐索人的記號」。銘刻在他們肉體上的記號，隨著他們的身體變成了乾骨，感受不到也聽不到，已消失很久了。死者無氣息也不會動，固著在時間與空間中。

死者不能共有生者的身分認同，因為他們不再忽視過去、否定其決定性；在斐索性之外，過去——繼嗣提供的一套單一、個體化歷史——是他們身分認同的唯一來源。為了要「存在」(to be)，死者必須被劃歸某類（kinded），因為對他們而言，拉颯成員身分已經成為唯一可以「讓人知曉他們作為人是誰、是什麼」的手段[1]：他們有既屬的繼嗣世系群，此世系群有固定的中心和固定的位置，經年不變，同時體現過去和未來。[2] 因此當生者將死者置放於各自分隔的墳墓中，他們為死者**創造**了一種身分認同：一種透過繼嗣而個體化的形式。

若死者一定得被劃歸某類，因為他們不能是斐索人，那麼斐索人就不能是死人，因為他們「非類屬」。亦即，斐索身分認同形塑人們的生活，但不能處理死亡。當人們停止行動，當他們停止在看似沒有過去也沒有未來的世界感到驚訝，當他們失去藉由轉換過去或逃離過去，以避免「牽絆和束縛」，斐索性就終止了。死亡的固著性設定了範圍，向活著的斐索人之身分認同提出挑戰，一旦越過這個範圍，生者的「非類屬性」就得轉換成「類屬性」。

藉由分離生與死，斐索人保存了他們的「非類屬性」，同時透過「類屬性」，他們提供給死者一種身分認同。他們築起的壁壘標誌了不連續性：一旦到了彼岸，死者變得不同而停止為人（「他們不是人，他們是『動物』」），也停止作為生者的親人。[3] 這當然是假設壁壘無法穿透，而這些陳述無條件為真時的情況，斐索人會極力否認生者和死者是同樣的人這件事；他們不會承認「非類屬」的人有死亡的可能，也不會承認有著「類屬」的死者——現在「劃歸某類」——曾是斐索人。同樣地，他們不會承認躺在墓地、區分成「單一」拉颯的人們，也是讓生者可以藉之追溯其匹隆勾阿網絡的那八個拉颯、八個曾祖父母。總結來說，如果斐索人想像中的壁壘是不可跨越的，他們就會否定生與死之間、過去與現在之間、「非類屬性」和「類屬性」之間的連續性。

不消說，壁壘並非全然無法穿透。雖然斐索人強調兩邊的分隔和差異，他們也承認連續性與相同性。他們清楚知道生者受死者和「類屬性」影響，就如同死者受生命和「非類屬性」影響一般。我以陰影的意象描述了死者對生者的影響：一道陰影滲透了豎立在生與死之間、村莊與墓地之間、冷與熱之間的壁壘。這是死亡籠罩於生命之上的陰影，「單一」的拉颯對生者投下了預期將死，並準備死亡的陰影。在梭洛儀式中，藉由哈殊滿加的身體，藉由「工事負責組」的行動，死者掌控了生者，將他們轉換為一**個**拉颯的成員，未來一**個**墓穴的房客。然而死亡的影響只是短暫的，如同陰影籠罩的黑暗般，僅停留在表面：拉颯成員資格依然只是逼近而已，但尚未實現；繼嗣只是未來的東西，而非當下永恆而固定的存有狀態。

同樣的意象可以套用到生命對死者的影響，如同生命的陰影滲透分隔的壁壘、籠罩了死者。死者雖然遠離村莊及其居民，但並非對生命無感；他們在墓地裡仍能感受到強烈的企羨和思念，思念活著的後代，企羨活著時候的歡樂與愉悅，渴望那延展的匹隆勾阿視野，而那是只有活著時才享有、死後即喪失的特權。為了安撫他們的企羨，死者要求生者要記得他們、看顧他們；他們要求生者不時將他們帶返回生，享受一大群不分類別的後代間以音樂、舞蹈和飲酒提供的娛樂。但如同死亡對生者的影響，生命對死者的影響也是短暫的：生命有如影子，仍保持在死者所及之外。喪禮儀式讓死者一嚐生命的滋味、村莊的冷，以及匹隆勾阿的無所分別。但當死者再度被單獨遺留在墳墓堅固、混凝土的牆壁之後，他們註定有更深而未能滿足的渴望。

死亡籠罩生命的陰影，以及生命對死亡造成的殘影，皆標誌了生者身分認同和死者身分認同的連續性。雖然斐索人否認，但這些無可辯駁的事實，也迫使他們承認此間的連續性。活著的人會死、死者曾經活在世上；生者是由那些現在已經過世的人所生；過去的確影響現在，而現在影響未來。藉由勉力建立不連續性，活著的斐索人也承認了連續性的存在：一方的存在，透過否認另一方的辯證法而成立。

分析斐索人的「非類屬性」揭露了一個人——一個活著的人——不斷地構成與成為的過程。身分認同是踐行的（performative），一種學習與習得的做事方式。身分認同也是一種親屬形式，造就出不區分而擴展、在當下脈絡性地上演的連帶網絡。另一方面，分析「類屬性」揭露了一個人——死去的、過去的人——不再行動，因此不再是斐索人此一事實。這樣的身分認同固著於時間中，是不變而內在的存有狀態；是一種提供此人將其認同附帶在過去的、個體化的歷史。

分析層次上的挑戰則是，如何在此特殊民族誌脈絡中，為以下三組對立的連結提出解釋：兩種對立的人的構成、兩種矛盾的認同原則，以及兩種人之間不同的關聯形式。更總括地說，此挑戰是要將兩種人類學的「地方化策略」放在一起，亦即「民族誌書寫的區域關懷」。[4]從純粹的南島觀點書寫，本書關心的主旨在於說明斐索人——透過他們的「非類屬性」——是人和群體都相當流動而無邊界的世界的一部分，而身分認同非原生且非本質。從純非洲觀點書寫，關心的主旨就會變成顯示斐索人如何因其「類屬性」，歸屬於另一個世界，即（一個）人的身分是由有界線的、區分的繼嗣群所決定的那個世界。[5]以更「傳統」的術語來說，我的課題會是要證明斐索親屬體系到底是血親型占優勢，或是以父系為主。[6]

一定程度上，南島民族誌與非洲民族誌之間的差異，似乎反映了斐索人努力要建立他們自己與死者間的區隔：「非類屬性」與「類屬性」間的不連續，以及匹隆勾阿的無分別和「單一」拉颯之分隔性兩者間的不連續。然而學術上的區分無法表現存在於生者的不確定性與死者的確定性之間的連續，無法表現斐索性的流動可塑與拉颯身分的固著不變間之連續，也無法表達出「血親型」親屬與單系繼嗣間的連續。換句話說，學術上的區分並無法清楚揭露人現在是「南島人」而未來是「非洲人」的這種世界之複雜微妙。此世界中，生者間的親屬是血親，而死者間的關係則是「父系」。此世界中，死者的陰影籠罩生者，而生者的陰影也籠罩死者。由斐索人的例子可知，若要了解這個世界的複雜奧妙，就需看到南島人類學有非洲的陰影，而非洲人類學也有南島陰影。

國家圖書館出版品預行編目(CIP)資料

依海之人：馬達加斯加的斐索人，一本橫跨南島與非洲的民族誌 / 俐塔.雅斯圖堤(Rita Astuti)著；郭佩宜譯.
-- 初版. -- 新北市：左岸文化出版；遠足文化發行, 2017.07
336面 ；14x21公分. -- (人類學；261)

譯自：People of the sea : identity and descent among the Vezo of Madagascar

ISBN 978-986-5727-59-8(平裝)

1.少數民族 2.民族認同 3.社會生活 4.馬達加斯加

535.7691 106010318

左岸｜人類學261

依海之人

馬達加斯加的斐索人，一本橫跨南島與非洲的民族誌

作　　者　俐塔・雅斯圖堤（Rita Astuti）
譯　　者　郭佩宜

總 編 輯　黃秀如
責任編輯　孫德齡
編輯協力　楊懷澤
封面設計　楊啟巽
電腦排版　薛美惠

社　　長　郭重興
發行人暨出版總監　曾大福
出　　版　左岸文化
發　　行　遠足文化事業股份有限公司
　　　　　231新北市新店區民權路108-2號9樓
電　　話　(02) 2218-1417
傳　　真　(02) 2218-8057
客服專線　0800-221-029
E-Mail　rivegauche2002@gmail.com
左岸文化臉書專頁　https://www.facebook.com/RiveGauchePublishingHouse/

法律顧問　華洋法律事務所　蘇文生律師
印　　刷　成陽印刷股份有限公司
初　　版　2017年7月
初版三刷　2022年3月
定　　價　380元
I S B N　978-986-5727-59-8

書目
References

原書參考書目

Abinal, R.P. and Malzac, C.P. 1987 *Dictionnaire malgache-français* (first edn 1888). Fianarantsoa.

Acheson, J.M. 1981. Anthropology of fishing. *Annual Review of Anthropology* 10:275-316.

Alvarez, A.R. n.d. Ethnicity and nation in Madagascar. Paper presented at the Conference on Malagasy cultural identity from the Asian perspective, Leiden University, 28-9 March 1994.

Angot, M. 1961. *Vie et économie des mers tropicales*. Paris: Payot.

Astuti, R. 1991. Learning to be Vezo. The construction of the person among fishing people of western Madagascar. Unpublished PhD thesis, University of London.

1993. Food for pregnancy. Procreation, marriage and images of gender among the Vezo of western Madagascar. *Social Anthropology. The Journal of the Association of Social Anthropologists* 1, 3: 1-14.

1994. 'Invisible' objects. Funerary rituals among the Vezo of western Madagascar. *Res. Anthropology and Aesthetics* 25: 111-22.

1995. 'The Vezo are not a kind of people'. Identity difference and 'ethnicity' among a fishing people of western Madagascar. *American Ethnologist* 22, 3:464-82.

Baré, J.-F. 1977. *Pouvoir des vivants, langage des morts: idéo-logiques Sakalave*. Paris: Maspero.

1986. L'organisation sociale Sakalava du Nord: une récapitulation. In Kottak *et al.* 1986 pp. 353-92.

Battaglia, D. 1990. *On the bones of the serpent: person, memory and mortality in Sabarl Island society*. Chicago: The University of Chicago Press.

Battistini, R. 1964. *Géographie humaine de la plaine côtière Mahafaly*. Toulouse: Cujas.

Battistini, R. and Frere, S. 1958. *Population et économie paysanne du Bas-Mangoky*. Paris: ORSTOM.

Beaujard, P. 1983. *Princes et paysans: les Tanala de l'Ikongo*. Paris: L'Harmattan.

Bird-David, N. 1990. The giving environment: another perspective on the economy system of gatherer-hunters. *Current Anthropology* 31:183-96.

1992. Beyond 'the hunting and gathering mode of subsistence': culture-sensitive observations on the Nayaka and other modern hunter-gatherers. *Man n.s.* 27:19-44.

Birkeli, E. 1922-3. Folklore sakalave rcuelli dans la region de Morondava. *Bulletin de L'Académie Malgache* 6:185-423.

1926. *Marques de bœufs et traditions de race: documents sur l'ethnographie de la côte occidentale de Madagascar*. Oslo etnografiske museum: Bulletin 2. Oslo.

Bloch, M. 1971. *Placing the dead: tombs, ancestral villages and kingship organization in Madagascar*. London: Seminar Press.

1978. Marriage among equals: an analysis of the marriage ceremony of the Merina of Madagascar. *Man n.s.* 13:21-33.

1981. Tombs and states. In S.C. Humphreys and H. King (eds.), *Mortality and immortality*. London: Academic Press, pp. 136-47.

1982. Death, women and power. In M. Bloch and J. Parry (eds.), *Death and the regeneration of life*. Cambridge: Cambridge University Press, pp. 211-30.

1985. Almost eating the ancestors. *Man n.s.* 20:631-46.

1986. *From blessing to violence: history and ideology in the circumcision ritual of the Merina of Madagascar*. Cambridge: Cambridge University Press.

1995. People into places: Zafimaniry concepts of clarity. In E. Hirsch and M. O'Hanlon (eds.), *The anthropology of landscape*. Oxford: Oxford University Press, pp. 63-77.

Unpublishes. Seminar paper on knowledge and the person among the Zafimaniry (LSE).

Bloch, M. and Parry J. 1982. Introduction. In M. Bloch and J. Parry (eds.), *Death and the regeneration of life*. Cambridge: Cambridge University Press, pp. 1-44.

Bodenhorn, B.A. 1989. 'The animals come to me, they know I share'. Iñupiaq kinship, changing economic relations and enduring world views on Alaska's North Slope. Unpublished PhD thesis, University of Cambridge.

Borofsky, R. 1987. *Making history: Pukapukan and anthropological constructions of knowledge*. Cambridge: Cambridge University Press.

Carsten, J. 1989. Cooking money: gender and the symbolic transformation of means of exchange in a Malay fishing community. In J. Parry and M. Bloch (eds.), *Money and*

the morality of exchange. Cambridge: Cambridge University Press, pp. 117-41.

Comaroff, J.L. 1987. Of totemism and ethnicity: consciousness, practice and the signs of inequality. *Ethnos* 3-4:301-23.

Condominas, G. 1959. *Perspective et programme de l'etude sociologique du Bas-Mangoky*. Paris: ORSTOM.

Couvert and Nockain 1963. Rapport de la S.A.T.E.C. (sur les goélettes naviguant sur les côtes nord-ouest à sud-ouest de Madagascar). Antananarivo. Mimeo.

Covell, M. 1987. *Madagascar: politics, economics and society*. Marxist Regimes Series. London and New York: Frances Pinter Publishers.

Dahl, O.C. 1968. *Contes malgaches en dialect Sakalava*. Oslo: Universitetsforlaget.

Dandouau, A. and Chapus, G.-S. 1952. *Histoire des populations de Madagascar*. Paris: Larose.

Decary, R. 1964. *Contes et légendes du sud-ouest de Madagascar*. Paris.

Deschamps, H. 1960. *Histoire de Madagascar*. Berger-Levrault.

Dina, J. 1982. Etrangers et Malgaches dans le Sud-Ouest Sakalava 1845-1905. Thèse IHPOM, Aix-Marseille I.

Douliot, H. 1893-6. Journal de voyage fait sur la côte Madagascar (1891-1892). *Bulletin de la Société de Géographie* 1893:329-66; 1895:112-48; 1896:26-64, 233-66, 364-91.

Eggert, K. 1981. Who are the Mahafaly? Cultural and social misidentifications in Southwestern Madagascar. *Omaly sy Anio* 13-14:149-76.

1986. Mahafaly as misnomer. In Kottak *et al.* 1986, pp. 321-35.

Errington, S. 1989. *Meaning and power in a Southeast Asian realm*. Princeton: Princeton University Press.

Fardon, R. (ed.) 1990. *Localizing strategies: regional traditions of ethnographic writing*. Edinburgh, Washington: Scottish Academic Press, Smithsonian Institution Press.

Faublée, J. 1946. *L'ethnographie de Madagascar*. Paris: Maisonneuve et Larose.

1954. *Les esprits de la bie a Madagascar*. Paris: PUF.

Faublée, J. and Faublée, M. 1950. Pirogues et navigation chez les Vezo du sud-ouest de Madagascar. *Anthropologie* 54:432-54.

Fauroux, E. 1975. *La formation sakalava, ou l'histoire d'une articulation ratée*. Paris: ORSTOM.

1980. Les rapports de production Sakalavaet leur évolution sous l'influence colonial (région de Morondava). In R. Waast *et al.* (eds.), *Changements sociaux dans l' Ouest Malgache*. Paris: ORSTOM, pp. 81-107.

Feeley-Harnik, G. 1978. Divine kingship and of history among the Sakalava (Madagascar). *Man n.s.* 13:402-17.

1979. Construction des monuments funéraires dans la monarchie Bemihisatra. *Taloha* 8:29-40.

1980. The Sakalava house. *Anthropos* 75:559-85.

1982. The king's men in Madagascar: slavery, citizenship and Sakalava monarchy. *Africa* 52:31-50.

1983-4. The significance of kinship in Sakalava monarchy. *Omaly sy Anio* 17-20:135-44.

1984. The political economy of death: communication and change Malagasy colonial history. *American Ethnologist* 11:1-19.

1986. Ritual and work in Madagascar. In Kottak *et al.* 1986, pp. 157-74.

1991. *A green estate: restoring independence in Madagascar.* Washington and London: Smithsonian Institution Press.

Firth, Raymond 1939. *Primitive Polynesian Economy*. London: George Routledge and Sons.

1946. *Malay fishermen: their peasant economy*. London: Kegan Paul, Trench, Truber.

Firth, Rosemary 1966. *Housekeeping among Malay peasants* (2nd edn). London: Athlone Press.

Fortes, M. 1969. Cognatic systems and the politico-jural domain. In M. Fortes, *Kinship and the social order*. London: Routledge and Kegan Paul, pp. 122-37.

1970. The significance of descent in Tale social structure. In M. Fortes, *Time and social structure and other essays.* London: Athlone Press, pp. 33-66.

1987. The concept of the person. In M. Fortes, *Religion, morality and the person: essays on Tallensi religion*, ed. J. Goody. Cambridge: Cambridge University Press, pp. 247-86.

Fortune, R. 1963. *Sorcerers of Dobu: the social anthropology of the Dobu Islanders of the Western Pacific*. London: Routledge and Kegan Paul.

Fox, J. 1987. The house as a type of social organization on the island of Roti. In C. Macdonald (ed.), *De la hutte au palais: sociétés 'à maison' en Asie du Sud-Est insulaire*. Paris: CNRS.

Goody, J. 1962. *Death, property and the ancestors.* London: Tavistock.

Grandidier, A. 1971. *Souvenirs de voyages d'Alfred Grandidier 1865-1870 (d'aprés son manuscript inédit de 1916).* Association malgache d'archéologie. Documents anciens sur Madagascar VI. Antananarivo.

Grandidier, A. and Grandidier, G. 1908-28. *Ethnographie de Madagascar.* 4 vols. (part of *Histoire physique, naturelle et politique de Madagascar*). Paris.

Hecht, J. 1977. The culture of gender in Pukapuka: male, female and the *Mayakitanga* 'Sacred Maid'. *Journal of the Polynesian Society* 86:183-206.

Huntington, R. 1973. Religion and social organization of the Bara people of Madagascar.

Unpublished PhD thesis, Harvard University.

1978. Bara endogamy and incest prohibition. *Bijdragen Tot de Taal-, Land-, en Volkenkunde* 134:30-62.

1988. *Gender and social structure in Madagascar*. Bloomington: Indiana University Press.

Hurvitz, D. 1986. The 'Anjoaty' and embouchures in Madagascar. In Kottak *et al.* 1986, pp. 107-20.

Julien, G. 1925-9. Notes et observations sur les tribus sud-occidentales de Madagascar. *Revue d'Ethnographie et des Traditions Populaires* 1925:113-23, 237-47; 1926:1-20, 212-26; 1927:4-23; 1928:1-15, 153-75; 1929:2-34.

Kent, R. 1970. *Early kingdoms in Madagascar, 1500-1700*. New York: Holt, Rinehart and Winston.

Koechlin, B. 1975. *Les Vezo du sud-ouest de Madagascar: contribution à l'étude de l'eco-systeme de semi-nomades marins*. Cahiers de l'Homme XV. Paris: Moutin.

Kottak, C.P., Rakotoarisoa, J.A., Southall, A. and Verin, P. (eds.) 1986. *Madagascar: society and history*. Durham: Carolina Academic Press.

Lambek, M. 1983. *Between womb and conceptualization of Malagasy social structure*. Mimeo.

1992. Taboo as cultural practice among Malagasy speakers, *Man n.s.* 27: 245-66.

Lambek, M. and Breslar, J.H. 1986. Funerals and social change in Mayotte. In Kottak *et al.* 1986, pp. 393-410.

Lavondès, H. 1967. *Bekoropoka: quelques aspects de la vie familiale et sociale d'un village malgache*. Cahiers de l'Homme VI. Paris: Mouton.

Lieber, M.D. 1990. Lamarckian definitions of identity on Kapingamarangi and Pohnpei. In Linnekin and Poyer 1990, pp. 71-101.

Linnekin, J. and Poyer, L. (eds.) 1990. *Cultural identity and ethnicity in the Pacific*. Honolulu: University of Hawaii.

Lombard, J. 1973. Les Sakalava-Menabe de la côte ouest. In *Malgache qui est tu?* Neuchâtel: Musée d'Ethnographie, pp. 89-99.

1986. Le temps et l'espace dans l'ideologie politique de la royauté sakalava-menabe. In Kottak *et al.* 1986, pp.143-56.

1988. *Le royaume sakalava du Menabe: essai d'analyse d'un système politique à Madagascar, 17è-20è*. Paris: ORSTOM.

Macintyre, M. 1989. The triumph of the susu. Mortuary exchanges on Tubetube. In F.H. Damon and R. Wagner, (eds.) *Death rituals and life in the societies of the Kula ring*. DeKalb: Northrn Illinois University Press, pp. 133-52.

Malinowski, B. 1922. *Argonauts of the Western Pacific: an account of native enterprise and*

adventure in the archipelagoes of Melanesian New Guinea. London: Routledge and Kegan Paul.

Marcuse, W.D. 1914. *Through Western Madagascar in quest of the golden bean.* London: Hurst.

Marikandia, M. 1991. Contribution à la connaissance des Vezo du Sud-Ouest de Madagascar: histoire et société de l'espace littoral au Fihezena au XVIII et au XIX siècles, Thèse de Troisiéme cycle, Université de Paris I Pantheon-Sorbonne, Sciences Humaines, UER d'Histoire.

Millot, J. and Pascal, A. 1952. Notes sur la sorcellerie chez les Vezo de la region de Morombe. *Mémoires de l'Institut Scientifuque de Madagascar* I, série c:13-28.

Noël, V. 1843-4. Recherches sur les Sakalava. *Bulletin de la Société de Géographie* 1843:40-64, 275-85, 285-306; 1844:385-416.

Ottino, P. 1963. *Les économies paysannes malgaches du Bas-Mangoky*. Paris: Berger-Levrault.

1965. La crise du système familial et matrimonial des Sakalava de Nosy-Be. *Civilisation Malgache* 1:225-48.

Parry, J. and Bloch M. 1989. Introduction. In J. Parry and M. Bloch (eds.), *Money and the morality of exchange*. Cambridge: Cambridge University Press, pp. 1-32.

Petit, G. 1930. *L'industrie des pèches à Madagascar*. Paris: Société des Editions Maritimes et Coloniales.

Poirier, C. 1953. Le damier ethnique du pays côtier Sakalava. *Bulletin de l'Académie Malgache* 31:23-8.

Pomponio, A. 1990. Seagulls don't fly into the bush: cultural identity and the negotiation of development on Mandok Island, Papua New Guinea. In Linnekin and Poyer 1990, pp. 43-69.

Radcliffe-Brown, A.R. 1950. Introduction. In A.R. Radcliffe-Brown and D. Forde (eds.), *African systems of kinship and marriage*. Oxford: Oxford University Press, pp. 1-85.

Sahlins, M. 1987. *Islands of history* (first published in 1985). London and New York: Tavistock Publications.

Schlemmer, B. 1980. Conquête et colonisation du Menabe: une analyse de la politique Gallieni. In R. Waast *et al.* (eds.), *Changements sociaux dans l'Ouest Malgache*. Paris: ORSTOM, pp. 109-31.

1983. *Le Menabe: histoire d'une colonisation*. Paris: ORSTOM.

Southall, A. 1971. Ideology and group composition in Madagascar. *American Anthropologist* 73: 144-64.

1986. Common themes in Malagasy culture. In Kottak *et al.* 1986, pp. 411-26.

Strathern, A. 1973. Kinship, descent and locality: some New Guinea examples. In Jack Goody (ed.), *The character of kinship*. Cambridge: Cambridge University Press, pp. 21-33.

Strathern, M. 1988. *The gender of the gift: problems with women and problems with society in Melanesia*. Berkeley: University of California Press.

1992. Parts and wholes: refiguring relationships in a postplural world. In A. Kuper (ed.), *Conceptualizing societies. EASA Monograph*, London: Routledge and Kegan Paul, pp. 75-104.

Thune, C. 1989. Death and matrilineal reincorporation on Normanby Island. In F.H. Damon and R. Wagner (eds.), *Death rituals and life in the societies of the Kula ring*. DeKalb: Northern Illinois University Press, pp. 153-78.

Waast, R. 1980. Les concubins de Soalola. In R. Waast *et al.* (eds.), Changements sociaux dans l'Ouest Malgache. Paris: ORSTOM, pp. 153-88.

Wagner, R. 1977. Analogic Kinship: a Daribi example, *American Ethnologist* 4, 4:623-42.

Walen, A. 1881-4. Two years among the Sakalava. *Antananarivo Annual* 5:1-15; 6:14-23; 7:37-48; 8:52-67.

Watson, J.B. 1990. Other people do other things: Lamarckian identities in Kainantu Subdistrict, Papua New Guinea. In Linnekin and Poyer 1990, pp. 17-41.

導讀及延伸研究書目

王甫昌。2003。當代台灣社會的族群想像。台北：群學出版社。

何翠萍、蔣斌。2008。導論。國家、市場與脈絡化的族群。蔣斌、何翠萍主編，頁1-30。台北：中央研究院民族學研究所。

芮逸夫等。1989(1971)。人類學。雲五社會科學大辭典第十冊。台北：台灣商務印書館。

郭佩宜。2008。協商貨幣：所羅門群島Langalanga人的動態貨幣界面。台灣人類學刊6(2): 89-132。

2004　展演「製作」：所羅門群島Langalanga人的物觀與「貝珠錢製作」展演。博物館學季刊18(2):7-24。

黃應貴。2008。反景入深林：人類學的觀照、理論與實踐。台北：三民書局。

2006　人類學的視野。台北：群學出版社。

Astuti, R. 2012. Some after dinner thoughts on theory of mind. *Anthropology of this century*, 3. (http://aotcpress.com/articles/dinner-thoughts-theory-mind/)

2011. Death, ancestors and the living dead: learning without teaching in Madagascar. In: Talwar, Victoria and Harris, Paul L. and Schleifer, Michael, (eds.) *Children's understanding of death: from biological to religious conceptions.* Cambridge University Press, 1-18.

2009. Revealing and obscuring Rivers's pedigrees: biological inheritance and kinship in Madagascar. In: Bamford, Sandra and Leach, James, (eds.) *Kinship and beyond: the genealogical model reconsidered. Fertility, reproduction and sexuality* (15). Berghahn Books, New York.

2007a. Ancestors and the afterlife In: Whitehouse, Harvey and Laidlaw, James, (eds.) *Religion, anthropology, and cognitive science. Ritual studies monograph series.* Carolina Academic Press, Durham, N.C., 161-178.

2007b. What happens after death? In: Astuti, Rita and Parry, Jonathan and Stafford, Charles, (eds.) *Questions of anthropology.* London School of Economics monographs on social anthropology (76). Berg Publishers, Oxford, UK, 227-247.

2007c. Weaving together culture and cognition: an illustration from Madagascar Intellectica: *revue de l'Association pour la Recherche Cognitive* (46/47). 173-189.

2001a. Comment on F. J. Gil-White's article 'Are ethnic groups biological "species" to the human brain? Essentialism in our cognition of some social categories' *Current anthropology*, 42 (4). 536-537.

2001b. Are we all natural dualists? A cognitive developmental approach. The Malinowski Memorial Lecture, 2000 Journal of the Royal Anthropological Institute, 7 (3). 429-447.

2000. Kindreds, cognatic and unilineal descent groups : new perspectives from Madagascar In: Carsten, Janet, (ed.) *Cultures of relatedness : new approaches to the study of kinship.* Cambridge University Press, Cambridge, UK, 90-103.

1999. At the centre of the market: a Vezo woman In: Day, Sophie and Papataxiarchis, Euthymios and Stewart, Michael, (eds.) *Lilies of the field: how marginal people live for the moment.* Studies in the ethnographic imagination. Westview Press, Boulder, CO, 83-95.

1998. 'It's a boy', 'It's a girl!' : reflections on sex and gender in Madagascar and beyond In: Lambek, Michael and Strathern, Andrew, (eds.) *Bodies and persons : comparative perspectives from Africa and Melanesia.* Cambridge University Press, Cambridge, UK, 29-52.

1995a. *People of the sea: identity and descent among the Vezo of Madagascar.* Cambridge studies in social & cultural anthropology. Cambridge University Press, Cambridge,

UK.

1995b. 'The Vezo are not a kind of people': identity, difference and 'ethnicity' among a fishing people of western Madagascar. *American ethnologist*, 22 (3). 464-482.

1994. Invisible objects: mortuary rituals among the Vezo of western Madagascar. *Res: anthropology and aesthetics*, 25. 111-112.

1993. Food for pregnancy. Procreation, marriage and images of gender among the Vezo of western Madagascar. *Social anthropology*, 1 (3). 277-290.

Astuti, R. and Bloch, M. 2013. Are ancestors dead? In: Boody, Janice and Lambek, Michael, (eds.) *Companion to the anthropology of religion*. Wiley-Blackwell, London.

2012. Anthropologists as cognitive scientists. *Topics in cognitive science* 4 (3): 453-461.

2010. Why a theory of human nature cannot be based on the distinction between universality and variability: lessons from anthropology. *Behavioral and brain sciences* 33 (2-3):83-84.

Astuti, R. and Harris, P. L. 2008. Understanding mortality and the life of the ancestors in rural Madagascar. *Cognitive science*, 32 (4). 713-740.

Astuti, R. and Solomon, G. E. A. and Carey, S. 2004. *Constraints on conceptual development : a case study of the acquisition of folkbiological and folksociological knowledge in Madagascar*. Monographs of the Society for Research in Child Development, Blackwell Publishing on behalf.

Barth, F. 1969. *Ethnic groups and boundaries: the social organization of culture difference*. Boston: Little, Brown and Co.

Comaroff, J. & Jean Comaroff. 2008. *Ethnicity*, Inc. Chicago: University of Chicago Press.

Dewar, R. E. and Alison F. R. 2012. Madagascar: A History of Arrivals, What Happened, and Will Happen Next. *Annual Review of Anthropology* 41:495-517.

Geertz, C. 1973. *The integrative revolution: primordial sentiments and civil politics in the new states*. In The interpretation of cultures. New York: Baiscs Books.

Gell, A. 1992. The technology of enchantment and the enchantment of technology. In: Coote, Jeremy and Shelton, Anthony, (eds) *Anthropology, art and aesthetics,* Oxford University Press, pp. 40-63.

1998. *Art and agency: an anthropological theory,* Clarendon Press.

Guo, Pei-yi 2013b. Between Entangled Landscape and Legalized Tenure: Inter-evolvement of Kastom and Land Court in Langalanga Lagoon, Solomon Island. Paper presented at the conference 'Legal Ground: Land and Law in Taiwan and the Pacific'. Institute of Ethnology, *Academia Sinica*, Sep. 11-12th, 2013.

2011a. 'Law as Discourse: Land Disputes and the Changing Imagination of Relations

among the Langalanga, Solomon Islands'. *Pacific Studies* 34(2/3): 223-249.

2011b. 'Torina (canoe making magic) and "Copy-cat": History and Discourses on the Boatbuilding Industry in Langalanga, Solomon Islands'. *Pacific Asia Inquiry* 2(1): 33-52.

Handler, R. and Jocelyn L. 1984. Tradition, genuine or spurious. *The Journal of American Folklore*, Vol. 97: 273-290.

Hanson, P. W. 1996. 'People of the sea: Identity and descent among the Vezo of Madagascar' book review. *American Ethnologist* 23(1):164-5.

Harris, P. L. and Astuti, R. 2006. Learning that there is life after death. *Behavioral and brain sciences*, 29 (5). 475-476.

Knight, N. and Astuti, R. 2008. Some problems with property ascription. *Journal of the Royal Anthropological Institute*, 14 (s1).

Kottak, C.P., Rakotoarisoa, J.A., Southall, A. and Verin, P. eds. 1986. *Madagascar: society and history*. Durham: Carolina Academic Press.

Lambek, M. 1998. 'People of the sea: Identity and descent among the Vezo of Madagascar' book review. *American anthropologist* 100(1): 203-204.

Linnekin, & Lin Poyer eds. 1990. *Cultural identity and ethnicity in the Pacific*. Honolulu, HI: University of Hawaii Press.

Middleton, K. 1995 .'People of the sea: Identity and descent among the Vezo of Madagascar' book review. *Journal of Southern African studies* 21(4): 679-80.

Parkin, R. 2013. 'Relatedness as Transcendence: The Renewed Debate over the Significance of Kinship', *Journal of the Anthropological Society of Oxford* 5 (1), 2013, pp. 1-26.

Schneider, D. 1984. *A critique of the Study of kinship*.

Sharp, L. A. 1997. 'People of the sea: Identity and descent among the Vezo of Madagascar' book review. *Journal of the royal anthropological institute* 3(1): 182-3.

Stafford, C. and Astuti, R. and Parry, J. P, eds. 2007. Questions of anthropology. *London School of Economics monographs on social anthropology*, 76. Berg, London, UK.

Watson, J. B. 1990. Other people do other things: Lamarckian identities in Kainantu subdistrict, Papua New Guinea. In Linnekin and Poyer eds. *Cultural identity and ethnicity in the Pacific*, pp. 17-41. Honolulu, HI: University of Hawa'i Press.

註釋
Notes

CHAPTER 1——導論 Introduction

1 斐索語為：ve-zo! ve-zo!

2 雖然從學術上而言，vezo字義的詞源可能有錯，但斐索人將自己的名字與小船和海上活動連結這一點卻很重要。格蘭迪迪爾&格蘭迪迪爾指出「vezo」的意思是「划船的人」(Grandidier and Grandiriez 1908-28 I:2421，註2)。亦可參見C. Poirier, 1953, Le damier ethnique du pays côtier Sakalava, *Bulletin de l'Académie Malgache* 31:23；J. Faublée, 1946, *L'ethnographie de Madagascar*, Paris: Maisonneuve et Larose, p. 23；J. Faublée and M. Faublée, 1950, Pirogues et navigation chez les Vezo du sud-ouest de Madagascar. *Anthropologie* 54:432；B. Koechlin, 1975, *Les Vezo du sud-ouest de Madagascar: contribution à l'étude de l'eco-systeme de semi-nomades marins*. Cahiers de l'Homme XV. Paris: Moutin, p. 51。

3 斐索語為：olo mitolo rano, olo mipetsaky andriaky。

4 B. Koechlin, 1975, *Les Vezo du sud-ouest de Madagascar: contribution à l'étude de l'eco-systeme de semi-nomades marins*. Cahiers de l'Homme XV. Paris: Moutin, p. 23.

5 A. Grandidier, 1971. *Souvenirs de voyages d'Alfred Grandidier 1865-1870 (d'aprés son manuscript inédit de 1916)*. Association malgache d'archéologie. Documents anciens sur Madagascar VI. Antananarivo, p. 91.

6 C. Poirier, 1953. Le damier ethnique du pays côtier Sakalava. *Bulletin de l'Académie Malgache* 31:23.

7 幾乎所有提到斐索的作者都將他們定義為海邊捕魚的人。見A. Walen, 1881-4. Two years among the Sakalava. *Antananarivo Annual,* pp. 7, 12-13；H. Douliot, 1893-6. Journal de voyage fait sur la côte Madagascar (1891-1892). *Bulletin de la Société*

de Géographie, pp. 119, 245；W.D. Marcuse, 1914, *Through Western Madagascar in quest of the golden bean.* London: Hurst, pp. 39, 172；G. Petit, 1930, *L'industrie des pèches à Madagascar*. Paris: Société des Editions Maritimes et Coloniales, pp. 26-7；J. Faublée, 1946, *L'ethnographie de Madagascar.* Paris: Maisonneuve et Larose, p. 23；J. Faublée and M. Faublée, 1950, Pirogues et navigation chez les Vezo du sud-ouest de Madagascar. *Anthropologie* 54:432-3；A. Dandouau and G.-S. Chapus, 1952, *Histoire des populations de Madagascar.* Paris: Larose, p. 28；R. Battistini and S. Frère, 1958, *Population et économie paysanne du Bas-Mangoky*, Paris: ORSTOM, p. 10；G. Condominas, 1959, *Perspective et programme de l'etude sociologique du Bas-Mangoky.* Paris: ORSTOM, pp. 4-5；H. Deschamps, 1960, *Histoire de Madagascar*, Berger-Levrault, p. 153；M. Angot, 1961, *Vie et économie des mers tropicales*, Paris: Payot, p. 142, 145；P. Ottino, 1963, *Les économies paysannes malgaches du Bas-Mangoky*, Paris: Berger-Levrault, p. 279；R. Decary, 1964, *Contes et légendes du sud-ouest de Madagascar*, Paris, p. 36註2, 53-54；E. Fauroux, 1980, Les rapports de production Sakalavaet leur évolution sous l'influence colonial (région de Morondava). In R. Waast *et al.* (eds.), *Changements sociaux dans l'Ouest Malgache.* Paris: ORSTOM, p. 82。唯一的例外似乎是V. Noël, 1843-4, Recherches sur les Sakalava. *Bulletin de la Société de Géographie*。更詳盡的文獻分析請見我的博士論文（Astuti 1991）。

8 「他們只有一種特定的生活方式。」（Ils ont seulement un genre de vie particulier.）R. Decary, 1964. *Contes et légendes du sud-ouest de Madagascar*, Paris, p. 54註2。

9 斐索（Vezo）和瑪希孔羅（Masikoro）的區分方式及其區域差異，請見H. Lavondès, 1967, *Bekoropoka: quelques aspects de la vie familiale et sociale d'un village malgache.* Cahiers de l'Homme VI. Paris: Mouton；E. Birkeli, 1926, *Marques de bœufs et traditions de race: documents sur l'ethnographie de la côte occidentale de Madagascar*, Oslo etnografiske museum: Bulletin 2. Oslo；以及J. Dina, 1982, Etrangers et Malgaches dans le Sud-Ouest Sakalava 1845-1905. Thèse IHPOM, Aix-Marseille I。

10 舉例來說，類似論述見於R. Decary, 1964, *Contes et légendes du sud-ouest de Madagascar*, Paris, pp. 36, 53-4；H. Douliot, 1893-6. Journal de voyage fait sur la côte Madagascar (1891-1892). *Bulletin de la Société de Géographie* 1895, p. 119；A. Grandidier and G. Grandidier, 1908-28, *Ethnographie de Madagascar*, I, Paris, p.214；B. Koechlin, 1975. *Les Vezo du sud-ouest de Madagascar: contribution à l'étude de l'eco-systeme de semi-nomades marins*, Cahiers de l'Homme XV, Paris: Moutin, p. 23-6。也請參照M. Covell, 1987, *Madagascar: politics, economics and society.* Marxist Regimes Series. London and New York: Frances Pinter Publishers；和A.R. Alvarez, n.d. Ethnicity and nation in Madagascar. Paper presented at the Conference on Malagasy cultural identity from the

Asian perspective, Leiden University, 28-9 March 1994，尤其是阿發瑞（Alvarez）談到馬拉加西民族的「發明」乃是為了符合法國殖民政策需求（所謂的「種族政治」〔politique des races〕，先決條件是有明確區分的原住民群體，法國政府便可利用其領導者來控制地方人群）。有關如何使用這些馬達加斯加族群標籤的問題，見邵索（Southall 1971和1986）討論如何在馬拉加西群體間區分共同和差異特質；杭亭頓（Huntington 1973）談各民族標籤不同程度的區隔性；艾格爾特（Eggert 1981和1986）談馬哈發里人（Mahafaly）；蘭貝克（Lambek 1983和1992）論及群體認同的否定型定義；胡維茲（Hurvitz 1986）談「河口」文化的定義；布洛克（Bloch 1995）談撒非曼尼利人（Zafimaniry）。（譯按：原書出版時布洛克文章尚在作業中無明確年份，中文版更新出版年為1995。）

11 請見B. Koechlin, 1975, *Les Vezo du sud-ouest de Madagascar: contribution à l'étude de l'eco-systeme de semi-nomades marins,* Cahiers de l'Homme XV, Paris: Moutin, p. 26。撒卡拉瓦（Sakalava）是馬達加斯加官方認定的「族群」（ethnic group）之一，分布於西部，北至貝島（Nosy Be）、南至烏尼拉希河（Onılahy）。撒卡拉瓦這個詞指的是四處征戰的馬羅瑟拉納（Maroserana）王朝（及其分支）所統御的王國屬民。

12 斐索語為：Vezo tsy karazan'olo。

13 亦見M. Bloch, 1971, *Placing the dead: tombs, ancestral villages and kingship organization in Madagascar,* London: Seminar Press, pp. 42-3。

14 斐索語為：tsy Vezo am'raza, fa Vezo satsia mandeha andriva, maminta, mipetsaky amin' sisndriaky。

15 原文為「western ethnotheory of ethnicity」，相關論述可參見J. Linnekin and L. Poyer, (eds.) 1990, *Cultural identity and ethnicity in the Pacific,* Honolulu: University of Hawaii, p. 2。

16 更完整的討論請見〈The Vezo are not a kind of people'. Identity difference and 'ethnicity' among a fishing people of western Madagascar.〉一文。（譯按：原書出版時這篇刊載於《美國民族學家》（*American Ethnologist*）的論文尚未出版，中文版更新為Astuti〔1995〕。）

17 斐索人陳述自己非一類人的例子，不代表支持馬拉加西人（Malagasy）普遍以否定來定義自身的論點（如蘭貝克的討論〔Lambek 1992〕）。

18 馬利坎迪亞（Marikandia 1991）是第一位對此議題有重要貢獻者。

19 斐索語為：Fa Vezo tsy mana tompo, tsy mana tompo, fa añara ankapobe olo iaby. Ka ze mahatojo an'ny fila ty, Vezo lafa tia ny rano ty fa atao hoe Vezo. Tsy añ'olo raiku, xay tsy manan-tompo zay. Ny havezoa tsy añ'olo raiky, hoe iano raiky ro tompony. Aha! Zay

olo iaby tompon' ny havezoa lafa tia azy manao azy。

20 參見M. Bloch, 1971, *Placing the dead: tombs, ancestral villages and kingship organization in Madagascar*. London: Seminar Press。

21 我估計我待在貝塔尼亞的期間，該村的成人有335人；貝羅村長（prezidan' fokonolo）告訴我，該村約有800人。

22 斐索語為：Q. Ho aia nareo? A. Handeha a bazary añy zahay。

23 斐索語為：oma fia isanandro isanandro。

CHAPTER 2——當下做個斐索人 Acting Vezo in the present

1 斐索語為：Ndra iha zao lafa avy eto, hoe aha: madame io mitoa. Ha! maminta matetiky madame io, fa Vezo atoko: tsy fa Vezo iah? nefa vazaha baka lavitsy añy. Lafa maminta iha isanandro etoa: Ha! madame io Vezo, satsia fa mitolo rano, satsia fa mive laka, fa atao Vezo zay。

2 斐索語為：fa Vezo iha。

3 斐索語為：fa Vezo tokoa iha。

4 斐索語為：fa mihavezo iha。

5 斐索語為：mañontany raha isanandro isanandro ie。

6 斐索語為：Hoatra zay laha misy Masikoro bakañy aminy faritany antety avy de mipetsaky eto a Betania ziska manambaly; jerevy fiveloman'olo eto tsy misy tanimbary raha tsy mandeha maminta, manarato, mandeha andriva. Frany ze mety hotongany velahiny reñy na rafozany anty amin'zao mandeha mamita añy; de eo miasa sainy aia atao amin'zao sy izao fandehany raha ty; kanefa raiamandreny tsy mahafantratra any, tsy mahay amin'zay. Lasa amin'zao izy andesin' namany manahakan'zao manahaka'zao, farany mahay - manjary Vezo zany izay。

7 斐索語為：Aja kely kely mbo tsy azo atao Vezo, atao hoe anabezo. Reo zaza reo, io fianarandrozy, ao añaty rano ao, mianatsy mandaño reo, lafa miasa mandaño, miasa mandaño, mianatsy, lafa ie mahay mandaño, aha, fa mahasky rano zao, fa azo atao hoe Vezo。

8 斐索語為：fa mahay mandaño zahay, ka laha olo mipetsaky andriaky mahay mandaño iaby。

9 斐索語為：fa Vezo ie laha mahay mandaño。

10 斐索語為：mahery mianatsy rano。

11 斐索語為：i mahavoa tsy mahay mandaño。

12 斐索語為：ta hianatsy, nefa mavoso。

13 斐索語為：ka laha mahay rano, fa tsy mañahy, fa Vezo ie。

14 有舷外支架的小船（laka fihara，簡稱laka），包括一個船身（ain-daka，字面意思為「小船的氣息」）、一個舷外支架（fañary），兩根帆的下桁（varoña aloha、varoña afara）、一個與舷外支架平行但位於另一側的篙，此外還有兩組檣桅以及一張三角形的帆（lay）。這種船以槳為舵，稱為「five fañoria」。中型尺寸的船長約7公尺，最寬的地方0.65公尺，檣桅則為5公尺。

15 無舷外支架的小船（laka molanga，簡稱molanga）。其他樣式的船請見B. Koechlin, 1975, *Les Vezo du sud-ouest de Madagascar: contribution à l'étude de l'eco-systeme de semi-nomades marins*, Cahiers de l'Homme XV, Paris: Moutin, p. 109；P. Ottino, 1963, *Les économies paysannes malgaches du Bas-Mangoky*, Paris: Berger-Levrault, p. 283；J. Faublée and M. Faublée, 1950, Pirogues et navigation chez les Vezo du sud-ouest de Madagascar, *Anthropologie* 54, p. 438。

16 測量樹圍的方式是環抱樹幹（mañoho farafatse）。如果手指尖的距離超過兩個「zehy」（大拇指和食指間距離），這個樹幹就適合造舟。樹高則是以目視和經驗判定，沒有一定的測量方式。

17 船下海後，船身的下半部浸在水裡，會逐漸腐爛，上半部可以撐得久一些，因此可以再利用，當作圍在側邊的木板。

18 請見B. Koechlin, 1975, *Les Vezo du sud-ouest de Madagascar: contribution à l'étude de l'eco-systeme de semi-nomades marins*, Cahiers de l'Homme XV, Paris: Moutin, pp. 73-86；J. Faublée and M. Faublée, 1950, Pirogues et navigation chez les Vezo du sud-ouest de Madagascar, *Anthropologie* 54:432-54。

19 斐索語為：mbo tsy azo atao laka。

20 砍倒法拉法切被視為相當困難的工作（raha sarotsy，「困難的事」；asa bevata，「大工程」），因此有許多禁忌（faly）。例如到森林砍樹的男人，當他在森林裡時，不論是他自己、或是留在村子的妻子，都不能進行性行為（但另一方面，如果是他們兩人一起在森林中，就可以做愛）；男人的妻子如果懷孕，他就不能砍樹造舟，因為這與準備棺木相當類似，會給老婆帶來厄運。如果砍樹失敗，不會歸咎於技術錯誤或能力不足，而會被視為是船主的親戚、妻子，或祖先有不安或危險的徵兆。福布萊和福布萊（Faublée and Faublée 1950）報告（引自Julien 1925-9）提及在砍倒法拉法切之前，斐索人會對「自然神靈」致意並獻祭，但我從未見過。

21 有些斐索人住在沒有法拉法切、或產量日漸稀少的區域，因而會向住得離原始木材較近的斐索人購買木材（Faublée and Faublée 1950:434-42）。關於馬達加斯加南部的小船供應，請見R. Battistini, 1964, *Géographie humaine de la plaine côtière Mahafaly*, Toulouse: Cujas, p. 113。

22 斐索語為：mihamasikoro mare aho, ka tsy mahay milay laka ho avy a Morondava añy。

23 科其林（Koechlin1975:63-5）曾講過一個以比較獨木舟與牛槽來說教的故事。有群斐索人住在馬哈發里（Mahafaly）的村子，正打算進行典型的斐索活動，馬哈發里人看了非常驚訝。當斐索人說要去森林砍樹造船，馬哈發里人問說小船長什麼樣子？斐索人答曰：「就是個挖空的樹幹，跟你們牛飼料的槽一樣，只是更大些。」

24 培堤（Petit 1930:209）提到，斐索的孩子用這些玩具上他們的第一堂航海課。

25「寇邊」（Korao）一詞是馬達加斯加西岸一般用來稱呼居住在馬達加斯加東南人群的用語。

26 斐索語為：fa ny arendrea, na Vezo na tsy Vezo lafa tonga, lafa avy ny arendrea, fa avy avao。

27 科其林（Koechlin1975）有關摩倫貝（Morombe）南邊貝法托（Bevato）的捕魚技術的描述，與我在貝塔尼亞或貝羅所見不同。摩倫貝附近的斐索人在珊瑚礁岸捕魚，而在摩倫達瓦附近沒有珊瑚礁，斐索人幾乎都用線釣。相對的，人們在貝羅廣大的礁湖及運河捕魚時，視使用的魚網不同而有不同技術。

28 斐索語為：fa mahay, fa Vezo mare ie。

29 斐索語為：fa Vezo ie, ka hala mahazo lamatsa sivy tsanandro, de tsy mañahy tanany!

30 斐索語為：ka manao akory, fa Masikoro aja ty?

31 並不是說要能辨識出所有魚的名稱。大家都知道十四歲的科拉（Kola）很會躲開任何要他做的工作，媽媽要他清理剛從市場買回來的魚，他叫妹妹做，但妹妹根本不在旁邊。他就試著拖，假裝在修理玩具船，媽媽又叫了幾次，要他去清理魚，科拉看了看魚，問她：那是什麼魚？（ino karazam-pia io?）此時媽媽爆炸了，吼道：「我不知道！從海裡來的動物啦。」（isy hainteña biby io bakan-drano io）

32 斐索人可以光吃米飯不配魚，但光吃魚或其他配菜，而沒有飯或其他替代主食（玉米或樹薯），就無法想像了。唯一的例外是在儀式當中，還有吃海龜的時後，就不一定會吃米飯。

33 不過，如果是在晚上大量販售的鮮魚，牠的價格就有可能低於次日早晨賣的燻魚。

34 斐索語為：fa zatsy mamarotsy a bazary。

35 培堤（Petit 1930:250）就曾記錄過斐索人如何欺騙「不懂魚」的人，把品質很差的燻魚賣給瑪希孔羅人。根據培堤的紀錄，如果對斐索人指出魚保存不佳，他會毫不遲疑地回說：「那對瑪希孔羅人來說夠好了。」根據科其林的紀錄（Koechlin1975:94），斐索人常常會把一種不能吃的章魚賣給瑪希孔羅人；他也提到瑪希孔羅人相對的，會把次等品質的樹薯賣給斐索人。

36 換句話說，我並非採取（例如）柏洛夫斯基（Borofsky 1987）研究南太平洋的普卡普卡人（Pukapuka）的那種模式。（譯按：柏洛夫斯基在這本民族誌中，描述分析了普卡普卡人如何學習成為一個普卡普卡人，也分析了他們建構知識和歷史的過程。）

37 斐索語為：Reo tsy ho Masikoro mifitaky antety añy, fa Bekoropoka antety tety? Masikoro reo。

38 斐索語為：De lafa niay tety, nanjary Vezo zahay. Nianatsy lafa niavy taty, nianatsy ranomasina io, heh, nanjary niha Vezo any。

39 斐索語為：Lafa niavy tatoy voalohany rozy, tany ty fa tanim-Bezo raha teo taloha. Ka lafa niavy an-rozy, nandramby avao koa nianate. Reo tsy raha sarotsy ianar, na zaza kelikeliky manahakan'zao, lafa mianatsy, malaky mahay, satsia tsy misy taratasy moa, raha ahazoa diplôme, fa io tsy raha misy diplôma. Fa lafa mianatsy mive, fa mahay mive, fa mahay manday laka. Zay dimby any reo, satsia raha nataon-draiamandreninteña any vo ataonteña, arakaraky tenim-bazaha manao hoe: 'tel fils tel père'. Zay io, raha nataon' babanteña, ata 'on-teña koa. Zay fandehany. Nianatsy laka zahay, nahay laka; nianatsy laka koa zafinay retoa. Zay io fandehany io。

40 斐索語為：mahavezo ny Vezo。

41 斐索語為：Olo mifitaky andriaky iaby atao hoe Vezo'; 'mahatonga iñy moa, avy amin'ny fitondranten1a hain-ten1a, amin'ny toerany misy an-ten1a。

42 斐索語「fomba」指涉做任何事的方式，包括捕魚、煮飯、吃東西、談話、獻食物給祖先、結婚、生產等。關於fomba，請見下文（原書127-132頁）。

43 我的報導人認為，貝塔尼亞和貝羅的實踐方式整體來說代表了北岸和南岸的差異。

44 成功轉換成為斐索人讓我很振奮，很有成就感，然而接下來我開始有點痛苦地理解到，等我離開貝塔尼亞回家，我就會「脫去」斐索性。隨著我離開的時刻迫近，我留意到朋友們開始執拗地討論我吃魚的能力。我發現這突然出現的、對於我早在幾個月前就學會事情的興趣頗為奇怪。直到有人提及，我在義大利的父母看到我吃魚的方式會很驚訝，會驚呼：「你真的是斐索啊！」（fa Vezo tokoa iha!）此時我才理解到，就我朋友們能判斷的，我回家之後沒有了小船、海灘和捕魚之旅，吃魚和把骨頭吐出來會是我唯一還能從事的斐索行為。雖然以特別方式吃魚的行為還是可以讓我做／是斐索，但我的朋友們都很清楚，回家後，我就會再度變回「法札哈」（白人）。如果人們認為我初到貝塔尼亞之時的身分認同，之於我開始住在海邊後會變成什麼，兩者並不相關，我覺得人們一樣會認為我這十八個月的經歷，也無關乎我在英格蘭會變成什麼。（人們想像我到英格蘭後會忙著寫本關於他們

的書。）

45 斐索語為：ka manao akory? fa Masikoro iha?

46 J.B. Watson, 1990, Other people do other things: Lamarckian identities in Kainantu Subdistrict, Papua New Guinea, In Linnekin and Poyer 1990, pp. 17-41.

47 同註46，頁29-32。

48 同註46，頁31。

49 拉馬克認同模式是由林納金和波爾（Linnekin & Poyer 1990）發展，用以解釋大洋洲文化身分認同與差異，其原則是：「習得的特徵是可遺傳的」。此原則處理了兩項課題。一方面，特徵超越遺傳本質，是經由廣義定義的環境取得；於是也表示了人是可塑和可轉化的。另一方面，習得的特徵可以遺傳，亦即人們傳到未來世代的，並非基因的本質，而是他們與環境的關係。從此觀點來看，拉馬克理論提供了一種本體論，假定人們不是出生就成為什麼，而是透過他們做什麼、如何行動，以及其所居住的環境而成為什麼。拉馬克型的文化身分認同，一如沙林斯（Marshall Sahlins）所說的「踐行的結構」（performative structure）」（1987），「是後天也是先天的」（made as well as born）；是經由實踐而建構的（Linnekin and Poyer 1990:8-9）。

50 同註46，頁29。

51 同註46，頁34-35。

52 同註46，頁35。

53 見 A. Strathern, 1973, Kinship, descent and locality: some New Guinea examples. In Jack Goody (ed.), *The character of kinship*, Cambridge: Cambridge University Press, pp. 21-33。華森（Watson 1990:39-40）探討了凱南圖身分認同的「民族」（ethnic）面向；而關於拉馬克型身分認同更一般性的討論，請見M.D. Lieber, 1990, Lamarckian definitions of identity on Kapingamarangi and Pohnpei, in Linnekin and Poyer 1990, pp. 71-101。

54 我可以用波波尼歐（Alice Pomponio）關於曼多克（Mandok）島民的民族誌（1990:43）來做個類似的論點。雖說住在哪裡（海邊相對於山邊）就變成什麼人，但曼多克人認為其「本質的身分」（essential identity）源於「即使他們原本是從山裡遷移過來，連續幾代之後，曼多克人已經吸收了海洋生活環境的本質」（頁52），波波尼歐在其他地方則將其稱之為「海洋遺傳質」（marigenic substance）。

55 我的報導人並沒有使用這個詞彙；是我用它來簡寫他們描述斐索和瑪希孔羅的對比。有人可能會連帶發現，斐索和瑪希孔羅兩種生計模式也造成其相互依賴：斐索人需要瑪希孔羅人提供農產，而瑪希孔羅人則需要斐索人提供漁獲。

56 與此種假定矛盾、同時參與這兩種經濟活動的個人或群體，則會依照脈絡被視為「是」斐索或瑪希孔羅。例如前面提過一個會造舟的瑪希孔羅人即是一例。

57 此處我要感謝史崔聖（Marilyn Strathern）給予我的建議。

58 J.L. Comaroff, 1987, Of totemism and ethnicity: consciousness, practice and the signs of inequality, *Ethnos* 3-4:304.

59 R. Wagner, 1977, Analogic Kinship: a Daribi example, *American Ethnologist* 4, 4:623-42.

CHAPTER 3 ——不聰明的人 People without wisdom

1 這是我的報導人對米廷佐克的解釋。達爾（Dahl 1968：119）對此詞彙解釋如下：「採集、收成食物；半找半採，邊吃一點；常在fitindroha 找。」（nourriture ramassée, cueillie; mi- chercher, cueillir de la nourriture, picorer; fitindroha endroit où l'on en cherche habituellement.）科其林（Koechlin 1975）對「mihake」一詞意思的解釋有點微模稜兩可，在某個脈絡下，「mihake」一般被定義為「找食物……狩獵採集」（頁23），是米廷佐克的同義詞；但另一處，此詞則指涉「Bevato」，是斐索人特殊的捕魚技巧。

2 米廷佐克不適用於養在圈內、由主人直接餵食的豬。

3 斐索語為：tsy mana tanim-bary, tsy mana baibaho。

4 斐索語為：olo be taloha fa nahay niasa laka。

5 斐索語為：Io mahay olo Vezo reo mipetraky andriaky reo, reo nahay anio. Voalohany, nataondrosy laka, misy hazo ataoe hoe mafay. Hazo, ka vinahy io natao hoe, natao laka, natao sary san1an'io; vita nasay, nitoky raha io, tsy nihafo. Nandeha amin'zao reo, nilitsy nandeha añala, mbao nahita an'i farafatse io; maiky amin'zao raha eñy nenteandrozy: aha, tero sabbony hazo homety atao laka, fa maiva reto. Zay nivanandrozy anio, niasandrozy laka eo. Lafa amin'zao maiky raha eñy, laha nitery, nihafo. Zey ny fotorany。

6 此處可對照馬凌諾斯基（Malinowski 1922:398ff）提到初步蘭島民（Trobrianders）否認巫術曾被「發明」，還有佛斯（Firth 1939:84ff）曾談到提可皮亞人（Tikopia）沒有關於發現和發明的傳統。亦參見波隆宏（Bodenhorn 1989:89）提到的傳說，伊努皮亞（Iñupiat）人如何「想出」他們頭一回求生技巧的方式。

7 N. Bird-David, 1990, The giving environment: another perspective on the economy system of gatherer-hunters, *Current Anthropology* 31:39.

8 同註7。

9 斐索語為：atery amboho eñy harata iñy。

10 斐索語為：atery añaty riaky eñy harata iñy。

11 斐索語為：Lafa mandeha mitindroke teña, de lafa vita amin'zay mimpoly teña, ka tsy moly mañandrefa fa moly mañantinana, ka bakandrano miranga an-tana。

12 斐索人只有發生意外時才會去到外海，外海被稱為安卡佛和（ankafohe），與此視覺方向定位一致。安卡佛和一詞意味著在海洋中間、被海包圍，因此無法將之拋在身後。安卡佛和是人們失去返鄉希望的地方（tsy velo fa maty teña，字面意思為一個人無法活、死了）。在此，我收集到的海洋語彙與科其林（Koechlin 1975:30）不同。

13 不過，有些地方性的禁忌，例如貝羅附近，有一處梅里納軍隊曾戰敗受困、被漲潮溺斃的地方，在那裡不能說梅里納話（teny Ambaniandro）；有些海洋生物可能不喜歡吃豬肉或膚色淺的人。特別值得注意的是，沒有不准婦女捕魚或接觸漁具的規定。雖然我從未調查女性在經期間能否出海捕魚，但也從沒人要我別那麼做；我認識的一位女性就會在經期時乘坐通常用來捕魚的小船。

14 故事的其他版本請見 G. Petit, 1930, *L'industrie des pèches à Madagascar*, Paris: Société des Editions Maritimes et Coloniales，與 E. Birkeli, 1922-3, Folklore sakalave rcuelli dans la region de Morondava, *Bulletin de L'Académie Malgache* 6:185-423。

15 斐索語為：Fano biby tsy matimaty matetiky, ka manan-kaja; fa ny fia maty isanandro, fa ny fano tsy dia matin'olo isanandro; isam'bola na isan'tao no mamono fano ny olo。

16 將海龜和魚的對比，用前者的「困難」凸顯後者的「容易」，這點非常重要。因此海龜可能會「向那些舉動合宜者束手就擒」，就和伊努皮亞人相信動物會那麼做一樣（cf. Bird-David 1990）；相對來說，魚則要靠個人技巧尋找、捕捉。

17 斐索語為：tsy manahira laoke zahay ato。

18 在這點上，海洋對斐索人而言既非慷慨施予（giving）、亦非互惠（reciprocating）的環境。

19 J.M. Acheson, 1981, Anthropology of fishing, *Annual Review of Anthropology* 10:275-316.

20 斐索語為：mbo tsy hainteña riaky io。

21 雖然老闆不全是白人，因其權威之位置，他們還是無差別地被稱為「法札哈」。

22 斐索語為：mahatseriky riaky ty; mahatseriky tsioky ty。

23 斐索語為：mitsikiroke am-porin-daka。

24 斐索語為：tseriky teña tsy misy vola androany。

25 斐索語為：tsy mety laha oma fia avao isanandro。

26 斐索語為：tsy hitano raha andesin' ampelan' Betania lafa mimpoly baka bazary?

27 斐索語為：tian'ampela Vezo mamonjy bazary isanandro。

28 斐索語為：zahay Vezo mahazo bola maro ka tsy mahay mampiasa vola zahay。他們會不斷地對我還有我的訪客重述這句話，在我沒有直接參與的對話中，也不停地反覆述說。就和我後面會提到的一樣，這句子的指涉對象不分男女老幼（見下方註33和35）。

29 斐索語為：mahita vola añaty rano。這個概念有時僅做字面解釋，亦即「魚裡面有錢」（de misy vola añaty fia）。告訴我這句話的男人宣稱，是一個有知識的老人告訴他，錢最早是在魚裡面被發現的。然而大部分的人不認同這個版本，他們解釋錢從海裡來只是個比喻，說明斐索人靠著在市場賣魚賺錢。

30 斐索語為：atao sakafon' kalanoro。

31 斐索語為：lafa hariva, laoke tsy misy, de mipetsaky avao teña。

32 錢大部分是由女人保管與控制，女人掌控賣魚、決定要花多少錢（ampela Vezo manao decision，「由斐索女人做決定」）。男人得要跟老婆或母親要現金才能買酒精飲料，有時會導致冗長談判和爭吵。

33 卡斯頓（Carsten 1989）分析了馬來的藍卡威人（Langkawi）在處理錢方面的性別特色。從掌管賣魚的男人那裡拿到現金後，女人把錢給「煮過」、「道德化」，方式是將她們自己從市場對社區帶來的競爭和分裂效應中抽離，將「根基於區分、交換、結盟和男性為主的社群」，轉化為「根基於相似性的女性主導家戶的集合體」（頁138）。派瑞和布洛克（Parry & Bloch 1982）認為馬來男人和女人不同的用錢方式，例證了「兩種相關但各自分開的交易秩序：一方面，交易關注的是長期社會或宇宙秩序的再生產；另一方面，短期交易的『範疇』，關心的是個人競爭的舞台」。（頁23）相反地，對斐索人來說，短期浪費金錢被建構為與性別無關的斐索性；男人和女人同樣參與短期交易的第二「範疇」。如我後續的解釋，斐索人唯一認為必須儲蓄的情況，是需要大筆錢來蓋祖墳時。斐索人因此藉由為祖先計畫與儲蓄，建構且體驗長期交易秩序。我會在第八章回到此議題。

34 斐索語為：oma, oma avao ny Vezo。

35 斐索語為：vola fa lany, ka hany io ro mandany azy。

36 十四歲的科拉幫忙捕蝦後（見第二章），他媽媽給了他一些錢，建議他買條新短褲，因為原來那件已經快解體了。科拉卻買了塑膠球，在孩子間大受歡迎。不過一天後，球刺到一個大釘子，「死了」（fa maty）。科拉的媽媽沒放過這個機會，教訓他不聰明；幾小時後，科拉就忙著用針線縫補他那條舊短褲。

37 佛斯（Firth 1966:141-2；1946:26-7, 293-4）提供了捕魚維生者、「東方鄉民經濟」的儲蓄策略更一般性的分析。

38 例如烹煮、販賣零食、賣薪柴和建物的木柴等小型貿易。

39 與前面提過的船隻相比，縱帆船平均載重20-30噸，30噸的縱帆船約15公尺長、3公尺寬。
40 斐索語為：mahihitsy mare olo reo。
41 我年紀最長的報導人告訴我貝貝生於1905年，可是當時貝羅已經有縱帆船了。摩倫達瓦當地的一位政治人物，也是個頗有勢力的船東（見下）給我看過一份文件，其中記載了Albert Joachim，人稱貝貝（Bebe），在1888年從留尼旺來到杜樂（Tulear），教導斐索人如何建造縱帆船。然後他很快地搬到摩倫貝，一直待到1890年。再之後他搬去貝羅，在那裡結了婚。最後他在1904年定居於摩倫達瓦，開了一個建造縱帆船的船塢，在此船塢工作滿三年即可獲頒證書。貝貝於1932年在摩倫達瓦過世。雖然這份文件沒有標題頁，我猜測可能是庫維爾和那肯恩（Couvert and Nockain 1963）的報告影本。
42 斐索語為：vola baka-drano ro mahavita azy。
43 斐索語為：ka zahay atoy mandalo ami'hay ny tsena。
44 斐索語為：fa io no sahala fambolea atao'hay eto。
45 斐索語為：mahay mampiasa vola rozy。
46 斐索語為：mbo Vezo olo ro miasa botsy, fa laka ro fototsim-Bezo。
47 斐索語為：botsy tsy mahavezo, fa Vezo ny olo ro mamonjy botsy。
48 斐索語為：asa botsy asam-bazaha, tsy asam-Bezo。
49 斐索語為：de roso ie, mandeha mihaza, mandeha maminta。
50 斐索語為：na ino na ino, tindroke tsy afaky。
51 斐索語為：maminta an-drano avao rozy, isanandro。
52 斐索語為：de roso ny ampela, mamonjy bazary isanandro。
53 斐索語為：manahaky mpanao tongotsy reñy。
54 1960年代初期，馬達加斯加西岸運輸業的研究（見註41）贊許斐索人建造和駕駛舶砌的技術。相反地，從貿易商的角度看來，斐索人的商業活動被評為不合格：「貿易縱帆船為不定期運輸……此種運作造成的結果是，一個港口可能很久都沒見過任何縱帆船，而後一次同時出現好多艘，使得潛在貿易商不信賴由這些縱帆船來幫自己運貨。因此，一旦進港，船長會自己找貨來載，挨家挨戶尋找潛在客戶。如果恰好有幾艘縱帆船同時停在港口，他們會千方百計弄到一些貨來載，包括把載貨費降低到很離譜的地步。」（譯按：原為法文）。
55 斐索語為：tsy tiam-Bezo laha misy patron。
56 斐索語為：hohita kitapo raraky。

CHAPTER 4——避免羈絆和束縛 Avoiding ties and bonds

註釋

Notes

1 斐索語為：tsy tiam-Bezo fifeheza。

2 它們是過去的人的習俗，斐索語為「fa fomban' olo taloha」；它們是來自過去的習俗，斐索語為「fa fomba bakañy bakañy」。「fomba」（風巴）一詞指的是任何被視為個人或群體「習慣的」（常見而非少見）「做事情的方式」。例如如果一個人喜歡在餐前而非餐後喝酒，那是她的「習慣」（fombany）；貝塔尼亞的人習慣在市場賣魚也可被指為他們的「習慣」（fomban-drozy）。風巴為個人癖好的形態時，其定義不必與過去連結。

3 斐索語為：fombanao tsy maro。

4 斐索語為：fombam-Bezo mora, tsy sarotsy loatsy。

5 斐索語為：malemy fanahy, mora fanahy。

6 斐索語為：tsy manday kobay。

7 此種說話型態與方言差異無關。人們似乎挺愛點出我從貝塔尼亞搬到貝羅時，會遇到「不同的說話方式」（resaky hafa），亦即特定音位／音素的不同發音。

8 斐索語為：tsika olo andriaky tsy mandiy anaky, tsy mamohotse anaky。科其林（Koechlin 1975:46）提到瑪希孔羅人會告誡小孩，不要跟斐索小孩一樣壞脾氣（ka manao ana-Bezo fa raty）。

9 斐索語為：fa soa io, fa soa。

10 然而，柔軟也是可以被積極訓練出來的。有一次，我看到一個女孩被父母叱罵，他們拿著燃著火的樹枝威脅她、要她停止尖叫哭泣。我隔著他們有一段距離，對大人展現出來的嚴厲和粗暴頗為震驚。然而人們解釋道，這對父母會如此對待自己的女兒，是因為她居然在媽媽要她幫忙替頭髮除虱時開口要錢，而這件事已經發生過好幾次了。這孩子是「死腦筋」（mahery loha），她的「習慣」（也就是服務就要錢）非常糟糕（raty mare fombany），她又叫又哭證明了自己「狂野而有攻擊性」（masiake anaky io）。這個例子顯示要學會當一個「溫柔的」斐索，比斐索人自己願承認的要衝突得多。同時，人們描繪孩子性格和氣質的形成，是從溫柔生出溫柔，整個過程是平順的，而這樣的描繪本身就非常重要，因其目的只是要確立、確認斐索人的性格的確是打從骨子裡的柔軟。

11 斐索語為：fombanareo sarotsy sady sambihafa mare。

12 斐索語為：manaraky fomban'olo andriaky。

13 斐索語為：tsy mahasaky, ka mahatahotsy mare zahay。

14 「伐里」（faly）一詞通常指的是禁止事項，而非習俗所認可的禁忌；例如大人們會警告小孩不要碰我的東西，那對他們是伐里（faly anao）。

15 斐索語為：tsy tiam-Bezo laha misy faly maro。

16 斐索語為：raha sarotsy mahafaty olo。

17 斐索語為：maty isanandro isanandro。

18 斐索語為：fanambalia amin'ny Vezo mora mare。

19 斐索語為：filako raiky avao, de vita amin'zay。

20 斐索語為：fa vita fomba。

21 我在另一篇文章（Astuti 1993）討論過婚禮儀式。

22 斐索語為：fanambalia amin'ny Vezo mora mare。其中，「mora」一詞既是「容易」，也是「便宜」（相反地，「sarotsy」的意思是又「困難」、又「昂貴」）。

23 斐索語為：plesira avao。

24「出去散個步」的斐索語為：mitsangat-sanga amin'zay。斐索結婚之簡單，簡單到讓外人訝異。我曾問第二章提過的一個安坦卓伊男性，摩洛法西，他覺得斐索和安坦卓伊的習俗有何差異，他想到的第一件就與婚姻習俗有關。他強調斐索結婚實在非常簡單，讓人既驚訝又難以置信，然後他告訴我，一個像他那樣的安坦卓伊年輕男子要結婚時，得給岳父多少頭牛、多少頭羊。參見J.-F. Baré, 1977, *Pouvoir des vivants, langage des morts: idéo-logiques Sakalave*, Paris: Maspero, p. 58，以及菲力哈尼克（Feeley-Harnik 1991:180）有關撒卡拉瓦貝米席撒特拉（Bemihisatra）的婚禮贈禮。

25 斐索語為：anaky io, tsy anakinao。詳見第六章，關於女人是「小孩的真正來源——起源——因此是擁有者」（ampela ro tena tompony）。

26 斐索語為：fobadrozy sarotsy mare amin'ampela。

27 報導人似乎相信婚姻締結的「簡易性」，以及由此而生的婚姻不穩定性，是斐索特有的。歐提諾（Ottino 1965）和瓦斯特（Waast 1980）關於撒卡拉瓦婚姻不穩定的研究（亦見Baré 1977:57ff）指出，這個觀點並不正確。然而，在此我關注的不是報導人見解的社會學基礎，而是斐索人對婚姻的看法，以及他們如何將之建構為無羈絆的關係。

28 斐索語為：tsy tiam-Bezo mahavita fanambalia an-fanjakana。

29 斐索語為：tsy tiam-Bezo fifeheza。

30 斐索語為：ampela takalo johary。

31 斐索語為：tsy misy ambany, tsy misy ambony。

32 斐索語為：anako ty tsy anako, fa anakinao。

33 斐索語為：zaho mnaja an-drozy satsia anako manambaly amindrozy, de rozy manaja anakahy satsia anakindrozay manambaly amiko。

34 斐索語為：fangatandrozy ro mañambony anao。

35 斐索語為：hoavy ato mangataky valy。

36 斐索語為：hoavy ato indraiky mangataky anaky。

37 斐索語為：eka, marina io。
38 參見M. Bloch, 1978, Marriage among equals: an analysis of the marriage ceremony of the Merina of Madagascar, *Man n.s*, 13:21-33。
39 斐索語為：mamangy any rafoza。
40 岳父嚷著：我們是這件事的專家，只有我們要盯著它，不需要你。走開！（zahay ro tompon'asa ty, de zahay avao ro mahavita azy, ka tsy mila anao. Arosoa!）
41 斐索語為：johary manaraky ampela。
42 斐索語為：miloloa enta。
43 斐索語為：mahamenatse laha johary milanja enta lafa roso mandeha。
44 斐索語為：mitovy amin'ampela johary iñy。
45 斐索語為：miasa mare teña ka rafozanteña maniriky an-teña。
46 斐索語為：manaraky aloke ie: andrefa aloke, andrefa; antiñana aloke, antiñana。
47 常被引述的一個故事是，一個瑪希孔羅男人愛上一個斐索女人——據友人們表示，這經常發生，因為斐索女人不但漂亮（ampela Vezo ampela soa mare）而且很有錢（manam-bola maro ampela Vezo）；於是他被迫要住在海邊，因為他的妻子覺得內陸太不健康、也太熱。參見G. Feeley-Harnik, 1991, *A green estate: restoring independence in Madagascar*, Washington and London: Smithsonian Institution Press, p. 183。
48 住在馬達加斯加中部高原北端的梅里納人，新郎要在結婚儀式時給岳父一筆錢，稱為「羊屁股」（vody ondry）。「透過儀式，女婿聽從岳父的使喚，他從岳父那邊可以得到祖先祝福，他會支付岳父未來墳墓的開支，他不只是成為一個新兒子，而是一個新的超人兒子…… 他不只和兒子一樣要支付墳墓開銷，還得付得比別人更多。他不只幫岳父做農作，他得『衝去做』，優先於其他的事情、優先於他自己父親的要求。他不只是給「vody akoho」（雞屁股），他給的是「vody ondry」（羊屁股）。」（Bloch 1978:27）
49 菲力哈尼克（Freeley-Harnik 1983-4：140）也曾提及，「殘暴（siaka）是皇室主要特徵之一」。
50 斐索語為：nanopo mpanjaka ny Vezo?
51 斐索語為：mpanjaka tsy misy。
52 斐索語為：Vezo tsy mana mpanjaka。
53 斐索語為：ka Vezo tsy manan-kanana, tsy mana tanim-bary, tsy mana aomby。
54 斐索語為：fia venja, maiky soa。
55 斐索語為：de lafa niavy andriaky ny mpanjaka, de roso an-driva ny Vezo, ka tsy nahefa mipetsaky an-tana mandramby azy。
56 科其林（Koechlin 1975:46-8, 64, 95）曾論及移動性是斐索人逃避政治控制的方

法。與此類似，格蘭迪迪爾＆格蘭迪迪爾（Grandidier and Grandidier 1908-2, I:376 note 4）提到在法國殖民之前，斐索人經常被撒卡拉瓦國王掠奪（亦見Grandidier 1971：14），當他們害怕被掠奪時，即頭也不回地遷移。華倫（Walen 1881-4:12）寫道，因為斐索人又少又弱，無法抵抗瑪希孔羅人攻擊；如果衝突發生，斐索人就跳上船逃走。

57 參見E. Fauroux, 1975, *La formation sakalava, ou l'histoire d'une articulation ratée*, Paris: ORSTOM, p. 78。

58 可參見藍巴（Lombard 1986, 1988）、菲力哈尼克（Feeley-Harnik 1978, 1982, 1991）、巴瑞（Baré 1977）、史雷梅（Schlemmer 1983）和佛洛斯（Faurous 1980）等人研究。北方奴隸角色的例子，可參考G. Feeley-Harnik, 1982, The king's men in Madagascar: slavery, citizenship and Sakalava monarchy, *Africa* 52:31-50。

59 菲力哈尼克（Feeley-Harnik 1978）對此有洞見研究。

60 也稱為「tapasiry」。

61 G. Feeley-Harnik, 1978, Divine kingship and of history among the Sakalava (Madagascar), *Man n.s.* 13:410.

62 參見註61，頁411。

63 參見註61，頁402。

64 參見註61，頁411。

65 參見註61，頁404、411。

66 G. Feeley-Harnik, 1978, Divine kingship and of history among the Sakalava (Madagascar), *Man n.s.* 13:411.

CHAPTER 6——現在與未來的親屬 Kinship in the present and in the future

1 斐索語為：mahalongo an-drozy。

2 斐索語為：Vezo manan-dongo maro mare。

3 斐索語為：amin' ilan' babanteña, amin' ilan neninteña。

4 斐索語為：miharo neny, miharo baba。

5 關於使用此詞彙的討論請見R. Astuti, 1993, Food for pregnancy. Procreation, marriage and images of gender among the Vezo of western Madagascar, *Social Anthropology. The Journal of the Association of Social Anthropologists* 1, 3: 1-14。

6 斐索語為：ampela ro tena tompony。「tempo」一詞的意思，見本章註60。

7 R. Astuti, 1993, Food for pregnancy. Procreation, marriage and images of gender among the Vezo of western Madagascar, *Social Anthropology. The Journal of the Association of Social Anthropologists* 1, 3: 1-14.

8 只要談的是他的視角，性別就無關緊要；年長女性也同樣享有這樣的視角。

9 父親那邊，斐索語為：amin' ilan' babanteña；母親那邊，斐索語為：amin' ilan' neninteña。

10 斐索語為：maro mare longonteña, tsy misy olo hafa。

11 根據前述系譜關係的推算，莎莉算是樂弗的母親；然而莎莉和樂弗也可以視為手足關係（莎莉父親的父親的母親的父親，是樂弗母親的父親的母親的父親的兄弟）。

12 斐索語為：fanambalia ty raty tsy soa。

13 斐索語為：tsy mana rafoza zaho ka rafozako mbo babako, velahiko mbo rahavavko。

14 斐索語為：babany manjary rafozany。

15 斐索語為：olo oraiky avao, fa fanambalia ro mampisaraky。

16 阿公的說法也可以詮釋為：婚姻是分裂性的，因為有些人（通常是女兒們）跟隨其配偶離開時就「遺失」了（見第四章，頁136-142）。不過考量到對話的脈絡，以及因結婚而搬走的女兒或兒子，還留在阿公廣納性的匹隆勾阿視野中（見下），我並不傾向如此解釋。

17 阿公似乎把婚姻視為將人們定義為非親屬的工具，此論調與杭廷頓（Huntington 1978; 1988）討論馬達加斯加南部的畜牧民族巴拉人（Bara）時的論點相似。杭廷頓認為巴拉人「維持親屬與非親屬類別的區隔」，是承認亂倫行為已發生、需要賠罪修補（1988: 100）。研究也指出梅里納人工具性地使用婚姻，以建立其親屬連結。對梅里納人來說，同類群（deme）間的理想婚姻「不會造出群與群之間的姻親關係，而是再肯認原來的親屬連結」，強化既存的系譜連帶（Bloch 1971:196）。即使兩群人沒有系譜關係，同樣的原則依舊適用：此時婚姻成為親屬的符碼，即使親屬關係（在結婚前）實際上並不存在（如哈瓦那的mpifankatia之例）（頁203）。

18 斐索語為：laha latsaky anaky teña, rafozanteña manjary longon' anakinteña。

19 我的報導人並未採用由歐堤諾（Ottino 1963）定義、拉馮磔（Lavondès 1967）、科其林（Koechlin 1975）使用的，近親和遠親（foko和隆勾）分別的觀點。與歐堤諾所述不同，我的報導人極力否認一個人配偶的「近」親會變成隆勾的可能；相反地，科其林（Koechlin 1975：32-3）說創造親屬連結的不是婚姻而是生育下一代，從而產生了禁婚範圍，這點可與菲力哈尼克（Feeley-Harnik 1991:203）等例做比較。

20 斐索語為：longon'olom-belo mihamaro isanandro isanandro。

21 斐索語為：tsy vinantoko ty, fa anako, zafiko。

22 斐索語為：anako ty tsy anako, fa anakinao。

23 阿公的後代可以從其自身往上畫出許多不同路徑，且這些路徑是同時並行

的；他們不會特別在其中選某一條。因此，他們從自己連到前代的過程（並非從某個祖先而來），不同於艾靈頓（Errington 1989:216, 222）所討論的意涵。

24 A.R. Radcliffe-Brown, 1950, Introduction. In A.R. Radcliffe-Brown and D. Forde (eds.), *African systems of kinship and marriage*, Oxford: Oxford University Press, p. 13.

25 M. Fortes, 1969, Cognatic systems and the politico-jural domain. In M. Fortes, *Kinship and the social order*, London: Routledge and Kegan Paul, p. 122.

26 H. Lavondès, 1967, *Bekoropoka: quelques aspects de la vie familiale et sociale d'un village malgache*, Cahiers de l'Homme VI. Paris: Mouton, p. 41.

27 M. Strathern, 1992, Parts and wholes: refiguring relationships in a postplural world. In A. Kuper (ed.), *Conceptualizing societies. EASA Monograph*, London: Routledge and Kegan Paul, p. 78ff.

28 斐索語為：olom-belo valo raza。

29 斐索語為：olo taloha fa nimaty。

30 斐索語為：faty ro mampialy olo。

31 斐索語為：tapa roe, raiky mahazo lohany, raiky mahazo tombokiny。

32 如A. Southall, 1971, Ideology and group composition in Madagascar, *American Anthropologist* 73: 144-64。近期則如邵索（Southall 1986:417）指出「關於馬拉加西人社會組織的討論，很多聚焦在他們到底主要是血親還是世系制……最近開始顯示這個論戰可能根本是個誤解。」巴瑞（Baré 1986:390）「概述」北部撒卡拉瓦社會組織時，也有類似論點：「討論馬拉加西社會體系是否為『血親型』，就我看來似乎已經沒有意義了。」不過，邵索（Southall 1986:417）提出「累積性親屬」（cumulative kinship）的另類模型：「馬拉加西親屬體系的獨特性並非其血親和世系有什麼特質，而是他們強調親屬和繼承關係是在生命歷程之中，甚至是到死後，逐步、漸進達致的，而非出生時就決定，且永久固著。」然而，巴瑞（Baré 1977）則從靜態觀點談氏族成員，強調氏族連結是透過「主觀願望」的居住選擇來「啟動」，而依然固著於時間與空間之中。另一方面，他的分析也可看出對女人，以及女人的小孩而言，世系的「累積」特質（Baré 1986:374）。

33 H. Lavondès, 1967, *Bekoropoka: quelques aspects de la vie familiale et sociale d'un village malgache*, Cahiers de l'Homme VI. Paris: Mouton, p. 167.

34 同註33，頁40-41。

35 同註33，頁41。

36 此處可比較巴瑞關於馬達加斯加北部貝米席撒特拉王朝的研究，他認為居住地是「最優勢的氏族成員資格」得以建立的主要原則（Baré 1977:35ff）。法洛（Fauroux 1980:83ff）和史雷梅（Schlemmer 1983:104）也論及人們會從許多

氏族中選擇一個連結。

37 斐索語為：ino razanao?

38 對照何希特（Hecht 1977）關於普卡普卡父系氏族是「藉埋葬累積的父系關係（patrifiliation）」的分析，以及她將「pō」和「wakavae」（父系單位）描述為「父系與埋葬的分類」。

39 布洛克（Bloch 1971）也提到梅里納人認為詢問人們的karazana是很不得體的，雖然其造成不安的原因與斐索相當不同。在梅里納，類群的成員資格暗示了人們的階級（rank）（依照類群與王室的親近程度而定），因此問一個人的karazana帶有令人尷尬的階序意涵。然而與斐索正好相反，一個人的類群成員資格是有用的社會資訊，可以透過詢問一個人的tanindrazana（祖居之地）技巧性地取得。由於「一個有經驗的梅里納人腦子裡有古老的梅里納的社會學地圖」，因此知道一個人的tanindrazana，就等於知道她的karazana和階級（頁107）。

40 M. Bloch, 1971, *Placing the dead: tombs, ancestral villages and kingship organization in Madagascar*, London: Seminar Press.

41 同註40，頁165。

42 參見M. Macintyre, 1989, The triumph of the susu. Mortuary exchanges on Tubetube. In F.H. Damon and R. Wagner, (eds.) *Death rituals and life in the societies of the Kula ring*, DeKalb: Northrn Illinois University Press, pp. 133-52；C. Thune, 1989, Death and matrilineal reincorporation on Normanby Island. In F.H. Damon and R. Wagner (eds.), *Death rituals and life in the societies of the Kula ring*, DeKalb: Northern Illinois University Press, pp. 153-78；R. Fortune, 1963, *Sorcerers of Dobu: the social anthropology of the Dobu Islanders of the Western Pacific*, London: Routledge and Kegan Paul。

43 M. Bloch and J. Parry, 1982, Introduction. In M. Bloch and J. Parry (eds.), *Death and the regeneration of life*, Cambridge: Cambridge University Press, p. 31.

44 M. Macintyre, 1989, The triumph of the susu. Mortuary exchanges on Tubetube. In F.H. Damon and R. Wagner, (eds.) *Death rituals and life in the societies of the Kula ring*, DeKalb: Northrn Illinois University Press, p. 135ff.

45 參見C. Thune, 1989, Death and matrilineal reincorporation on Normanby Island. In F.H. Damon and R. Wagner (eds.), *Death rituals and life in the societies of the Kula ring*, DeKalb: Northern Illinois University Press, pp. 153-78；M. Macintyre, 1989, The triumph of the susu. Mortuary exchanges on Tubetube. In F.H. Damon and R. Wagner, (eds.) *Death rituals and life in the societies of the Kula ring*, DeKalb: Northrn Illinois University Press, pp. 133-152。

46 C. Thune, 1989, Death and matrilineal reincorporation on Normanby Island. In F.H.

Damon and R. Wagner (eds.), *Death rituals and life in the societies of the Kula ring*, DeKalb: Northern Illinois University Press, p. 155.

47 M. Macintyre, 1989, The triumph of the susu. Mortuary exchanges on Tubetube. In F.H. Damon and R. Wagner, (eds.) *Death rituals and life in the societies of the Kula ring*, DeKalb: Northrn Illinois University Press, p. 138.

48 如本章前述，亦可參見 R. Astuti, 1993, Food for pregnancy. Procreation, marriage and images of gender among the Vezo of western Madagascar. *Social anthropology*, 1 (3). 277-290。

49. M. Strathern, 1988, *The gender of the gift: problems with women and problems with society in Melanesia,* Berkeley: University of California Press.

50 本章提到的父方／母方或父親的／母親的拉颯，是指該母親或父親透過埋葬預期會成為成員的拉颯；並不意味著父親或母親在活著的時候「屬於」一個拉颯。

51 對話中所指的儀式類型在當時脈絡裡相當清楚，人們一般都將「soron'anake」稱為梭洛；我的分析亦比照此一說法。

52 方便起見，我使用伊亞諾——意指「某某」(so and so)，不分性別——作為人名。(譯按：類似中文語境的「小明、小華」，但無特定性別意涵)

53 斐索語為：laha vita soro。

54 如果伊亞諾的父親還在世，伊亞諾會被葬在他父親預期日後要埋葬的墳墓。同理，伊亞諾父親的埋葬地，也取決於伊亞諾的祖父有沒有為他的兒子舉行過梭洛。

55 此處我刻意使用模糊的「長輩」(elders) 一詞，更進一步的細節在後面關於哈殊滿加一節討論。

56 斐索語為：laha tsy vita soro。

57 亦見註 54。

58 斐索語為：mbo tsy vita soro。即使伊亞諾的父親過世，伊亞諾還是可以為自己舉辦梭洛，斐索語為：misoro vata，「為自己做梭洛」。

59 斐索語為：rafozany ro tena tompom-paty。

60 斐索語為：Manomboky eto, manan'anky ny lehilahy. Laha tsy mahavita soro, tsy manan'anaky ny lehilahy fa ampela ro tompon'ajà, ampela, neniny niteraky azy: ie ro tompon'ajà. laha mahavita soro, baban'ajà ro tompona'ajà.(暫停)Hoatsy: maty ny zaza; laha mbo tsy mahavita soro babany, milevy amin'ny lolon'neniny. Maty zaza, maty ajà, vita soron'babany, milevy amin'ny lolon'babany。此處的「tompo」我翻譯成有點怪的「主人」(master)或「女主人」(mistress)，因為「tompo」指涉的範圍太廣，從物品簡單的所有權 (tompon-kirarao reto，「擁有這些鞋

子」）到物品和人之間的權威關係（tompon-trano，「房子的主人」、「家庭的頭」；tompon'aja，「孩子們的主人」，意即可控制他們、對他們有責任的人；tompon-tany，「土地的主人」或地主）。在馬達加斯加，許多地方「tompoko」（我的主人）一詞等同於先生和女士（sir and madam）。（譯按：本書第二部分幾個重要概念詞彙也因此很難翻譯為中文，如「墳墓之主」〔master of tomb，斐索語為：tompom-dolo〕、「遺體之主」〔master of corpse，斐索語為：tompom-paty〕、「十字架之主」〔master of the crosses，斐索語為：tompon'lakroa〕、「（墓地）工事負責組」〔masters of the work，斐索語為：tompon'asa〕。）

61 「買的不是小孩的嘴或肉；而是小孩的骨」，斐索語為：tsy mivily vavany, tsy mivily nofotsiny, fa taola iny ro nivilin'olo。只有頭一個孩子才需要舉辦梭洛，以此建立父親對他和同一個母親後續生的所有小孩的埋葬權；這位父親並不會像一般聘禮系統常見的那樣，因此就永遠取得那女人生育力的權利。如果婚姻破裂，梭洛效力也同時消失，因為舉辦梭洛的男人並非她和別的男人生的小孩的「主人」。尤有甚者，那些小孩的父親若沒有需要舉辦梭洛，後代就將埋在母親的墳墓中。換句話說，梭洛無法建立或保證一個父親的父親身分（paternity），這證實了梭洛控制的不是生產，而是控制遺體。拉馮碟（Lavondès1967:63-7）有關於瑪希孔羅人的梭洛有截然不同的詮釋；史雷梅（Schlemmer 1983:101）則認為該儀式處理「（工作屆齡的）人作為勞動力的生產。」

62 H. Lavondès, 1967, *Bekoropoka: quelques aspects de la vie familiale et sociale d'un village malgache,* Cahiers de l'Homme VI. Paris : Mouton, p. 65.

63 亦見B. Koechlin, 1975, *Les Vezo du sud-ouest de Madagascar: contribution à l'étude de l'eco-systeme de semi-nomades marins,* Cahiers de l'Homme XV. Paris : Moutin, p. 133。

64 斐索語為：fomban'i Masikoro avao, tsy fombam-Bezo。

65 斐索語為：ino dikany?

66 斐索語為：soro tsy roe。

67 斐索語為：ia ro tompon'anaky ty?

68 罐子裡的物品取決於女人拉颯的「風巴」（習俗），亦可要求男人帶香蕉或豆子，但這就比較少見了。

69 拉馮碟（Lavondès1967:64）寫到瑪希孔羅的梭洛佐期是「為了要『解除』（lifting）女方家庭（soro ala havoa）無論知情與否，其不道德行為可能造成的後果」。儀式中，會由男方的家庭獻上一頭牛，在女方長輩的地方宰殺；如果男方家太窮則可用米來替代。他們不認為梭洛佐期是替代小孩出生後舉辦的梭洛；亦見史雷梅（Schlemmer 1983:100-1）。科其林（Koechlin 1974:134）

沒有明白討論此一課題，他似乎認為他在貝佛羅研究的斐索人，將梭洛佐期視為梭洛凹比的替代。

70 斐索語為：mbo tsy olo, fa biby。「Biby」除了「動物」之外，還有更廣泛的意思；它標出什麼不是人類，包括動物、行為不像人的人，祖先（見本章後，頁203），以及海中與林中的不同生物。因此我不翻譯這個詞。

71 小孩到幾歲才應葬在墳墓，說法不一，但大家一致同意我提到的一般性原則。

72 斐索語為：tsy milevy an-dolo。

73 斐索語為：taola tsy misy。另一個人則是告訴我，雖然「水囝仔」有骨頭，但還是非常軟與弱（taola fa misy avao, fa malemy, tsy henja）。

74 斐索語為：fanajaria taola。

75 斐索語為：faty ro mampialy olo。

76 見波賈（Beaujard 1983:446ff）馬達加斯加東南塔納拉人（Tanala）遺體衝突和搶奪的例子。

77 斐索語為：misy mahazom, misy tsy mahazo。

78 斐索語為：misy manome, misy tsy manome。

79 斐索語為：ampela manaraky valy laha velol laha maty milevy am-babany nisoro azy。

80 此時，一個女人是以其子女的母親身分，而非丈夫的妻子身分進入她丈夫的墳墓；也再次肯認了從未生育的女性無法葬入其丈夫墳墓的情況。後者是「伐里」（禁忌），因此完全沒得商量。

81 斐索語為：amin'ny baba nisoro azy。

82 如前面提過的例子，要在父親或丈夫的墳墓間選擇時，還是套用父親身分（父親與女兒的關係）以及母親身分（母親與小孩的關係）來陳述。

83 R. Astuti, 1993, Food for pregnancy. Procreation, marriage and images of gender among the Vezo of western Madagascar, *Social anthropology*, 1 (3). 277-290.

84 斐索語為：neny / baba niteraky azy。「nenikely」、「babakely」譯為「小母親」、「小父親」，為父母的女性／男性年輕手足（譯按：即為父／母的弟弟／妹妹）；「nenibe」、「bababe」譯為「大母親」、「大父親」，為父母的女性／男性年長手足（譯按：即為父／母的哥哥／姊姊）。這些詞很少用來區分父母及父母的兄弟姊妹。

85 斐索語為：baba nisoro azy。

86「要與曾為他／她舉辦梭洛的父親埋在一起」，斐索語為：am-babany nisoro azy。蘭貝克與布雷斯拉（Lambek & Breslar 1986:407）描述馬優特（Mayotte）喪禮中去個人化（depersonalization）的過程時，以其母親的後代來稱呼死者，和活著時以父親的後代來稱呼不同。他們認為母子關係（maternity）是不證自明的、「自然的」事實，然而父子關係的歸屬（the attribution of paternity）

是社會習俗，因此得強調；由是，使用母系的（matronymic）形式蓋過死者的社會身分。相反地，斐索人不稱呼死者為其父親或母親的後代。透過以「為其舉辦過梭洛的人」的方式來談死者，其中指出的、首度啟動的，是死者作為拉颯成員的身分。

87 沒有被舉辦過梭洛的人被稱為「女人的孩子」（anakan'ampela），他們與「單一」拉颯、及其墳墓的唯一連結，是透過生育他們的女人。

88 我使用哈殊滿加一詞，指涉掌握「哈殊滿加」（獻祭給祖先時的木桿）的人，儘管文獻上稱此人為「mpitan-kazamanga」（握有哈殊滿加者）。但如後面的解釋，在我做田野的區域裡，人們不做此區分。

89 見H. Lavondès, 1967, *Bekoropoka: quelques aspects de la vie familiale et sociale d'un village malgache*, Cahiers de l'Homme VI. Paris: Mouton；B. Schlemmer, 1983, *Le Menabe: histoire d'une colonisation*, Paris: ORSTOM。

90 P. Ottino, 1963, *Les économies paysannes malgaches du Bas-Mangoky*, Paris: Berger-Levrault, p. 43.

91 科其林（Koechlin 1975:129）也傾向將哈殊滿加的位置，與作為埋葬在同一個墳墓死者群體的拉颯拉上關聯，而不是用作為生者群體的拉颯之領導者的功能來加以分析。

92 女人不能是哈殊滿加，原因是「女人跟隨男人」（ampela manaraky johary）。雖然女人婚後跟隨男人（見第四章所述），在此脈絡下更重要的可能是她們死後可以跟隨他們，與她們的孩子一起埋在丈夫的墳墓中。如果女人被允許當哈殊滿加，那麼她們可能活著時當某個拉颯的哈殊滿加，但埋葬時卻成為不同拉颯的成員。

93 斐索語為：mañambara an-draza。

94 斐索語為：misoron-dolo。

95 斐索語為：misoro an-kazomanga。

96 當哈殊滿加呼喚祖先時，他不能（fa faly）呼喊比他年輕的死者（「年幼手足」或「孩子」）的名字；他們只能與其他祖先（ankapobe）一起被召喚。如果要個別地獻祭給其中某一個，哈殊滿加會找個比他年輕的人來執行實際上的獻祭。

97 斐索語為：iha hazomanganao。

98 例子參見G. Julien, 1925-9, Notes et observations sur les tribus sud-occidentales de Madagascar, *Revue d'Ethnographie et des Traditions Populaires* 1925:113-23, 237-47; 1926:1-20, 212-26; 1927:4-23; 1928:1-15, 153-75; 1929:2-34；H. Lavondès, 1967, *Bekoropoka: quelques aspects de la vie familiale et sociale d'un village malgache*, Cahiers de l'Homme VI. Paris: Mouton；B. Koechlin, 1975, *Les Vezo du sud-ouest de Madagascar:*

contribution à l'étude de l'eco-systeme de semi-nomades marins, Cahiers de l'Homme XV. Paris : Moutin；B. Schlemmer, 1983, *Le Menabe: histoire d'une colonisation*, Paris: ORSTOM, p. 100 note 25。

99 西部馬達加斯加的哈殊滿加原本是由征服他們的王朝強加的。馬哈發里的情況請見肯特（Kent 1970:314）；瑪希孔羅－撒卡拉瓦則見拉馮碟（Lavondès 1967:21 note 3）。

100 斐索語為：namonjy ny hazomanga zahay。

101 斐索語為：mivory an-kazomanga。

102 斐索語為：mañambara any hazomanga tse zahay。

103 斐索語為：vatako ro hazomanga。

104 斐索語為：Hazomanga maranitse reñy, aminy Vezo, misy avao kiraikiraiky, fa zay no mahasarotsy azy raha zay, fa tsy dea izy loatsy no tompony, fa raha mandimby olo lavitsy añy ka zay ro tsy anañane añoreñane any raha eo. Fa laha teña tompony, manahaka ao Masikoro mbao re, reo fa tompony reo, razany eo avao laha teo, tsy nandeha baka lavitsy añy, ehe, ka fa maty raiky fa mandimby azay eo ie, maty raiky fa mandimby zay eo ie, zay. Fa Vezo, olo baka lavitsy ka ny razam-beny, tompon' hazomanga io, tsy raha eo fa tavela añy, añy añy. Fa ñanaky avao, zafy avao, mandeha mañatoy, mañatoy, mañatoy io ka tsy mahazo manory any hazo maranitsy io atoy io, fa tena tompony mbo añy, mbo lavitsy añy。

105 科其林（Koechlin 1975:126）描述過貝佛羅的哈殊滿加物；米洛與巴斯卡（Millot & Pascal 1952:27）出版了一張摩倫貝區此類哈殊滿加的照片。

106 M. Bloch, 1995, People into places: Zafimaniry concepts of clarity. In E. Hirsch and M. O'Hanlon (eds.), *The anthropology of landscape*, Oxford: Oxford University Press, pp. 63-77.

107 M. Fortes, 1987, The concept of the person. In M. Fortes, *Religion, morality and the person: essays on Tallensi religion*, ed. J. Goody, Cambridge: Cambridge University Press, p. 281.

108 可參照M. Strathern, 1992, Parts and wholes: refiguring relationships in a postplural world. In A. Kuper (ed.), *Conceptualizing societies. EASA Monograph*, London: Routledge and Kegan Paul, pp. 79-80。

CHAPTER 7——分隔生與死 Separating life from death

1 斐索語為：ny maty ny velo tsy miaraky, tsy mitovy。

2 關於「biby」（動物）的意思，見第六章註70。

3 斐索語為：lolo reo tsy olo fa biby, tsy longon' olom-belo。

4 斐索語為：kopaky tanam。
5 一般來說，人們每次講到跟死亡還有墓地有關的事情就會使用「sañatsia tany manintsy」這句口頭禪。
6 M. Bloch, 1986, *From blessing to violence: history and ideology in the circumcision ritual of the Merina of Madagascar*, Cambridge: Cambridge University Press。事實上，如果採用梅里納的分類方式，斐索人認為墓地是熱的也是「對的」。對梅里納人來說，墓地和祖先都是冷的，因為他們代表了重新結群（regrouping）的正向理想，以及其一輩子經驗中區隔的消解；對斐索人來說，墳墓是熱的，因為他們代表了人們活著的時候忽略的區隔（見第六章，頁171-173）。
7 斐索語為：an-dolo tsy misy ay。
8 阿比納爾和馬爾扎克（Abinal & Malzac 1987）將梅里納的「aina」翻譯為「生命」（vie），「miaina」則是「活著、活的、呼吸、收縮舒張」（être en vie, vivre, respirer, se retirer, se dilater）（譯按：法文）。我將「ay」譯為「呼吸」（而非「生命」），因為報導人解釋時示範了呼吸的動作，即使這個詞對他們來說同樣也有「生命」的意思。
9 斐索語為：ainy fa misy。
10 斐索語為：fa roso ny ainy。
11 斐索語為：mintsy ro ilain'olom-belo。
12 斐索語為：laha tsy misy problême, laha tsy misy heritseritsy hafa, de manintsinintsy soa teña。
13 就為貝米席撒特拉（北撒卡拉瓦）皇室服務而言，可分「熱的工作」與「冷的工作」，見菲力哈尼克（Feeley-Harnik 1979, 1984, 1986, 1991:40）；涉及皇家喪禮的服務是熱的，其他服務則是冷的。
14 斐索語為：laha misy faty。
15 斐索語為：fa vita。
16 我待在貝塔尼亞和貝羅時總共參加了十二場喪禮。
17 斐索語為：sakafo am-paty。
18 斐索語為：mamonjy faty。
19 布洛克（Bloch 1971:142）關於梅里納喪禮讚美歌的敘述也適用於斐索人：「誠然，曲子經常是教會的讚美歌，但唱的方式很喧鬧，與在教會唱的方式大不同。」
20 在貝塔尼亞，人們會使用從摩倫達瓦木料廠買來的現成木材；在貝羅製作棺材比較耗時，被視為「大工程」，因為木材比較粗，較難刨平。
21 斐索語為：ketsiky am-paty tsy soa… tsy misy tongolo, tsy misy tamatese。
22 梅里納人認為喪禮的肉加鹽巴烹調是禁忌，「以免肉被認為好吃」。參見

M. Bloch, 1971, *Placing the dead: tombs, ancestral villages and kingship organization in Madagascar*, London: Seminar Press, p. 142。

23 我在貝塔尼亞租屋的房東很困擾，他在地方瓦斯公司的工作讓他不能參與貝塔尼亞的喪禮。這樣既危險（sarotsy）又糟糕（taty mare），因為當他死的時候，誰會來守夜唱歌呢？

24 布洛克（Bloch 1971：142）在梅里納人的例子中，還有蘭貝克與布雷斯拉（Lambek & Breslar 1984:404-5）研究在馬特優說馬拉加西語的人時，都曾提及喪禮的「無意識行為」(automatism)；然而與斐索人（要做選擇）對照，此兩例中人們參與喪禮這類例行公事時顯得不思不想。

25 在我抵達貝塔尼亞滿一個月後沒多久，發生了第一次的喪禮，我得相當堅持才能去參加守夜和社區共餐。接待家庭的每個人似乎都很想說服我不該去；跟我說如果我沒去「不會怎樣」(tsy mañahy)。當時，我將他們的行為詮釋為嘗試將我排除在某種非常重大的事情之外，而我覺得自己有責任要堅持參與。多數人在社區共餐和守夜時看到我都顯得很驚訝，而他們還不怕麻煩地刻意過來表達他們對我的參與非常讚許；他們甚至在某個演說中提到我的出席，以責備那些沒有參加守夜的村民。喪禮結束後，我很感謝那些我以為很寬容、願意讓我參加的人。後來我才了解，村民感謝我，是因為我放棄了我的冷，與他們同擔死亡造成的擾亂。我也了解到我的親戚堅持我不必參加喪禮，其實是建議：作為一個外人，我沒有義務要參加，可以在家享受一夜好眠和一頓好飯。

26 斐索語為：lafa maty, maty。

27 斐索語為：tsy mahare raha。

28 斐索語為：lafa maty maty... tsy mihavelo fa mansty… tsy maintsy mandevy lafa maty。

29 斐索語為：io dadinao, fa maty io!。

30 斐索語為：ka hañontanianareo。

31 斐索語為：mipetsara soa nareo。

32 斐索語為：mahay mivola am-bahoake。

33 斐索語為：farany, fa avy an-plasy misy azy。

34 斐索語為：fa vita, tsika holy。

35 和我一起協力的斐索人沒有遵循一套固定的哀悼（misaona）形式，據說是因為他們遵循「海邊的人」的習俗。有些報導人告訴我，如果要，斐索人也會運用外表上的哀悼符碼。男人從墓地回來後剃掉頭髮和鬍子，然後一整年不刮鬍子；女人把頭髮編辮，整年維持一樣的辮子。男人和女人都穿黑衣，也是一整年不換。有朋友認為斐索人沒有什麼哀悼符碼，是因為人們經常死亡，這麼一來人們就得年復一年都蓬頭垢髮穿黑衣，看起來很蠢

（adaladala）。我們可以想像斐索人不想看起來很蠢的原因在於，這會讓他們設法從村莊去除死亡、恢復冷與正常狀態的努力前功盡棄。同樣地，人們對親友死亡後沉浸在過久悲痛的人沒有耐心，即使和死者的關係、死者地位、特別是她的年紀（詳下），會影響人們對死亡的反應。在貝塔尼亞，有次有一個強壯、健康而俊美的男子忽然過世，當時全村都很震撼。喪禮過後，男子的父親陷入深深的哀痛與消沈狀態。由於我還有我乾媽的房子離他家很近，我們可以看到他整個人空掉了，連續幾個小時眼神一片茫然。有一陣子，他的行為看起來還算正常，但喪禮幾天後，我的乾媽開始顯得不安，建議我和其他家庭成員不該讓此人鎮日幽思，該有人找他去捕魚，把心思從兒子的死亡轉移開來；我也可以找他聊聊，給他一些藥。雖然我乾媽真誠地擔心他的生理和心理健康，也看得出來她為此人的憂傷模樣所擾，因為那會一直讓她和我們想到他兒子的死亡。聽到她如此激動地討論我們的鄰居時，我覺得她之所以要死者父親擺脫悲傷，並力勸他如此，是因為唯有如此，將他兒子「浪費的」死亡（詳下）從村莊生活逐出，才算大功告成。

36 斐索語為：mbo tsy olo。

37 斐索語為：fa olo。

38 人們倒不覺得，妲狄蔻洛蔻的喪禮緊跟著莎菲（Safy）的，有什麼特別，他們談及這兩個女人是好朋友，兩位都很年邁了。儘管如此，人們的談論還是暗示了妲狄蔻洛蔻等到她的朋友喪禮結束後才走，以避免同時得舉辦兩場在後勤補給上的麻煩。

39 此處必須強調，人們認為是死者引導生者實現她想要的喪禮樣貌。人們生前喜好不同，喪禮也就會因人而異。我選擇描述妲狄蔻洛蔻的喪禮，是因為她特別善於讓群眾開心。

40 斐索語為：ho tsatsy faty。

41 斐索語為：io dadinao, fa maty io。

42 斐索語為：fa naharitsy。

43 與菲力哈尼克（Feeley-Harnik 1991:35）的研究相較，她記錄了一場由一名阿納拉拉瓦（Analalava）撒卡拉瓦年長女性發表的喪禮演講，講者「開頭強調T女士的長壽與她後代人數之多：子女（zanaka）十六人，其中十三人仍在世；孫子女（zafy）一百零九人；「第二孫子女」（zafy faharoy）約十二人。」

44 我在前面提及死者為年輕人時，社區共食所不應該有的樣子，反倒是死者為年長者時社區共食應該有的樣子。兩者的差異可透過歡欣與悲傷、慶祝長壽好命與浪費生命的痛苦這些相悖來類推。兩種經驗的情緒區隔很明顯，在所有其他喪禮行為中一再發生。然而社區共食更以特別悲痛的意象凸顯

此對比，類似討論如布洛克（Bloch 1985），他分析梅里納神話，描述過去的人食用他們祖先（喪禮的餐食）時，會套用一組關鍵差異：年輕人吃老人的可被接受，而老人吃年輕人的是有問題的。在斐索喪禮中，「年輕人吃老年人的」和「老年人吃年輕人的」，也透過下面的對比來建構：孫子女被慷慨的祖父母餵食很歡欣（譯按：參加老人喪禮時，後輩開心共食），相對的，由於共食隱含同歡意味，參與「浪費」（如年輕）的死亡時，共食得謹慎避免顯得貪心。

CHAPTER 8——為死者工作 Working for the dead

1 當哈殊滿加跟祖先講話，通知他們後代子孫要為他們建造新墳時，會將新墳稱為「祖先的房子」（詳下）。

2 斐索語為：olo matu manino an'olom-belo。

3 古迪寫關於羅達卡（LoDagaa）時，描述喪禮時「倖存者……『以行動排除』他們與（死者）鬼魂的關係」以便「去掉夢境」（Goody 1962:129），或從死者與他們一起做的活動中「抹去對死者的記憶」（p.130），這樣能預防他們夢到死者（p.147）。在此例中，需要抹除的是生者的記憶，而斐索人強調的是死者自己的記憶和欲望。後面會看到，那是永遠無法全然「以行動排除」（act away）的。

4 女人可能不知道自己死後要加入哪個墓穴（見第六章，頁181）。已婚女性會參與她丈夫為他的拉颯所組織的工作，即使她不會埋葬在她丈夫的墓穴中。然而，她可能會說自己不是「工事負責組」，而只是與「工事負責組」結婚的人（olo mpanambaly）。另一方面，如果工作是由她的父親或兄弟所組織，她就可能以「工事負責組」自居。

5 馬拉加西語在複數所有格形容詞「我們的」，有兩種所有格後綴字尾，一種是包括式（-ntsika），一種是排除式（-nay）。指涉負責組織和舉行儀式的人，如果用的是「asantsika」這個詞，就包括被稱呼的人們；如果用「asanay」，則表示這些人被排除在外。

6 圍籬在撒卡拉瓦的重要性請見G. Feeley-Harnik, 1980, The Sakalava house. *Anthropos* 75:559-85，在生者間的分離性則見H. Lavondès, 1967, *Bekoropoka: quelques aspects de la vie familiale et sociale d'un village malgache*. Cahiers de l'Homme VI, Paris: Mouton, p. 69註3。

7 如貝塔尼亞人所評述的，由於歐洲人的竊取，此類雕刻留下來的很少。見註33。

8 雖然斐索人從1960年代早期之後就滿容易取得和使用混凝土，但我訪談的

對象對我想要重建早期慣習顯然毫無興趣，而這似乎是因為他們看不出過去和現在之間存在什麼重大的斷裂。人們只是學會使用這個新媒介，混凝土，受歐洲人之惠有得用，讓他們能更成功地達致其志，亦即為死者建造耐久永存的墓穴。混凝土的持久性，對注重自己墓穴持久性的撒卡拉瓦王朝來說，似乎也顯得特別重要。見J.-F. Baré, 1977, *Pouvoir des vivants, langage des morts: idéo-logiques Sakalave*, Paris: Maspero；J. Lombard, 1973, Les Sakalava-Menabe de la côte ouest. In *Malgache qui est tu?* Neuchâtel: Musée d'Ethnographie, pp. 89-99；H. Lavondès, 1967, *Bekoropoka: quelques aspects de la vie familiale et sociale d' un village malgache*, Cahiers de l' Homme VI. Paris: Mouton；G. Feeley-Harnik, 1978, Divine kingship and of history among the Sakalava (Madagascar), *Man n.s.* 13:402-17；1991, *A green estate: restoring independence in Madagascar*, Washington and London: Smithsonian Institution Press；M. Bloch, 1981, Tombs and states. In S.C. Humphreys and H. King (eds.), *Mortality and immortality*, London: Academic Press, pp. 136-47。

9 死者房子的堅固耐久，經常和生者房屋的脆弱形成對比，這是馬達加斯加普遍的特色。布洛克察覺梅里納人「建造能維持越久越好的墳墓的欲望」；比房屋還持久的墳墓是「對梅里納社會流動性、甚至是對所有生者社會的否定」——由是，墳墓是梅里納人認為社會曾是、應是如何的具體展現（Bloch 1971:114）。如我在第六章提過的，對梅里納人來說，墳墓讓「重新分群」（regrouping）成為可能，讓梅里納人「成為一體且相同」（one and the same）的理想終能實現且永恆。對斐索人來說，墳墓的持久需要不同的意涵，並非在死亡實現理想狀態，而是結束了只存在於生命的理想狀態。從此觀之，混凝土是個合適的媒介，用以標誌生命的流動性與不確定性，和死亡產生的固著性之間的轉換，以及匹隆勾阿和「單一」拉颯之間的轉換。

10 這部分特別套用到十字架儀式。

11 開銷如下：混凝土52.870FMG；鐵條19.000FMG；油漆7.750FMG；蘭姆酒230.000FMG；米140.000FMG；一頭牛135.000FMG；市場購入的肉30.000FMG；搽卡、番茄和洋蔥3.000FMG；租用叭輔（錄音機和喇叭，詳下）40.000FMG。

12 捐獻分攤費者有九個成人、兩個年輕適婚女性（somonjara）和我；兩個年輕未婚男性（kidabo）和一個年輕適婚女性該捐而未捐。筆記本上的捐獻記錄從5.000到80.000FMG不等。儀式不同階段也有每人等額、短時間內收來的分攤費，這種額外捐獻則不會記錄。

13 斐索語為：vola bakan-drano。

14 根據占星曆，十一月舉行任何儀式是禁忌（faly）。有一次阿撒洛洛在十二月舉辦，許多人視為非比尋常、頗不洽當（tsy mety）。

15 斐索語為：mahita fia maro。

16 斐索語為：kanefa mahazo fia maro isanandro isanandro nareo。

17 哈殊滿加正好在此時買了一艘新船，他的兄弟姊妹就含沙射影地說，他是動用共同基金付款；事實上，一半的錢是他的，而另一半是我借他的。哈殊滿加為了要闢謠，找個藉口召開了家庭會議，秀出自己並沒有動用這筆儀式儲金。

18 斐索語為：tsy mahihitsy nareo!

19 見 Parry and Bloch 1989 J. Parry and M. Bloch, 1989, Introduction. In J. Parry and M. Bloch (eds.), *Money and the morality of exchange*, Cambridge: Cambridge University Press, pp. 1-32。第三章註 32。

20 此處特別強調的是死者不應該受到驚訝。如前所見（第三章，頁 124-126，驚訝是活著的斐索人獨有的特質，以斐索風格「好好活著」）。死者的範疇中缺乏驚訝，而這顯然是另一個區別生命與死亡的特色。

21 斐索語為：Faly took rosy nandray anti, nahazo anti haha io, io raha electrophone hañañam-bazaha ro natoro[-]areo aze, ka faly, rabo reo ka izay ro añambara anao, iha raza-be matoe, tse hotseriky mareo noto la ame hoe-he: "laha zafiko miss amin' zay, ka izay ro ikaihañanareo añambarañareo io。

22 成人會教導嬰兒如何跳迷諾佐期（小孩經常在還沒學走之前就學習如何跳這種舞），鼓勵他們努力跳，把他們的屁股往前推、拉起他們的手臂、彎他們的膝蓋讓臀部降低，然後慢慢伸直等等。

23 斐索語為：dida ravo tsikoa zao holy。

24 斐索語為：lafa vita, fa vita。

25 此處可比較 G. Feeley-Harnik, 1991, *A green estate: restoring independence in Madagascar*, Washington and London: Smithsonian Institution Press, p. 442。

26 雖然習俗上只「求」一個十字架，但如果第一個是「給」的，後面也就比照辦理。

27 占卜師會預示第一項工事（十字架模製）合適的日期，以及十字架帶到墓地的儀式完結日。在此期間，所有其他工事的選日都以方便為主。

28 既然女人埋葬在她丈夫的墓穴，她的父親與同胞手足便無法為她建造十字架，得等她丈夫主動提出來才能做。

29 斐索語為：tsy tsatsy ny faty。

30 斐索語為：farany fa hitan-drozy nenin-drozy。

31 一頭小母牛開銷是 100.000 FMG，一箱啤酒則少於 30.000 FMG。

32 斐索語為：fihiran' olo tsy miova, fa mitovy avao。

33 姀綈珂十字架的胸部被視為不尋常的創新。我家裡的人保證她們以前從

沒看過類似東西，他們自動聯想到十字架的胸部有點像（米托維托維，mitovitovy）曾經立在墓穴的雕像；這些雕像除了其他形象，也雕有大胸部的女人。關於這點請見雅斯圖堤（Astuti 1994）。

34 關於梅里納人法馬迪赫納中「冒瀆的面向」，見布洛克（Bloch 1972:167ff）。

35 更重要的是，伴隨妲狄蔻洛蔻的遺體的行列，和伴隨妲狄蔻洛蔻十字架的行列一模一樣。

36 斐索語為：ino dikany?

37 斐索語為：namelo olo maro ie。

38 為了將「kisaky」這個詞翻譯到位，我選擇「好玩的玩笑」來表達那是一種幽默地和對方一起笑鬧、輕鬆挖苦的行為，而非拿對方來祭旗。達爾（Dahl 1968：112）將「kizake」翻譯為「嘲弄」（moquerie）。

39 人們聽我描述在安塔那那利佛看到的梅里納人的法馬迪赫納都感到很驚駭，該儀式中人們與祖先的遺體一起跳舞（見 Bloch 1971, 1982）。我朋友們很典型地反應是，和斐索人的「簡易」相比，梅里納人的作法「很難」（見第四章，頁 127-132），可是他們卻似乎沒有看出法馬迪赫納和斐索的十字架儀式之間的相似性。

40 斐索語為：devoly be ie。

41 菲力哈尼克（Feeley-Harnik 1991:453-4）提到在南部貝米希撒特拉王國的撒卡拉瓦人，置換皇家墓穴周邊圍籬的工作（menaty，服務）「以平易近人、更可想像、更好談論的形式（重複了）皇家喪禮」。

CHAPTER 9——結論 Conclusion

1 M. Fortes, 1987, The concept of the person. In M. Fortes, *Religion, morality and the person: essays on Tallensi religion*, ed. J. Goody, Cambridge: Cambridge University Press, p. 281.

2 可與此比較 M. Fortes, 1970, The significance of descent in Tale social structure. In M. Fortes, *Time and social structure and other essays*, London: Athlone Press, pp. 40。

3 斐索語為：tsy longon'olom-belo。

4 見 R. Fardon, (ed.) 1990, *Localizing strategies: regional traditions of ethnographic writing.* Edinburgh, Washington: Scottish Academic Press, Smithsonian Institution Press。

5 見 J. Fox, 1987, The house as a type of social organization on the island of Roti. In C. Macdonald (ed.), *De la hutte au palais: sociétés 'à maison' en Asie du Sud-Est insulaire*, Paris: CNRS。

6 見 A. Southall, 1986, Common themes in Malagasy culture. In Kottak *et al.* 1986, p. 417。

英文譯名對照

二畫

人格化　personalize

三畫

大撒卡拉瓦族　large Sakalava

四畫

丹尼　Dany
太平洋文化認同與民族意識　Cultural Identity and Ethnicity in the Pacific
巴拉人　Bara
巴特　Barth, Frederick.
巴斯卡　Pascal, A.
巴瑞　Baré
氏系頭目　lineage chief
氏族頭目　clan chief
氏族聯繫　appartenances claniques

五畫

他者性　otherness
卡巴扎　Cabalzar, Gion
卡拉尼人　Karany
卡馬洛夫　Comaroff, J. L.
卡斯頓　Carsten, Janet
去個人化　depersonalization
古迪　Goody, J.
史耐德　Schneider, David
史崔聖　Strathern, Marilyn
史都華　Stewart, Michael
史蒂芬　Stevan, Rosa
史雷梅　Schlemmer, B.
布洛克　Bloch, Maurice
布雷斯拉　Breslar, J.H.
本土理論　ethnohistory
瓦斯特　Waast, R.
石達夫　Stafford, Charles

六畫

伊努皮亞　Iñupiat
伊亞諾　Iano
伊班人　Iban
多里歐　Douliot, H.
安伯吉巴瑞　Ambohibary
安克佛　Ankevo
安坦卓伊　Antandroy
安塔尼曼尼伯　Antanimanimbo
安塔那那利佛　Antananarivo

安塔那那利佛大學　Université d'Antananarivo
安德森　Benedict Anderson
朱連　Julien, G.
米洛　Millot, J.
米德頓　Middleton, Karen.
艾格爾特　Eggert, K.
艾靈頓　Errington, S.
血親繼嗣　cognatic descent
西蒙　Simon, Pénélope
伯任夏　Berenzea

七畫

何希特　Hecht, J.
佛洛斯　Faurous
佛提斯　Fortes, M.
佛斯　Firth, Rosemary
克魯伯　Kroeber, A. L.
杜尼斯　Tonnies, Ferdinand
杜樂　Tulear
沙林斯　Sahlins, Marshall
芎北　Tsiombé
貝米席撒特拉　Bemihisatra
貝佛羅　Bevalo
貝芒吉力　Bemangily
貝芒恩嘎　Bemanonga
貝貝　Beibe
貝里歐　Beleo
貝法托　Bevato
貝島　Nosy Be
貝寇羅波卡　Bekoropoka
貝塔尼亞　Betania
貝嘎美拉　Begamela
貝羅　Belo
那肯恩　Nockain
亞納吉撒卡　Yanagisako, S. Y.
初步蘭島民　Trobrianders

八畫

妲狄蔻洛蔻　Dadikoroko
孟德爾式　Mendelian Model
帕金　Parkin, Robert
帖莎　Tesa
性別性　genderedness
拉馬克　Lamarckian
拉馬克式　Lamarckian Model
拉寇托亞里索　Rakotoarisoa, Jean-Aimé
拉馮碟　Lavondès, H.
杭亭頓　Huntington, R.
林納金　Linnekin, Jocelyn
法洛　Fauroux, E.
法紐拉納　Fañolana
波波尼歐　Pomponio, Alice
波隆宏　Bodenhorn, B.A.
波賈　Beaujard, P.
波爾　Poyer, Lin
社會性人觀　consocial personhood
邵索　Southall, A.
阿比納爾　Abinal, R.P.
阿納拉拉瓦　Analalava
阿發瑞　Alvarez, A.R. n.d.
非性的　non-sexual
非洲研究　African Studies
非類屬性　un-kindedness
非類屬的　un-kinded
姩綈珂　Nentiko

九畫

建構論　constructionalism
柏洛夫斯基　Borofsky, R.
派瑞　Parry, Jonny
皇家人類學會期刊　Journal of the Royal Anthropological Insitute

科利爾　Collier, J. F.
科其林　Koechlin, B.
科維　Covell
紀爾茲　Geertz, Clifford
美國人類學家　American Anthropologists
美國民族學家　American Ethnologist
胡維茲　Hurvitz, D.

十畫

夏普　Sharp, Lesley
庫拉　kula
庫維爾　Couvert
朗加朗加人　Langalanga
根基情感　primordial sentiments
根基論　primordialism
格蘭迪迪爾　Grandidier, A.
格蘭迪迪爾 & 格蘭迪迪爾　Grandidier, A. and Grandidier, G.
烏尼拉希河　Onilahy
留尼旺　Réunion
索多德　Sotoudeh, Shirin
索馬利　Somaly
索歷納　Solinas, Pier Giorgio
索羅　Solo
討妻者　wife takers
馬辛　Massim
馬拉加西人　Malagasy
馬哈發里人　Mahafaly
馬凌諾斯基　Malinowski, B.
馬納吉安主亞基　Manahy an-driaky
馬納吉安帖　Manahy an-tey
馬爾扎克　Malzac, C.P.
馬諾梅提奈　Manometinay
馬優特　Mayotte
馬鮫魚　Spanish mackerel
馬羅斐西齊　Marofihitsy
馬羅瑟拉納　Maroserana

十一畫

培堤　Petit, G.
寇邉人　Korao
從新居　neolocal
情境決定論　circumstantialism
族群性　ethnicity
曼多克　Mandok
曼納其　Manahy
梅里納人　Merina
累積性親屬　cumulative kinship
莎莉　Sary
莎菲　Safy
魚性　fishness

十二畫

傅里曼　Freeman, Derek
傑爾　Gell, Alfred
凱南圖人　Kainantu
單系繼嗣　unilineal descent
單系繼嗣理論　unilineal descent theory
復活節島　Rapa Nui
提可皮亞　Tikopia
斐索人　Vezo
斐索性　Vezo-ness
普卡普卡人　Pukapuka
湯瑪士　Thomas, Nicolas
無分割性　undividedness
無性別性　ungendederness
無性別的　ungendered
短期性思維　short-termism
給妻者　wife givers
華格納　Wagner, R.
華森　Watson, James B.
菲力哈尼克　Feeley-Harnik

十三畫

塔貝　Tabet, Paola
塔倫西人　Tallensi
塔納拉人　Tanala
溫納格倫基金會　Wenner-Gren Foundation
瑞佛斯　Rivers, W.H.R.
當下主義　presentism
義大利－非洲機構　Istituto Italo-Africano
達利比　Daribi
達爾　Dahl, O.C.

十四畫

瑪希孔羅人　Masikoro
福布萊&福布萊　Faublée J. and Faublée M.
認同政治　politics of identity

十五畫

德卡利　Decary, R.
摩洛法西　Marofasy
摩倫貝　Morombe
摩倫達瓦　Morondava
摩提　Moty
撒卡拉瓦　Sakalava
撒非曼尼利人　Zafimaniry
樂弗　Lefo
歐提諾　Ottino, P.
緬因　Maine, Henry

十六畫

親類　kindred
錫耶納大學　University of Siena

十七畫

濱海貝羅（簡稱「貝羅」）　Belo-sur-Mer
韓森　Hanson, Paul W.
韓德樂　Handler

十八畫

藍巴　Lombard
藍卡威人　Langkawi

十九畫

羅伯哈　Rolpha
羅佛貝　Lovobe
羅倫佐・艾普斯登　Epstein, Lorenzo
（羅馬）國家研究中心　Centro Nazionale delle Ricerche, CNR
羅達卡　LoDagaa
類屬性　kindedness

二十一畫

繼嗣群　descent group
蘭貝克　Lambek, Michael

斐索語譯名對照

關於斐索

斐索不是一類人　Vezo tsy karazan’olo.
成為斐索　manjary Vezo、mahavezo
我正在變成斐索人　fa mihavezo iha
真正的斐索　fa Vezo tokoa ie
我是斐索　fa Vezo iha
他是斐索　fa Vezo aja io
她很斐索　fa Vezo mare ie
非常斐索　Vezo mare、Vezo mare ie、fa Vezo mare iha!
柔軟的心　Vezo malemy fo
斐索人的記號　famataram-Bezo
讓斐索成為斐索　mahavezo ny Vezo
變成瑪希孔羅　maha-Masikoro anakahy
你變成瑪希孔羅了？　fa Masikoro iha?
真正的安坦卓伊人　Antandroy tokoa iha

關於人

人　olo
就是人類　fa olo
不是嚴格定義上的人類　mbo tsy olo
死去的、過去的人　olo taloha fa nimaty
活著的人　olom-belo
結婚的人　olo mpanambaly
不好的婚姻　fanambalia raty, tsy soa
老人　olo fantitra、fanitra be
聰明的人、有智慧的人　olo mahihitsy
很聰明的人　olo mahihitsy mare
歐羅哈法（不同的人）　olo hafa
村子裡所有人　olo iaby an tana eto
村中長老　olo be
男人　johary
女人　ampela
沙林安培拉（跨性別者）　sarin’ampela
有鰓的女人　ampela mañanisa
遊手好閒的人　ebo
年輕男子　kidabo
聰明的年輕男子　kidabo mahihitsy
年輕適婚女性　somonjara
訪客、外人　vahiny
法札哈（白人）　vazaha

稱謂、親屬

人　olo
就是人類　fa olo
不是嚴格定義上的人類　mbo tsy olo
死去的、過去的人　olo taloha fa nimaty

活著的人　olom-belo
結婚的人　olo mpanambaly
不好的婚姻　fanambalia raty, tsy soa
老人　olo fantitra、fanitra be
聰明的人、有智慧的人　olo mahihitsy
很聰明的人　olo mahihitsy mare
說故事的人　mahay mitantara ie
歐羅哈法（不同的人）　olo hafa
村子裡所有人　olo iaby an tana eto
村中長老　olo be
男人　johary
女人　ampela
沙林安培拉（跨性別者）　sarin'ampela
有鰓的女人　ampela mañanisa
遊手好閒的人　ebo
年輕男子　kidabo
聰明的年輕男子　kidabo mahihitsy
年輕適婚女性？　somonjara
訪客、外人　vahiny
拉颯　raza
卡拉颯　karaza
一個拉颯、同拉颯（單一類人）　raza raiky
八個拉颯　valo raza
你的拉颯是什麼？　ino razanao?
買拉颯　mivily raza

***

祖先　ankapobe
曾祖父母　dady-be
齊特羅（曾孫）　kitro（kitroko）
達地拉其（阿公）　dadilahy
札比（孫子女）　zafy（zafiko）
母親　nenindrozy
安那集（孩子）　anaky（anako）
所生的孩子　anaky naterany
落下孩子　latsaky anaky
女人的孩子　anakan'ampela
小小孩　aja mbo kelikely
水囝仔、小嬰兒　zazarano、zazamena
親兄弟　fatidra
二十個配偶　roapolo valy
賓南多（女婿）　vinanto
拉佛札（岳父大人）　rafoza
隆勾　longo
匹隆勾阿（親屬）　filongoa
安匹隆勾（互為親屬）　ampilongo
玩笑關係　ampiziva
好玩的玩笑　kisaky

禁忌、習俗、個性

哈殊滿加　hazomanga
握有哈殊滿加者　mpitan-kazomanga
安嘎責（死者的靈）　angatse
法那西（人活著的時候的靈）　fanahy
德南尼亞哈利（造物者）　Ndrañahary

***

測里奇（驚訝）　tseriky
非常驚訝　tseriky mare
不會太驚訝、不要被嚇到　tsy hotseriky nareo
令人驚訝的　mahatseriky
聰明　mahihitsy
很聰明　mahihitsy mare
不聰明、不明智　tsy mahihitsy
不夠聰明　tsy mahihitsy zahay

***

風巴（習慣、習俗；行為，行為方式；傳統；偏好）　fomba
講話的方式　fomba firesake

簡易的習俗　fomba mora
困難的習俗　fomba sarotsy
習俗上、習慣上　fa fomba
她們的習俗？　fomba'hay
你的習俗沒有很多　fombanao tsy maro
習俗就完備了　fa vita fomba
結束　fa vita
違反習俗　tsy fomba
習俗禁忌　fombafaly
伐里（禁忌）　faly
限制　falim-pano
羈絆和束縛　fifeheza
習慣　fa zatsy
坐在門階上　mipetsaky an-varavana
羊屁股　vody ondry
永久　saraky
很難離異　satotsy saraky
這裡和那裡　mañatoy mañatoy

***

柔軟　malemy
容易、便宜　mora
天性柔軟、天性簡單　malemy fanahy, mora fanahy
難（ex吃魚很難）　miola
容易　tsy miola
既簡單又便宜　mora mare
緩慢、平和、沉靜　moramora
他們不帶棍棒　tsy manday kobay

歷史

龐加卡（國王）　mpanjaka
安卡諾（關於植物、動物和人類的故事）　angano
談塔拉（歷史）　tantara
失去歷史　very tantra
調查人們的祖先　mitery raza

***

從過去而來　avy bakañy
尊重　fanaja
示敬　manaja
表達尊敬　manaja azy
沒有權力　tsy mana povoara
證明是臣民　manompo azy
殺害　mamono
害怕　mahatahotsy
被趕走的恐懼　mahatahotsy horoasiny
殘暴　siaka

儀式、喪禮、墓葬

梭洛　soro
彼彼（動物、不是人的……）　biby
梭洛安那集（小孩的梭洛）　soron'anake
梭洛凹比（牛的梭洛）　soron'aomby
梭洛佐期（肚子的梭洛）　soron-tsoky
舉辦過梭洛　laha vita soro
沒舉辦過梭洛　laha tsy vita soro
梭洛還沒有舉辦　mbo tsy vita soro
為自己舉辦梭洛　misoro vata
懂得坐　fa mahay mipetsaky
汗尼伯氣　hanimboky
索利責　soritse

***

遺體之主　tompom-paty
墳墓之主　tompom-dolo
十字架之主　tompon'lakroa
（墓地）工事負責組　tompon'asa
我們的工作　asantsika, asanay
死者家的飯　sakafo am-paty
死者家的食物　hany am-paty

撒卡佛　sakafo

***

墓地　atery an-dolo
建造墳墓　lafa miasa lolo
圍籬　vala
十字架　lakroa
曼尼利拉擴（模製十字架）　manily lakroa
曼那加拉擴（豎立十字架）　managa lakroa
建造棺材　tamango
箱子　sasapoa
貝娜娜（有具象胸部的十字架）　Be-nono
給他遺體、搬運遺體　laha manome faty
求遺體　mangataky faty
法尼托阿（橫跨棺木的線）　fañitoa
阿撒拉擴　asa lakroa
阿撒洛洛　asa lolo
大工程、大型工事　asa bevata、asa bevata io、asa bevato io
恩加（樂捐）　enga
法尼奇拿（藥）　fanintsina
米亞利托利（忍受無睡眠）　miaritory
占卜師　ombiasa
宣布　fañambara
加那奇（一種舞蹈）　gañaky
破曉　vaky andro
迷諾佐期（一種具性暗示意味的舞蹈）　minotsoky
腐熟　masake
腐熟的宴會　fisa masake
腐熟的歌　hira masake
好歌手　mahay mihira rozy
賣力唱　mihira mare
叭輔（一種超大型錄音機）　baffle
合法蒸餾的蘭姆酒　toakem-bazaha
在地生產的蘭姆酒　nañosena
不是用來吃飽的　tsy mhavintsy
大惡魔　devoly be
大麻煩　istoara bevata
耍政治　manao politiky
致人於死　mahafaty

***

熱的　mafana
冷的　manintsy
良好的冷　manintsinintsy
涼得很棒　manintsinintsy soa
障礙　hefitsy
束縛　mifehy
分隔　miavaky
村莊　lavitsy mare
真的很遠　lavitsy tokoa

***

活很久　naharitsy
活著　fa velo
死亡　homaty
死了　fa maty
要去看她已經死了　io dadinao, fa maty io
無氣息　tsy misy hay
當場死亡　maty sur place
頻繁的死亡　mty isanandro isanandro
哀悼　misaona
讓人們悲傷　mampalahelo
生病　mamparary
還年輕　mbo tanora

生計、行為、經濟

法拉法切（一種適合造舟的樹）

farafatse
馬法伊（一種可用來造舟的樹） mafay
納妥（可用來造縱帆船的木材） nato
摩朗加（沒有舷外支架的小船） molanga
拉卡（有舷外支架的小船） laka
羅卡（小船的船身） roka
牛舟 lakan'aomby
舶砌（一種大型的縱帆船） botsy
船槳 mive
造船 mahalaka azy
把樹幹挖空 mivan-daka
做拉卡 miasa laka
繩結 dinikily
懂船 fa mahay laka iha!
沒有小船 tsy manan-daka
一點一滴 movory vola tsikelitsikely

***

拉馬擦（一種馬鮫魚） lamatsa
法諾（海龜） fano
啪擦（一種很小的蝦） patsa
培皮魚 pepy
比卡（鯔魚） bica
緋洋鯕法（單角鼻魚） fiantsiva
察看大海 mañenty riaky
不是女人的浪 tsy lozokin'ampela
不是女人的工作 tsy asan'ampela
女人並沒有被禁止 tsy falin'ampela
吃起來又苦、味道又重 mahatsiro
懂魚 mahay fia
懂得獵海龜 mahay mitoraky fano
看到很多魚 mahita fia maro
懂天氣 mahay toetrandro
查看事物 mahita raha
欄甲 ranja

線釣 maminta
飄網法 mihaza
圍網法 mitandrano
胡鬧捕魚 maminta fahatany
法納巴卡 fanabaka
法納佛迪卡西 fanafody gasy
毒魚藥 aolim-binta
水、海 rano
不懂海 tsy mahay rano
不怕水 tsy mahataotsy rano
不怕 tsy mahataotsy
學習海很難 mahery mianatsy rano
學習游泳 mianatsy mandaño
學習 mianatsy
潛水 maniriky
安卡佛和（外海） ankafohe
漁場 riva

***

凹比（牛） aomby
拉賓–其那那（樹） ravin-kinana
搽卡（一種綠色、辛辣的葉子） tsaka
草 vondro
森林 añala any
隱沒於草木之後 tsy hita maso
環抱樹幹 mañoho farafatse

***

馬西亞克（狂暴、無法控制、攻擊性） masiake
狂野且有攻擊性 masiake anaky io
強 matanjaky
困難、麻煩、昂貴、危險 sarotsy
很困難、很貴 sarotsy mare
困難的事（嚴重的事） raha sarotsy
難聽的話、難聽的字眼 safa sarotsy

***

主人　tompo
孩子們的主人　tompon'aja
舶砌的船東　tompom-botsy
土地的主人　tompon-tany
房子的主人　tompon-trano
地、土地　tany
祖先的土地　tanin-drazana
軟地　fasy malemy
硬地　tany mahery
房子　trano
村子　tana
沒有市場的村子　tana tsy musy bazary.
沒有市場　tsy misy bazary ato
村子的特徵　toetsin-tana
個性　toetsin
相對於村莊之不同　sambihafa mare
在村莊東邊　an-dolo be
在村莊南邊　an-dolo raiky

***

生計　fiveloma
斐索人的謀生之道　fivelomam-Bezo
工作　asa
維生　velomampo
賺很多錢　vola bevata
錢（利潤）很少　vola kelikely
很小的利潤　manao profity kelikely
微小的利潤　manao tongotsy
買　mivily
買錢　mivily vola
死錢（延伸為虧本之意）　maty vola
沒看到錢　tsy mahita vola
米廷佐克（找食物）　mitindroke
在人的背後　amboho
在裡面　añatiny
找食物　mila hany
買食物　mivily hany
在家儲存食物、家裡有食物　hany an-trano
卡蘭諾洛　kalanoro
餓扁　maty mosare
勞可（配菜）　laoke
豐盛配菜　laoke matavy
提供點配菜　mikarakara laoke
吃膩食物　tsy morimoritsy.
農耕　fambolea
大批農產　vokatsy bevata
沒有田　tsy misy/mana tanim-bary
取得、採集、收成　mahazo
採集一點什麼？　mahazo raha kely
收成一大批作物　mahazo vokatsy bevata
作物成長　raha mitiry
充足　vintsy
耗竭　holany fia

***

老闆　patron
公務員　foncionera
馬特羅（船員）　matelot

其他

犯錯　diso ie
錯誤　diso io
笨、耍笨、胡鬧　adaladala
懂　fa mahay
不懂　tsy mahay
不愉快、哀傷　malahelo
傷心　malahelp
快樂、欣然、開心　falifaly
開心　sambatsy

不快樂、不開心　tsy mampalahelo
生氣　meloke
非常生氣　meloke mare
好　soa、fa soa io
好日子　andro soa
惡行　hadisoa
事、東西　raha
好事、好東西　raha soa
很不錯的東西、很好的事　raha soa mare
好事　mahasoa azy
非常糟糕　raty mare fombany
糟糕　tsy soa、taty mare
較恰當的作法　de mety io
沒有關係、不會怎樣　tsy mañahy
不膽小　tsy menatse
不合宜、不恰當　tsy mety
浪費時間、沒道理　tsy misy dikany
無法適應　tsy saky
不喜歡　tsy tia
很多　maro mare

***

等待　miamby
問、找　mila
問日　mila andro
找老婆　mila valy
散步　mitsangatsanga
出門　androany
丟入　aria
安靜　bangy bangy
意義　ino dikany?
每天　isanandro
想家　jangobo
淋浴室　ladouche
丟臉　mahamenatse
持久　maharitsy
敢　mahasaky
強　mahery
死腦筋　mahery loha
學得很快　malaky mianatsy
好名聲　malaza
污染（被污染了）　mampaloto
嚇到他們　mampatahotsy
貶低　mañambany
幫忙　mañampy azy
搶路　mangalatsy lala
請求　mangataky
給　manome
虛假　mavandy
臭味　misy fofony
增長　mitombo
百無聊賴　morimoritse
浪費　mosera
過去就已經　natao bakañy
很累　rerake mare
不同的說話方式　resaky hafa
衣物　siky
暫時　tezitsy
不必感到羞恥　tsy mahamenatse
有破洞　vaky manta
寫下來　vita soratsy
勾捉勾捉（一種以米製粉與椰奶做成的香濃蛋糕）　godrogodro
摩卡利（米蛋糕）　mokary
蹦蹦伯阿尼歐（椰子甜點）　bonbomboanio